Wie Dr. Joseph Fischer lernte, die Bombe zu lieben

W0048630

Klaus Bittermann ist Autor (kbitte0007@aol.com) und Verleger (www.txt.de/tiamat). Lebt in Berlin. Buchveröffentlichen u.a.: »Geisterfahrer der Einheit. Kommentare zur Wiedervereinigungskrise«, Berlin 1995. »Strandgut der Geschichte«, München 1999.
Thomas Deichmann (Thomas.Deichmann@t-online.de) ist freier Journalist und Chefredakteuer der Zeitschrift *Novo* (www.novo-magazin.de). Lebt in Frankfurt am Main. Buchveröffentlichung als Hg.: »Noch einmal für Jugoslawien: Peter Handke«, Frankfurt am Main 1999.

Edition
TIAMAT
Deutsche Erstveröffentlichung
Herausgeber:
Klaus Bittermann
2. Auflage: Berlin, 2000
© Verlag Klaus Bittermann
Grimmstr. 26 — 10967 Berlin
Druck und Bindung: Fuldaer Verlagsanstalt
Buchumschlag unter Verwendung einer Szene aus dem Film
»Dr. Strangelove« von Stanley Kubrick, 1963
ISBN: 3-89320-025-8

Klaus Bittermann
Thomas Deichmann (Hg.)

Wie Dr. Joseph Fischer lernte, die Bombe zu lieben

Die SPD, die Grünen, die Nato und der Krieg auf dem Balkan

Mit Beiträgen von:
Günter Amendt, Mira Beham, David Chandler, Noam
Chomsky, Ernst-Otto Czempiel, Wiglaf Droste, Erich
Schmidt-Eenboom, Diana Johnstone, Ernst Lohoff, Arno
Luik, Kjell Magnusson, Wolfgang Michal, Jan Øberg,
Horst Pankow, Wolfgang Pohrt, Sabine Reul, Christian
Y. Schmidt, Georg Seeßlen, Kay Sokolowsky

**Critica
Diabolis
86**

**Edition
TIAMAT**

INHALT

Vorwort

Seit dem 24. März 1999 wird zum ersten Mal in der Geschichte der NATO ein Krieg gegen einen souveränen Staat geführt, ohne daß dieser einen NATO-Verbündeten oder ein anderes Land angegriffen hätte. Dies bedeutet eine Zäsur in der Politik, deren Folgen noch gar nicht richtig abzusehen sind. Die NATO hat sich von ihrer Bindung an ein UN-Mandat verabschiedet. Der US-Präsident entscheidet zukünftig unabhängig von den Vereinten Nationen, wo militärisch interveniert werden darf, weil amerikanische Interessen und amerikanische »Glaubwürdigkeit« auf dem Spiel stehen.

In diesem Buch haben zwanzig Autoren unterschiedliche Aspekte dieser neuen Situation untersucht. Nicht nur die Genese der Kosovo-Krise wird hier referiert, sondern auch die amerikanischen Bemühungen beschrieben, einen Kriegsgrund zu finden. In diesem Zusammenhang ist es ganz aufschlußreich, noch einmal an die Vorgänge um das vom *taz*-Reporter Erich Rathfelder erfundene Massengrab von Orahovac zu erinnern, weil diese Geschichte verdeutlicht, wie die Dämonisierung der Serben betrieben wird, um an der Heimatfront den entsprechenden moralischen Rückhalt zu bekommen.

Dieser Methode bediente sich auch Rudolf Scharping, der auf den täglichen Pressekonferenzen unbeirrt bizarre Horrorszenarien entwarf, wie das von den gerösteten Föten, und das Gerücht in die Welt setzte, im Fußballstadion von Prištína befände sich ein »Konzentrationslager«, um dem Kriegseintritt der Deutschen die höheren Weihen von Humanismus und Menschenrechten zu verleihen. Der NATO diente das Massaker von Račak als Kriegsvorwand, obwohl, wie die amerikanische Journalistin Diana Johnstone minutiös nachgewiesen hat, alles darauf hindeutet, daß es sich um Kampfhandlungen zwischen der jugoslawischen Armee und der UÇK handelte. Wolfgang Pohrt bemerkte dazu, daß dadurch eine neue Definition des Begriffs Massaker eingeführt wurde, derzufolge ein Massaker dann ein Massaker ist, wenn es der amerikanischen Seite in den Kram paßt.

Die Folge ist ein Zerstörungskrieg gegen Jugoslawien, der die Infrastruktur eines ganzen Landes in Schutt und Asche legt, während NATO-Sprecher Shea immer wieder behauptet, daß man nur militärische Ziele angreife und die als *der* Euphemismus des Krieges bekanntgewordenen »Kollateralschäden«

nur die Ausnahme und nicht die Regel seien, was jedoch jeder neue Kriegstag widerlegt.

Während der Verhandlungen von Rambouillet war der Krieg längst beschlossene Sache, und es ging deshalb nur noch darum, es Milošević unmöglich zu machen, den sogenannten Friedensvertrag zu unterschreiben, indem man von ihm nicht weniger verlangte als die Aufgabe der staatlichen Souveränität. Kein Staatschef der Welt hätte sich darauf eingelassen, Milošević wurde dies jedoch als besondere Böswilligkeit ausgelegt. In der öffentlichen Diskussion spielte dieser in einer Zusatzklausel festgehaltene Sachverhalt kaum eine Rolle, auch nicht, daß sogar die Bundestagsabgeordneten nicht über den vollständigen Vertragsinhalt informiert waren, als sie über die Kriegsbeteiligung abstimmten und sich damit einverstanden erklärten, das Völkerrecht zu ignorieren.

Selbst wenn sie jedoch um diese Klausel gewußt hätten, deutet nichts darauf hin, daß das Abstimmungsergebnis wesentlich anders ausgefallen wäre, denn auch die Grünen, über die sich manche aufgrund ihrer pazifistischen Vergangenheit noch Illusionen machten, lassen sich unter der Führung Joseph Fischers von ihrem mit staatlichen Pfründen gepflasterten Weg durch einen Krieg nicht abbringen. Diese Entwicklung kam nicht etwa überraschend, sondern hat eine lange Vorgeschichte, in der sich abzeichnete, daß auf die Grünen durchaus Verlaß ist, wenn sie erst einmal an der Regierung sind, und daß sie alles mitzumachen bereit sind, was sie früher aus Humanitäts- und Menschenrechtsgründen ablehnten, den gleichen Gründen, mit denen sie heute ihre Zustimmung zum Krieg rechtfertigen.

Wenn Antje Vollmer dabei über den »Verlust der Entscheidungsfreiheit« jammert und Schröder in einem schleimigen Brief an den niedersächsischen Landesbischof sich darüber beklagt, daß »der Handelnde Schuld auf sich lädt. Doch auch der, der nicht handelt« (*Spiegel* 22/99), dann belästigen sie ihre Wähler mit ihrem Job, den auszuüben sie niemand gezwungen hat. Sie sind keine »Getriebenen«, als die sie sich gerne selbst bemitleiden, sondern Gesinnungstäter, die die öffentliche Meinung auf Touren bringen wollen, was ihnen ja auch gelungen ist. Bislang bestreitet die Regierung kategorisch, Bodentruppen einsetzen zu wollen, aber mit der von ihr selbst exzessiv betriebenen Moralisierung der Politik ließe sich auch dieses Vorgehen begründen. Ausschließen läßt sich gar nichts mehr, weshalb der Wiener Philosoph Rudolf Burger im *Standard* (vom 3.4.99) darauf hinwies: »Es dauert nicht mehr lange, dann werden sie sagen, sie führen einen Präventivkrieg.«

Die Herausgeber

Nie wieder Krieg mit Gerhard Schröder und Joschka Fischer

Wiglaf Droste

»Wir führen keinen Krieg«, sagt Gerhard Schröder. Klar: Wenn der Führer sagt, es ist kein Krieg, dann ist auch keiner. Wenn man schon vor der Bundestagswahl 1998 erklärte, »Wer Schröder wählt, wählt Krieg«, galt man als Alarmist oder direkt als Verrückter. Dabei gehörte nicht viel Prophezeiungskunst dazu; man mußte nur das Plakat mit dem Gesicht von Gerhard Schröder ansehen und die Augen darin suchen – eine vergebliche Arbeit. Man sieht unendliche Leere, Nichts, Vakuum, Unterdruck im Hirn, gekoppelt an ein explodierendes Ego, das nur ein Credo kennt: Ich heiße Gerhard Schröder, und das ist wichtig, das sollen die Menschen wissen, und um das zu erreichen, bin ich – und so stand es ja auch auf dem Plakat – »bereit«. Und zwar zu allem.

»I found Schröder such a nightmare when I met him«, berichtet Jane Kramer, die famose Reporterin des *New Yorker.* »This man has no culture at all. Absolutely none.« Schröder, scherzt sie, habe den *New Yorker* wahrscheinlich für ein Frauenmagazin gehalten; jedenfalls habe er sie in einem aufgedonnerten Spesenritterlokal mit *Bonvivant*-Gehabe zu beeindrukken und von seinem *savoir vivre* zu überzeugen versucht. Auf jede ihrer Fragen habe er nur mit »Eat! Eat!« geantwortet. Man kann es sich lebhaft vorstellen; wenn man sieht, wie sich Schröder eine Havanna in den Hals steckt, dann trauert man über diese Verschwendung von soviel gutem Tabak an sowenig Mensch, an einen aggressiven Parvenü, der mit Statussymbolen jeglicher Art das Loch zwischen seinen Ohren zu kaschieren sucht. Gegen Schröder, das kann man ohne Übertreibung sagen, war Helmut Kohl in all seiner Grauenhaftigkeit ein Restsozialdemokrat und Sozialpolitiker.

Es ist kein Zufall, daß Gerhard Schröder mit Klaus Meine befreundet ist, dem Sänger der Leopardenunterhosenband *Scorpions*. Meine ist sein Tennispartner, sein geistiger Zuschnitt, und die ästhetische Liga, in der Schröder spielt, heißt Dieter Bohlen – zwei Gewinnervisagen von ununterbietbarer Banalität. Zur Seite steht Schröder ein Außenminister, der vom selben Schlag ist wie er: einer, der sich aus dem Kleinbür-

9

germief hochgebrüllt und -geprügelt hat und, nachdem er die Seiten gewechselt hat, den feinen Mann markiert. Und der, um in dieser Position zu bleiben oder sie auszubauen, im Wortsinn alles tut – auch Leute über die Klinge springen lassen, im Koso- oder sonstvo.

Es ist aber eher zwecklos, das in Deutschland zu schreiben. Denn erstens haben diejenigen, die das eventuell lesen, diese beiden Männer gewählt (jedenfalls die meisten von ihnen) und möchten sie schon allein deshalb auch weiterhin zumindest halbwegs dufte finden dürfen. Und sich nicht fragen:»Haben ich mich vielleicht verwählt?« Und zweitens sind sie gar nicht bei diesem Text oder bei sich, jedenfalls nicht mit ihren Her- zen. Denn»mit den Herzen«, das mußte man seit Kriegsbeginn hundertfach hören und lesen, sind die Deutschen in solch schweren Zeiten ausschließlich»bei unseren Soldaten und ihren Familien«.

Ich bin da nicht. Kein bißchen. Und ich kenne auch nieman- den, der das wäre. Aber trotzdem erzählen die Figuren in den Zeitungen, im Radio und im Fernsehen das alle: deutsches Volk – Herzen – Soldaten – Familien. Pressefreiheit ist erst richtig schön, wenn alle dasselbe stammeln.

Leute, die von»Angriffswelle«, von»Phase eins« und»Phase zwei«, von»Nadelstichen« etcetera schwärmen, wenn andere umgebracht werden, hat es immer gegeben – es sind die Prota- gonisten der seriös sich schminkenden Blutrünstigkeit und Kriegsgeilheit, die mit den Folgen ihrer Propaganda dann allerdings nichts zu schaffen haben wollen. Und so ist es ver- gleichsweise hochhuman, sich zu wünschen, daß sehr sehr schnell ein paar Blechkisten, und zwar gefüllte, nach Deutsch- land zurückgeschickt werden – damit vielleicht ein paar Leute kapieren, daß es sich um einen Krieg handelt und nicht um ein moralisch angereichertes Computerspiel, bei dem man nur zu- schauen muß und trotzdem sicher auf der Siegerseite sein kann.

Mein Mitleid mit deutschen Soldaten, die, wenn schon nicht im Leben, so doch wenigstens als Leiche einmal zu etwas nütze sein könnten, hält sich stark in Grenzen: Sie alle sind Berufs- soldaten, und sie alle haben sich freiwillig gemeldet – weil sie scharf darauf sind, ihr trainiertes Totmacherwissen im Ernst- fall auszuprobieren. Und weil sie den dreifachen Sold bekom- men. Da weiß man wieder, woher das Wort Soldat stammt. Man kann auch Söldner dazu sagen.

Und deshalb wäre es im Sinne einer vielleicht noch reani- mierbaren Restvernunft hilfreich, wenn man sagen müßte: Soldaten sind nicht nur Deutschländer-Würstchen, sondern eben auch: Zinksargfüllmasse.

Make Love Not War

Interview mit *Wolfgang Pohrt*
Dezember 1998

Sie hatten beobachtet, daß am Wahlabend die Verlierer die fröhlichsten Gesichter machten. Das galt gewiß für Kohl und überhaupt nicht für Rühe. Dem sah man die Enttäuschung, nun nicht als erster kriegführender Oberbefehlshaber der Bundeswehr in die Geschichte einzugehen, nur allzu deutlich an.

Kriegführender Oberbefehlshaber hat Rühe nicht werden können, und er wußte das. Bomben auf Serben schmeißen war doch nur deshalb sein Herzenswunsch, weil dabei seine Tornados benötigt wurden. Anderes für Auslandseinsätze taugliches Gerät besitzt die Bundeswehr nämlich nicht. Und auch die Tornados kommen in Jugoslawien nur an, wenn Italien erlaubt, daß sie in Aviano oder Piacenza starten. Rühe glich einem, der in geselliger Runde seine Kumpane alle 10 Minuten mit der Aufforderung nervt, nun ein weiteres mal »O Susannah« zu singen, weil dies das einzige Lied ist, das er am Klavier begleiten kann.

Sein Problem: Keine Flugzeugträger, keine Cruise Missiles, keine Landungsboote, keine kampferprobten Bodentruppen. Rühes Traum: Die Schmutz- und Schwerarbeit machen nachher die anderen, Hauptsache 14 seiner Tornados düsen als geflügelter Minenhund vorneweg. Das hätte gereicht, um die Aktion im Wahlkampf als eine von Deutschland geführte zu verkaufen. Paar Prozentpunkte mehr, und Schröder hätte mit ihm statt mit Fischer koaliert.

Das Ultimatum, das die NATO der jugoslawischen Regierung für den Rückzug ihrer Miliz aus dem Kosovo gestellt hatte, ist von Milošević erfüllt worden. Alle scheinen damit zufrieden, nur die Deutschen nicht. In der FAZ und in der taz wird heftig lamentiert, man habe die armen Albaner verraten. Vielleicht, weil Nichterfüllung des Ultimatums bedeutet hätte, daß Deutschland zum ersten Mal seit 53 Jahren wieder einen richtigen Krieg hätte führen dürfen? Und weil das Recht dazu zu den Insignien einer Weltmacht gehört?

Wir sollten aufhören damit, offensichtlich falschen Tatsachen-behauptungen einfach möglicherweise ebenso falsche entgegenzusetzen. Wir haben doch keine Ahnung, was dieser Milošević im Kosovo treibt, und es kommt darauf auch gar nicht an. NATO-Ultimaten sind erfüllt, wenn Amerika Gründe hat, sie als erfüllt zu betrachten. Andernfalls findet sich immer eine alte Garage, die auf dem Satellitenfoto einer Raketenabschußrampe zum Verwechseln ähnlich sieht. Derzeit wird überlegt, ob man das Ultimatum als erfüllt betrachten soll, Ende offen. Wir sollten uns auch lösen von der Vorstellung, westliche Balkanpolitik werde von *taz* und *FAZ* gemacht. Das war bis zur Anerkennung Kroatiens so, jetzt ist es anders.

Schließlich: Kriegführen ist keine Frage des Rechts, sondern eine der Macht. Die USA haben diese Macht. Deutschland hat sie nicht. Rühe könnte Ihnen darüber bestimmt stundenlang Jammergeschichten voller Bitterkeit erzählen. Er war es schließlich, dem die Arroganz der Amis das Szenario verdarb.

Welches?

Ungefähr das, auf welches die deutschen Fernsehanstalten sich um den 20. September herum, eine Woche vor der Wahl, einzustellen begannen: In der Luft an der Spitze deutsche Jets. Sie führen die restliche Masse der NATO-Bomber an, wenn man anführen im Sinn von vorausgehen versteht. Die Flugzeugträger gehören ebenfalls zum Verband. Als dessen Commander muß dann der Bundesverteidigungsminister erscheinen, wenn man ihn auf dem Flugfeld zwischen startenden Maschinen mit heulenden Triebwerken bei seinen Piloten filmt. Die täten, so der Minister, ankämpfend gegen Lärm und Wind, hier ihr Leben riskieren, damit die Amselfelder auf ihrem Amselfeld nicht erfrieren müssen. Harter Schnitt. Da sitzen sie wieder in ihren Zelten, unsere Flüchtlinge, und köcheln und mümmeln und mampfen. Den Zuschauern daheim wird es warm ums Herz. Ein Regierung abwählen, während die Truppe im Feld steht, wäre Vaterlandsverrat. Und schaut man sich diesen Rühe an, weiß man auch gleich, wie der nächste Kanzler heißen müßte. Eine bessere Wahlkampfshow gibt es nicht.

Hat aber nicht geklappt.

Eben. Alles nett ausgedacht, aber der heikle Punkt an dem Plan war seine Abhängigkeit von präzisem Timing. Die Bomberei mußte für den 27. September noch in vollem Gange sein. Nach deren Ende hätte man nämlich vor der Frage gestanden:

Und was jetzt? Also fing Rühe erst ziemlich spät mit dem Drängeln an. Und seine Kumpane nutzen die Chance, ihn durch Verzögerungen abzuservieren.

Anlauf Nr.1: »Wenn die Angriffe auf die Zivilbevölkerung so weitergehen, dann wächst die Bereitschaft im Westen, dies auch militärisch zu stoppen in den nächsten drei bis fünf Wochen.« Das war Rühe im ZDF am 15. September. Reaktion: Belgrad wird frech. Frechheiten gestattet Milošević sich nicht, ohne vorher mit Holbrooke zu telefonieren. Die *FAZ* beschwichtigt, man denke »weder in Bonn noch in den Regierungskanzleien der übrigen NATO-Staaten ernsthaft daran, dem serbischen Vorgehen gegen die Kosovo-Albaner mit militärischer Gewalt zu begegnen.«

Anlauf Nr.2: »Die NATO muß hier ein klares militärisches Signal setzen« – Rühe im *Spiegel* vom 21. September. Es geht nicht mehr um den Sieg, sondern um die Plazierung: Wenn wenigstens die Entscheidung für den Bundeswehreinsatz schon gefallen ist, wird Schröder mit Rühe koalieren müssen. Zwei Tage später UN-Resolution, Milošević solle mehr für den Frieden tun. Rühe glaubt, der Sicherheitsrat spiele sein Spiel, die hiesigen Medien riechen Blut. Düsenjäger und Flüchtlinge auf allen Kanälen. Der Startschuß für den count down soll in Vilamoura fallen, wo am 24. September der NATO-Rat tagt. Die *FAZ* berichtet: »Rühe vertrat den Standpunkt, es sei notwendig, nun rasch zu handeln. Andernfalls werde man nicht nur gezwungen sein, Nachrufe für viele tausend Tote im Kosovo zu verfassen, sondern auch einen Nachruf auf die NATO.«

An einen Nachruf auf Rühe denkt Rühe selbstverständlich nicht, das aber tut Solana: »Der NATO-Generalsekretär hatte beim Treffen der Verteidigungsminister im portugiesischen Badeort Vilamoura ein Ultimatum in den nächsten Wochen ausgeschlossen. Solana sagte, er persönlich sei ›nicht dafür, Belgrad eine Frist zu setzen‹«. (*WamS* 27.9.98) Rühes Geschwätz zählt nicht mehr. Im Fernsehen sind vom einen auf den anderen Tag alle Flüchtlinge und Düsenjäger aus den Nachrichten verschwunden. Kosovo? Wo liegt das?

Der Grund dafür war, daß die Amerikaner ein anderes Timing hatten. Die Bundestagswahl am 27. September interessierte Clinton nicht. Er brauchte das Spektakel später, weil am 6. Oktober im amerikanischen Kongreß die Entscheidung über die förmliche Einleitung eines Amtsenthebungsverfahrens fallen sollte. Was Clinton überhaupt nicht brauchte, waren Schnorrer und Trittbrettfahrer. Auch deshalb kam die Sache erst in Schwung, nachdem man Rühe ausgebootet hatte und die deutsche Öffentlichkeit mit Fischers Designer-Klamotten statt mit zerlumpten Flüchtlingen beschäftigt war. Am 1.

Oktober berät der UN-Sicherheitsrat in einer Dringlichkeitssitzung über Berichte von Massakern, die britischen Zeitungen zufolge serbische Truppen an kosovo-albanischen Flüchtlingen begangen haben sollen. NATO-Generalsekretär Solana, nunmehr von seinen amerikanischen Instrukteuren umgepolt, fordert »die Staatengemeinschaft zu einer gemeinsamen Reaktion auf die serbischen Gewalttaten« auf. Aus amerikanischen Regierungskreisen verlautet, die Geduld Washingtons gehe zu Ende. Der britische Verteidigungsminister Robin Cook erklärt, die Allianz sei zum Eingreifen im Kosovo bereit. Am 4. Oktober wird in Den Haag ein Bericht über serbische Grausamkeiten gegen ethnische Albaner von der in New York ansässigen Menschenrechtsorganisation Human Rights Watch (HRW) nachgelegt. Am 5. Oktober schreibt die *FAZ*: »Auslöser der jüngsten Diskussionen über einen Luftschlag der NATO waren Berichte über Massaker an kosovo-albanischen Zivilisten, denen am letzten Septemberwochenende offenbar 34 Menschen im Gebiet um Drenica zum Opfer gefallen waren.« Im Kommentar zu diesem Thema wird festgestellt: »Wieder einmal hat es, wie zuvor in Bosnien schon, des Aufdeckens von Massakern an der Zivilbevölkerung bedurft, um den verbalen Warnungen an die Adresse Belgrads endlich etwas weniger vage westliche Alarmsignale folgen zu lassen.« Solana sagt: »Die Zeit von Milošević geht jetzt zu Ende. Die NATO ist bereit für eine militärische Intervention.« Am 7. Oktober wiederholt er: »Wir haben den Prozeß der Planung abgeschlossen und sind bereit zu handeln.« Die *FAZ* vom 8. Oktober schreibt: »Nach einem Bericht des britischen Senders BBC vom Mittwoch könnte der Militärschlag unter Führung Großbritanniens und der Vereinigten Staaten schon an diesem Wochenende erfolgen.« CNN hatte damit seine Rocky-Horror-Holbrooke-Show und Clinton die Presse, die er so dringend brauchte. Nur Rühe hatte nichts.

In den guten alten Zeiten, so vor zwei bis drei Jahren, hätte jeder Kommentator einen für verrückt erklärt, der behauptet hätte, den nächsten deutschen Krieg werde eine rot-grüne Bundesregierung erklären. Nun wissen alle, daß es so sein wird, und alle halten es für ganz normal. Woran liegt das? An der Dummheit der Beobachter oder der Wendigkeit der Beobachteten?

Sie meinen den Bundestagsbeschluß vom 16. Oktober 1998, wo 503 von 584 anwesenden Abgeordneten mit Ja stimmten, 63 mit Nein, und 18 sich der Stimme enthielten. Ein Novum, gewiß, ein denkwürdiges auch. Aber beim besten Willen erkenne ich darin keine Kriegserklärung, eher das genaue Gegenteil. Ein Parlament beschließt mit einer Mehrheit, die bestes altes Ostblock-Format erreicht, es seien Einheiten der nationalen Armee dem Kommando eines ausländischen, nämlich amerikanischen Generals zu unterstellen, von dem man weiß, daß er die Drohkulisse aufzubauen hat, die Clintons Sonderbotschafter Holbrooke braucht, um die Sex- und Lügengeschichten seines Chefs wegzubügeln. Man hätte am 16. Oktober mit Gewalt das Parlament gestürmt, wenn es in Deutschland noch Nationalisten gäbe.

Ist das Ihr Ernst? Wenn es in Deutschland keine Nationalisten gäbe, gäbe es hier auch keine Deutschen mehr. Das Parlament beschloß nicht irgendeine internationale Subordination, sondern erteilte erstmals einen Schießbefehl für deutsche Truppen im Ausland. Das ist im Land sehr wohl verstanden worden.

Blinder Eifer schadet nur. Die NATO greift nicht mit Flinten an, sondern mit Bomben und Raketen. Man verniedlicht die Sache, statt sie mit besonderer Schärfe anzuprangern, wenn man in polemischer Absicht von einem Schießbefehl spricht. Und nichts, was dem gleichkäme, hat der Bundestag gegeben.

Schauen wir einfach mal genauer hin. Wir haben es doch gar nicht nötig, Sachkunde durch Gesinnung zu ersetzen, die Fakten selbst sind skandalös genug. Der Bundestag hat eine – so der Titel des Antrags – »Deutsche Beteiligung an den von der NATO geplanten begrenzten und in Phasen durchzuführenden Luftoperationen zur Abwendung einer humanitären Katastrophe im Kosovo-Konflikt« gebilligt. Und diese Billigung war Voraussetzung dafür, daß beide Teile eines am 12. Oktober gefaßten Kabinettsbeschluß wirksam wurden. Teil Nr.1: Die Bundesregierung stimmt im NATO-Rat der »Activation Order« für die Operation »Limited Airstrike« zu – wirksam auch ohne Bundestagsbeschluß. Teil Nr. 2: Die Bundesrepublik beteiligt sich an dieser Operation mit 14 Tornados und 500 Mann – wirksam nur mit Bundestagsbeschluß.

Was heißt das? Wenn der NATO-Rat die »Activation-Order« beschlossen hat, sind die Militärs am Drücker. In diesem Fall war es so, daß sämtliche von den Mitgliederländern zur Verfügung gestellten Kräfte dem Kommando des NATO-Oberbefehlshaber Europas, General Wesley Clark, unterstellt waren. Und im Ermessensspielraum dieses Generals lag es fortan, ob und wann er welche der vorgesehen Ziele in Jugoslawien bombardieren lassen wollte.

Wenn man in diesem Zusammenhang also das falsche Wort »Schießbefehl« unbedingt benutzen will, so hat der Bundestag ermöglicht, daß ein amerikanischer General ihn deutschen Truppen geben darf. Die werden gleichsam als Söldner behandelt, die man auch mal ausleihen kann, gegen Geld oder einem stärkeren Machthaber zu Gefallen. Das gab es im Zeitalter der Raubritter und der Duodezfürstentümer zuletzt, im Zeitalter der Nationalstaaten war dergleichen undenkbar. Deshalb bleibe ich dabei: Wenn es hier noch Nationalisten gäbe, hätten sie »Schande« und »Verrat« schreien müssen.

Es gibt sie aber nicht, so wenig wie anderswo in Europa, denn alle 18 NATO-Staaten haben für die Bereitstellung von Truppen gestimmt. Und Grüne, Kommunisten, Pazifisten, Christen, Sozialisten und wie sie alle einmal hießen gibt es auch nicht. Die Leute, die das mal gewesen waren und davon nicht lassen mochten, sind kaltgestellt, verrückt geworden oder tot. Es hat eine Petra Kelly verschwinden müssen, damit ein Fischer sich als führender Grüner verkaufen kann. Mit Begriffen wie »Wendigkeit« erreicht man so einen Plastilin-Menschen überhaupt nicht. Rein physiognomisch schon ist er jeweils der perfekte Klon des gerade amtierenden Kanzlers, und seine neue Freundin vereint als Praktikantin und angehende Journalisten die sozialen Merkmale von Schröders neuester Gattin und Clintons Gespielin auf sich. Wir leben im Zeitalter der Zombies, was die Welt ebenso langweilig wie unberechenbar macht. Von Schröder/Fischer etc. weiß man mit Sicherheit nur, daß sie jedes Spiel mitspielen werden. Ob es Pazifismus oder Militarismus, Antiimperialismus oder Atlantismus, soziale Martkwirtschaft oder Manchesterkapitalismus heißen wird, hängt allein von den Umständen ab.

Also keine Gefahr von deutsch Rot / Grün?

Eine sehe ich, aber sie hat mit Deutschland nichts zu tun, wie überhaupt man allmählich festellen muß, daß die Deutschen immer nur die Mitmacher sind, auch dann, wenn es so scheint, als ob sie sich gegen den Rest der Welt stellen würden. Auch diese Rolle gehört zum großen Spiel dazu. So hat es im Interesse des gesamten Westens gelegen, daß der Balkan zerstükkelt worden ist, und Deutschlands anfängliche Führungsrolle in dem Schurkenstück war nicht etwa seiner Stärke geschuldet, sondern der Tatsache, daß er den anderen angenehm war, sich widerstrebend beugen zu dürfen.

Die wirkliche Gefahr liegt anderswo. Es ist nun eine Generation am Ruder, hier wie in den USA, die unter der Parole »Make Love Not War« angetreten war. Ein fieser Spruch, weil er unterstellt, das eine wäre die Alternative zum anderen, man müsse das eine oder das andere tun. Was passiert, wenn diese Generation in ein Alter kommt, wo sie das eine nicht mehr machen kann. Macht sie dann das andere?

Wie der Kosovo-Konflikt begann

Kjell Magnusson

In den Jahrzehnten nach dem Zweiten Weltkrieg unterstand die Provinz Kosovo mehr oder weniger der direkten Kontrolle Belgrads. Die serbokroatische Sprache dominierte das öffentliche Leben, und die Albaner waren in der Wirtschaft und in der staatlichen Verwaltung stark unterrepräsentiert. Auch im Parteiapparat und auf föderaler Ebene spielten sie nur eine unbedeutende und »symbolische« Rolle.

Im Juli 1966 veränderte sich die Lage im Kosovo spürbar. Der Abgang der jugoslawischen Regierung mit dem Vizepräsidenten Aleksandar Rankovic machte den Weg frei für eine Reformpolitik, die auch die Selbständigkeit der jugoslawischen Teilstaaten betonte. In dieser neuen Lage forderten führende albanische Politiker und Intellektuelle eine Neudefinition des Status des Kosovo und bestanden darauf, daß die Provinz die Stellung einer jugoslawischen Republik erhalten sollte. Am 27. November 1968 fanden in Priština und anderen Städten gewaltsame Studentendemonstrationen statt, auf denen wirtschaftlichen Verbesserungen, die Erweiterung nationaler Rechte und eine eigene Universität gefordert wurden.

In Frühjahr 1969 wurde die jugoslawische Verfassung zugunsten der Provinzen und autonomen Gebiete verändert: Diese sollten nun in den föderalen Organen der Föderation den sozialistischen Republiken gleichgestellt und entsprechend repräsentiert werden. Gleichzeitig wurde der Name der Provinz von »Kosovo und Methoija« in »Kosovo« geändert, was den albanischen Charakter des Gebiets unterstrich – insbesondere wenn die Bezeichnung »Kosova« benutzt wurde.

Durch die Veränderungen von 1969, die in der neuen Verfassung von 1974 ihre Bestätigung fanden, wurden die autonomen Gebiete eigenständige Teile der jugoslawischen Föderation, anstatt nur wie bisher untergeordnete Einheiten innerhalb der Republik Serbien zu sein. Dies hatte eine radikale Veränderung der Politik und des Alltagslebens im Kosovo zur Folge. Die Kosovo-Albaner begannen, die Parteiorganisationen, die Verwaltung und die politischen Institutionen zu übernehmen. Albanisch wurde die dominierende Sprache. In Priština wurde 1969/70 eine Universität eingerichtet, die bald zur drittgrößten Jugoslawiens heranwuchs und eine große Anzahl akademischer Spezialisten ausbildeten, insbesondere in den Gesellschafts- und Geisteswissenschaften. Desweiteren widmete sich die 1977 neu gestiftete Wissenschaftsakademie des Kosovo intensiv der albanischen Geschichte, Sprache und Volkskultur. Man verlegte Belletristik und wissenschaftliche Zeitschriften in albanischer Sprache, aber auch die albanische Massenkultur erlebte durch Fernsehen, Rundfunk und Presse eine schnelle Entwicklung.

Gleichzeitig jedoch blieb das Kosovo eine höchst segregierte Gesellschaft, in der es kaum zu Vermischung zwischen Kosovaren und Serben kam. Die Bereitschaft der Albaner zu Mischehen war geringer als in den anderen jugoslawischen Volksgruppen und beschränkte sich vor allem auf Türken und mazedonisch oder serbokroatisch sprechende Muslime.

Soziale und ethnische Spannungen

Auch wenn die Provinz rein formal keine Republik war, kann man das Kosovo der siebziger Jahre im wesentlichen als eine Art albanisches Staatsgebilde innerhalb der Grenzen Jugoslawiens bezeichnen. Was entsprechend der Verfassung von 1974 die autonomen Provinzen von den sozialistischen Republiken unterschied, war eigentlich nur die Tatsache, daß die ersteren kein formelles Recht hatten, aus der jugoslawischen Föderation auszutreten. Dies war ein für den Titoismus typischer Kompromiß, der keinen der Beteiligten zufriedenstellte.

Die serbische und montenegrinische Minderheit im Kosovo befand sich in einer Lage, die man mit der der englischsprachigen von Quebec in Kanada vergleichen könnte. Im Gegensatz zu ihrer früheren, dominierenden Stellung im politischen und wirtschaftlichen Leben mußte sie sich jetzt damit abfinden, daß sich das kulturelle Umfeld und Alltagsleben drastisch veränderte. Viele Serben und Montenegriner zogen es in dieser Situation vor, die Provinz zu verlassen. Die Ursachen der serbischen Auswanderung gehörten zu den großen Streitpunkten in der jugoslawischen Politik der achtziger Jahre. Die Serben selbst behaupteten, daß sie aufgrund von Drangsalierungen und systematischen Verfolgungen zur Flucht gezwungen wurden, während die Albaner ihrerseits die sozio-ökonomischen Faktoren als entscheidend ansahen. Beide Seiten hatten recht: Es gab genügend Gründe, sowohl ökonomischer wie auch sozialer Natur, auszuwandern. Ansonsten wäre es schwer zu erklären, warum gerade die Serben in so großer Zahl die Provinz verließen.

Die Serben bekamen immer größere Schwierigkeiten, sich auf dem Arbeitsmarkt zu behaupten, auf dem Zweisprachigkeit gefordert war, da sie in der Regel des Albanischen nicht mächtig waren. Sie erlebten außerdem das neue albanische Selbstbewußtsein als eine Bedrohung und sahen in der mehrheitlich albanischen Umgebung keine Zukunftsperspektiven mehr für sich und ihre Kinder. Insbesondere in den Städten stieg die albanische Dominanz stark an. 1961 belief sich der Anteil der Serben an der Stadtbevölkerung Prìštinas auf 38 Prozent, zwanzig Jahre später betrug er nur noch 19 Prozent.

Die Ereignisse von 1981

Im Frühjahr 1981 brachen im Kosovo schwere Unruhen aus, die sich zu einem allgemeinen Volksaufruhr entwickelten. Was als Studentenprotest in Prìština begann und sich in erster Linie gegen die einheimische Politikerklasse richtete, erhielt bald einen nationalistischen Charakter, zusammengefaßt in der Forderung nach einer »Republik Kosovo«. Dies war der schwerste Konflikt im Nachkriegs-Jugoslawien, und die Obrigkeit erlangte nur unter massivem Einsatz von Polizei- und Militärkräften aus dem übrigen Jugoslawien die Kontrolle über die Provinz.

Es zeigte sich bald, daß die Kommunistische Partei Schwierigkeiten hatte, die Krise zu bewältigen. Zwar wollte man einerseits eine Eskalation der Spannungen zwischen Albanern und Serben verhindern, andererseits ging man aber mit Säuberungen und anderen repressiven Methoden gegen eine, wie man meinte, seit langem vorbereitete Konterrevolution vor. Während der Jahre 1981 bis 1988 verurteilte man 1750 Albaner zu Gefängnisstrafen von bis zu fünfzehn Jahren und weitere 7000 Albaner zu Gefängnisstrafen von bis zu zwei Monaten.

Nach den Unruhen von 1981 wurde die Lage der serbischen Minderheit zum beherrschenden Titelthema serbischer Zeitungen. Man verbreitete, die Serben des Kosovo lebten in totaler Rechtlosigkeit und seien der bedrohlichen Umgebung, Unfähigkeit und Willkür der Behörden ausgesetzt. Einige spektakuläre Ereignisse – Morde, Vergewaltigungen, Zerstörungen – und insbesondere Fälle, in denen Priester und Nonnen angegriffen oder Friedhöfe und Kulturdenkmäler geschändet wurden, erzeugten Wut und Haß in der serbischen Öffentlichkeit. Von größerer Bedeutung für das Gefühl der Unsicherheit war jedoch die alltägliche verbitternde Situation in Geschäften und am Arbeitsplatz, auf den Straßen und auf den Dörfern.

Während serbische Politiker an verfassungsmäßigen Veränderungen zugunsten des Kosovo arbeiteten, breitete sich zeitgleich unter den Serben und Montenegrinern in der Provinz ein Gefühl aus, verlassen und rechtlos zu sein. Diese Stimmung wuchs in den Jahren 1985 und 1986 zu einer Protestbewegung an, die eine Bedrohung des Regimes in Belgrad und des sozialistischen Systems darstellte. Die Kosovo-Frage mobilisierte in kurzer Zeit große Teile der serbischen Öffentlichkeit und wurde zur wichtigsten Ursache des Nationalismus, der die serbische Gesellschaft am Ende der achtziger Jahre dominieren sollte. Dadurch geriet der Demokratisierungsprozeß, der Serbien seit Beginn des Jahrzehnts gekennzeichnet hatte, ins Stocken.

Die Schwierigkeiten der serbischen Politiker, eine Veränderung der verfassungsmäßigen Stellung des Kosovo zu erarbeiten, sowie die sich zuspitzende Lage in der Provinz machten den Weg frei für Slobodan Milošević. Das Bemerkenswerte am »Staatsstreich« von 1987 und der »antibürokratischen Revolution« Miloševićs 1988-89 ist, daß es ihm gelang, sich des Mißtrauens der Bevölkerung gegenüber der Kommunistischen Partei zu bedienen, um die politischen Eliten in der Vojvodina, in Montenegro und schließlich auch im Kosovo zu stürzen und gleichzeitig die Partei in Serbien an der Macht zu halten.

Im November 1988 schaffte es die serbische Führung mit Hilfe der Jugoslawischen Kommunistischen Partei, die Kosovo-Führer Kaqusa Jashari und Azem Vilasi abzusetzen. Das führte zu Demonstrationen in Priština mit über 100.000 Teilnehmern. Die Unruhen setzten sich mit Streiks in den Trepca-Gruben und schweren Unruhen im März 1989 fort, bei denen 24 Menschen den Tod fanden. Die Ordnung konnte nur mit Hilfe der Jugoslawischen Volksarmee und durch Ausrufung des Ausnahmezustands aufrechterhalten werden.

Offener Konflikt

Ursache der neuerlichen Unruhen war, daß die serbische Führung im März 1989 Veränderungen der Verfassung Serbiens und der autonomen Gebiete durchsetzte. Auf der serbischen Seite gab es eine tiefe Unzufriedenheit darüber, daß das Kosovo, das gemäß der Verfassung Serbiens ein Teil Serbiens war, gleichzeitig de facto den Status einer Republik hatte. Man kritisierte insbesondere, daß Serbien keinen Einfluß im Kosovo hatte (und z.B. 1981 nicht eingreifen konnte), obwohl doch gleichzeitig die politischen Führungen des Kosovo und der Vojvodina ihr Veto gegen Beschlüsse einlegen konnten, die das übrige Serbien betrafen. Die Ergänzungen zur Verfassung beinhalteten, daß die Republik Serbien wieder die Kontrolle über die militärischen, polizeilichen und Sicherheitsfragen wie auch über das Gerichtswesen im Kosovo erhielt.

Dies reichte der serbischen Führung jedoch nicht aus. Man wollte alle Attribute auslöschen, die faktisch dem Kosovo den Charakter eines unabhängigen Staates verliehen. Eine neue Verfassung hob die weitgehenden politischen Rechte des Kosovo auf und führte die früheren Namen der Provinz »Kosovo und Metohija« mit Stichtag 28. September 1990 wieder ein. Die albanischen Proteste waren massiv. Am 2. Juli, als man in Serbien eine Volksabstimmung über die neue Verfassung durchführte, rief die albanische Mehrheit im Parlament des Kosovo die unabhängige jugoslawischen Republik Kosovo aus.

Dies führte dazu, daß die Serben am 5. Juli das kosovarische Parlament auflösten und die kosovarische Regierung zurücktrat. Die Proteste der kosovo-albanischen Bevölkerung und der Öffentlichkeit waren enorm. Im August wurden die Tageszeitung *Rilindja* wie auch die albanischen Radio- und Fernsehsender geschlossen. Als die serbischen Behörden allen staatlichen Angestellten eine Loyalitätserklärung vorlegten, weigerten sich die meisten Albaner, diese zu unterschreiben, was wiederum zu massenhaften Entlassungen bei der Polizei, in der Staatsverwaltung, im Wirtschaftssektor, in der Krankenpflege und im Ausbildungswesen führte. Ein fast einhundertprozentiger albanischer Boykott aller gesellschaftlichen Institutionen sowie eine fast vollständige Trennung der serbischen und albanischen Volksgruppen waren die Folge. Manchmal wird in diesem Zusammenhang behauptet, die Serben hätten die Verwendung der albanischen Sprache an Schulen und Universitäten verboten, was aber nicht ganz korrekt ist. Man forderte, daß derselbe Lehrplan in ganz Serbien gelten und in Belgrad festgelegt werden sollte, was wiederum die Albaner nicht akzeptieren konnten.

Am 7. September 1990 traten 111 albanische Parlamentarier in der Stadt Kacanik zusammen und verabschiedeten eine Verfassung für die Republik Kosovo, die aus Serbien und der jugoslawischen Föderation ausscheiden sollte. Ein Jahr später, am 26. September 1991, gelang es, eine Volksabstimmung durchzuführen, die die vollständige Unabhängigkeit des Kosovo erreichen sollte. Im Oktober erklärte man sich zu einem souveränen Staat und ernannte eine provisorische Regierung. Im Mai 1992 zeigten die Albaner wiederum Stärke, als sie Parlaments- und Präsidentenwahlen anordneten. Die »Demokratische Allianz Kosovo« (LDK) erlangte eine überwältigende Mehrheit. Ihr Vorsitzender, Ibrahim Rugova, erhielt 99 Prozent der Stimmen.

Die Serben behaupten, daß das Kosovo laut der Verfassung von 1990 über kulturelle Autonomie verfügte. Dies ist zwar theoretisch richtig, jedoch ist es auch nachvollziehbar, daß die Kosovaren nicht geneigt waren, ihre sehr weitgehende Selbständigkeit, die sie zwischen 1971 und 1990 wahrgenommen hatten, aufzugeben. Problematisch war überdies, daß die Verfassungsänderungen mit außerordentlich brutalen Methoden und weiteren Erniedrigungen der albanischen Bevölkerung durchgeführt wurden. Der serbischen Seite war es wichtig, klarzustellen, daß die Albaner nichts anderes als eine ethnische Minorität waren. Während es früher z. B. im Kosovo zwei offizielle Sprachen gab, findet heute zwar Albanisch auch bei offiziellen Anlässen neben dem Serbischen Anwendung, aber in der Verfassung existiert die Sprache dem Namen nach nicht.

Zwei parallele Gesellschaften

Im Kosovo entstanden nach 1990 zwei parallele Gesellschaften. Die Serben konnten zwar mit Hilfe großer Polizeikräfte Kosovo und Metohija bis zu einem gewissen Grad kontrollieren. Tatsächlich aber gab es im Kosovo zusehends eigenständige staatliche und kommunale Verwaltungen. Die politischen Institutionen, die Massenmedien, das Gesundheits- und Sozialsystem, das Bildungssystem von der Grundschule bis zur Universität: alles wurde autonom strukturiert. Vor allem baute man eigene Wirtschaftsbeziehungen auf. Albanische Kleinunternehmer, albanische Gastarbeiter und Auswanderer standen für die Versorgung der Bevölkerung ein und zahlten Steuern an die Republik Kosovo.

Der Preis für den albanischen Widerstand war jedoch hoch: Beim Versuch, das Kosovo zu kontrollieren, machten sich die serbischen Sicherheitskräfte vieler Übergriffe schuldig. Seit 1992 fanden immer wieder Razzien in albanischen Dörfern statt mit dem Ziel, illegale Waffendepots auszuheben. Mehrere tausend Familien sind Schätzungen zufolge Opfer dieser oft brutalen Überfälle geworden. Auch Berichte über Mißhandlungen waren nicht selten. Während der Jahre 1990 bis 1997 sollen 75 Albaner ihr Leben infolge serbischer Gewalttaten verloren haben.

Als Folge dieser serbischen Politik wuchs der albanische Widerstand. Kein führender albanischer Politiker konnte sich eine Zukunft mit Serbien oder Jugoslawien vorstellen. Die Alternativen, die zur Sprache kamen, waren entweder die Selbständigkeit oder eine Vereinigung mit Albanien; entweder direkt oder nach einer Übergangszeit als internationales Protektorat.

Albanische Ziele

Es gab zweierlei Argumente der Albaner: Einerseits war man der Meinung, daß das Kosovo als föderale Einheit innerhalb der Bundesrepublik Jugoslawien das gleiche Recht auf Selbstbestimmung habe wie die jugoslawischen Teilrepubliken. Andererseits hielt man am Prinzip des Rechts auf Selbstbestimmung der Völker und Nationen fest. Dieses Argument war oft gekoppelt an eine Geschichtsauffassung, nach der die Albaner, als Nachkommen der Illyrier, de facto als die Ureinwohner der Provinz galten und nach der es schon immer eine albanische Mehrheit im Kosovo gab.

Die Forderung nach nationaler Unabhängigkeit stand seit 1990 im Vordergrund. Die kosovo-albanischen Führer weigerten sich konsequent, sich auf Handlungen einzulassen, die als implizite Anerkennung des Kosovo als eines Teils Serbiens oder Jugoslawiens gedeutet werden konnten. So nahm man nicht an der Volkszählung von 1991 teil, man boykottierte alle politischen Wahlen und bezog auch zu den Protesten in Serbien 1996/97 keine Position. Hätte Rugova eine andere Linie gewählt und versucht, mit friedlichen Mitteln schrittweise Veränderungen zu bewirken, wäre er möglicherweise erfolgreich gewesen. Die Teilnahme der Albaner des Kosovo an den serbischen Parlamentswahlen hätte sie – wie in Mazedonien – zum Zünglein an der Waage werden lassen.

In fast jeder Kommune des Kosovo, wie auch im Provinzparlament, wäre den Albanern eine Mehrheit sicher gewesen. Damit hätten sie die politische Kontrolle über das Kosovo erlangt, wenn auch keinen eigenen Staat. Milošević und seine Partei hätten die Macht verloren. Statt dessen aber entstand eine eigentümliche Symbiose zwischen Milošević und Rugova: Milošević sicherte der albanische Boykott die Macht und Rugova de facto die Position eines Provinz-Präsidenten.

Eine typisches Beispiel für Rugovas Politik war der Verlauf der Verhandlungen über das Schulsystem. Diese begannen, als Milan Panic im Jahre 1992 Premierminister der Föderation wurde. Auf der jugoslawischen Seite war man hinsichtlich des heiklen Problems der Schullehrpläne zu großen Zugeständnissen bereit, aber die Kosovaren weigerten sich aus prinzipiellen

Gründen, an einer Lösung mitzuwirken. Mehrere bedeutende Kosovo-Führer betonten, den Inhalt der Absprache zwar gutzuheißen. Das Problem war jedoch nicht die Schulfrage als solche, sondern die Tatsache, daß die Annahme eines Lösungsvorschlags beinhaltet hätte, auf die Selbständigkeit zu verzichten.

Während dieser Zeit galt Rugova in aller Welt als der legitime Sprecher der Kosovo-Albaner. Es scheint jedoch, als sei seine »friedliche Reformpolitik« gründlich mißverstanden worden. Obwohl Rugova seine Auffassung zu den grundlegenden Fragen zum Status des Kosovo klar dargestellt hatte, glaubte man in den Hauptstädten des Westens, ihn zu einem Kompromiß mit der serbischen Seite bewegen zu können, wenn diese bereit wäre, die Menschenrechte zu respektieren und eine vernünftige Minderheitenpolitik zu betreiben. Rugova seinerseits schien die Sympathien, auf die er im Westen traf, als Unterstützung für die Selbständigkeit des Kosovo mißzuverstehen. Als Folge vermittelte er der kosovarischen Bevölkerung ein falsches Bild von der Haltung der internationalen Staatengemeinschaft.

Diese potentiell sehr gefährliche Situation wurde nach dem Daytoner Abkommen virulent, als die kosovo-albanische Guerilla entschied, daß die einzige Möglichkeit zur Befreiung des Kosovo in einem intensivierten bewaffneten Kampf liege. Sowohl die internationale Staatengemeinschaft als auch die jugoslawische Führung wie die Politiker des Kosovo ignorierten lange die Aktivitäten und Ziele der Guerilla. Rugova behauptete bis zuletzt, die Guerilla sei eine Erfindung des jugoslawischen Sicherheitsdienstes – ein Wunschdenken, das auch im Westen verbreitet war. Diese übermütige Haltung revidierte Rugova erst, als Exekutionen durch die UÇK auch seine engsten Berater trafen. Rugova verlor gegenüber der UÇK zusehends an Boden.

Die Weltöffentlichkeit neigte dazu, Größe, Stärke und Ziele der Guerilla zu unterschätzen. Die UÇK wurde oft als eine unbedeutende und schlecht bewaffnete Gruppe beschrieben, die erst 1998 ihren Kampf begonnen habe. Auch das serbische Regime zeigte eine nur geringe militärische Präsenz. Es ist bezeichnend, daß energischere Maßnahmen gegen die UÇK erst ergriffen wurden, als die Situation unhaltbar geworden war und die Guerilla das Drenica-Gebiet kontrollierte, die zentralen Straßenverbindungen unterbrach und ihre Angriffe gegen Polizei und Zivilisten forcierte. Lediglich die unabhängige Belgrader Wochenzeitung *Vreme* zeichnete ein realistisches Bild der Entwicklungen.

Die erstaunlich milde Haltung der USA gegenüber der UÇK

bedeutete, daß man, als die militärische Lage im Kosovo sich verschärfte, auch diejenigen Politiker im Stich ließ, die man zuvor als die legitimen Vertreter der Kosovo-Albaner betrachtet hatte. Während des Jahres 1998 hatte es kein albanischer Politiker mehr wagen können, eine Haltung einzunehmen, die den Zielen der UÇK zuwiderlief. Die internationale Öffentlichkeit hielt dennoch stur an ihrer Sichtweise des Konfliktes fest, die vorgab, daß Milošević durch das »Aufheben der (kulturellen) Autonomie des Kosovo« eine Situation geschaffen habe, in der die Kosovaren keine andere Wahl gehabt hätten, als sich für die Unabhängigkeit einzusetzen – auch mit militärischen Mitteln. Der albanische Nationalismus sei, mit anderen Worten, einzig die Folge der serbischen Gewalt.

Dabei ist es eher umgekehrt: Nicht die Gewalt hat den Nationalismus verursacht, sondern der Nationalismus hat zum Ausbruch der Gewalt geführt. Die serbischen Behörden und vor ihnen die der Bundesrepublik Jugoslawien konnten die albanischen Forderungen nach Unabhängigkeit, die zu einem sich beschleunigenden Konflikt und zunehmender Gewalt führten, nicht mehr handhaben.

Letztendlich hat der Konflikt seine Ursache darin, daß zwei Volksgruppen Anspruch auf dasselbe Gebiet erheben. Das Kosovo-Problem wie auch die Konflikte in Jugoslawien im allgemeinen sind die Folge eines verspäteten Nationenbildungsprozesses in einer Region, in der kein nationales Programm verwirklicht werden kann, ohne daß es auf Kosten anderer Völker ginge. Die Bestrebungen nach albanischer Staatenbildung sind zwar an sich legitim und verständlich. Das gilt auch für entsprechende Forderungen von serbischer oder kroatischer Seite. Es ist jedoch leider so, daß sie nicht ohne Blutvergießen verwirklicht werden können. Es gibt keine gerechte oder im tieferen Sinn moralisch akzeptable Lösung. Es ist deshalb äußerst wichtig, daß die internationale Staatengemeinschaft, wenn sie sich schon auf dem Balkan engagiert, um eine friedliche Lösung der Konflikte herbeizuführen, eine konsequente Haltung einnimmt. Hat man einmal »Nein« zu einer Neubestimmung der Grenzen Jugoslawiens nach ethnischen Kriterien gesagt, sollte diese Haltung auch im Falle des Kosovo nicht revidiert werden.

Aus dem Schwedischen übersetzt von
Wolf Elz

Gestank, Chaos, Grauen
Die blutige Spur des Erich Rathfelder

Horst Pankow

Das wäre ein geiles Ende der Sommerlochlangeweile geworden, wenn es nur geklappt hätte. »Es ist das Bosnien-Szena-
rio«, schwärmte Peter Münch in der *Süddeutschen Zeitung,*
und »daß [!] sich in diesen Tagen im Kosovo zu wiederholen
scheint.« Ein hartes Durchgreifen der »internationalen Gemeinschaft« wäre ein adäquater Befreiungsschlag gegen die
unerträgliche Diktatur der Gegenwart gewesen, und die Serben – dessen konnte man gewiß sein – würden sich auf ihre
Weise dem allgemeinen Dilemma zu entwinden wissen: »Eine
serbische Streitmacht rückt vor, Dörfer brennen, Zehntau-
sende von Zivilisten sind auf der Flucht – und nun auch noch
der Bericht von Massakern und Massengräbern.« (*SZ*)
    Und dann auch noch der Zweifel: Würden sich die Verbünde-
ten – bisher ja eher durch Zaudern denn Beherztheit aufgefallen – wieder einmal der einzig richtigen Schlußfolgerung entziehen? Derzufolge »könnte eine blutige Spur von Srebrenica
nach Orahovac führen«. Könnte. Ach, könnte man den ver-
fluchten Konjunktiv aus der Grammatik ebenso tilgen wie das
serbische Joch vom Balkan! So war man wieder einmal auf
Tatsachen verwiesen und damit zur Ohnmacht verurteilt. »Als
die Serben wenig später Journalisten in die Stadt führten, war
davon [von Massaker und Massengräbern, H.P.] natürlich
nichts zu bemerken.« (*SZ*) Natürlich. Auch andere mußten mit
leeren Händen zurückkehren. »Eine Erkundungsmission der
EU im Kosovo hat ... keine Anzeichen für Massengräber nahe
der Stadt Orahovc gefunden.« (*Tagesspiegel*) Das gleiche galt
für den eilends herbeigeeilten US-Botschafter in Mazedonien.
Und auch »der als seriös bekannte *taz*-Reporter Erich Rathfelder hat in Orahovac selbst keine Leichen gesehen, jedoch starken Verwesungsgeruch wahrgenommen.« (*SZ*)
    Mag Rathfelder auch selbst nichts gesehen haben, er weiß,
daß die anderen nicht ganz aufrichtig waren: »Am Abend«,
schreibt er aus Orahovac, »wird Christopher Hill [US-Botschaf-
ter in Mazedonien] die Existenz der Massengräber leugnen.«
(*taz*) Rathfelder weiß auch um die Gründe solchen Leugnens.
In seinem kürzlich erschienen Buch (*Sarajevo und danach.*

Sechs Jahre Reporter im ehemaligen Jugoslawien, München 1998) enthüllt er eine Reihe von serbischen Einflußagenten in der »westlichen Wertegemeinschaft«. Beispielsweise der »unter deutschen Intellektuellen einflußreiche Ungar György Konrad«. Der habe schon zu Beginn der Kämpfe ebenso »wie der Österreicher Peter Handke« zum »Nichtstun« geraten. »Kaum jemand weiß allerdings, daß György Konrad ein persönlicher Freund des serbischen Schriftstellers und Interimspräsidenten von Miloševićs Gnaden, Dobrica Cosic, ist.« Aber Rathfelder weiß das, und er weiß mehr. Er weiß, daß der frühere US-Außenamts-Staatssekretär Eagleburger »mit Serbien durch vielerlei Geschäftsinteressen verbunden« war und »daß britische Politiker durch finanzielle Zuwendungen von Seiten Miloševićs zum Aufbau einer proserbischen Lobby inspiriert« wurden.

Bis vor kurzem konnte Rathfelder diese Erkenntnisse nur der *taz*-Leserschaft mitteilen. Wenngleich seine Kollegen von den schon länger eingeführten Blättern in Sachen serbischer Weltverschwörung nicht zurückstehen sollten. Seit dem Erscheinen seines Buches, vor allem aber seit der Geruchs-Reportage aus Orahovac ist der rastlose Wahrheitssucher – er »pendelt zwischen Split, Sarajevo, dem Kosovo und Berlin« (*taz*) – auch einem breiteren Publikum bekannt. Er war es, der das penetrant gähnende Sommerloch am 5. August 1998 mit der Meldung »Massengräber jetzt auch im Kosovo entdeckt« (*taz*) schloß – Unterzeile: »*taz*-Reporter stößt bei Orahovac auf hunderte Leichen«. Idiomatisch ein wenig der landesüblichen Rhetorik angepaßt, erschien Rathfelders Report auch in Österreich: »Massengräber im Kosovo. Hunderte Kinder verscharrt« (*Die Presse*) – Unterzeile: »Presse-Korrespondent sah die Massengräber« – und einen Tag später in Italien: »So habe ich den Serben geholfen, 430 Kinder zu begraben« (*La Repubblica*).

Entgegen den Versprechungen der Schlagzeilen behauptet Rathfelder allerdings nicht, in der südserbischen Kleinstadt irgendeine menschliche Leiche gesehen zu haben. Er hat nur gerochen – »der Gestank der Leichen ist aus der Ferne schon zu riechen« – und messerscharf kombiniert – »angesichts der großen Hitze ist die Verwesung schon weit fortgeschritten.« Nach angeblichen »Augenzeugenberichten« waren vor seinem Eintreffen angeblich »bis zu 1000 Menschen getötet« und »bisher 567 Menschen verscharrt worden«. Als die offiziellen Delegationen von EU und USA sowie die zahlreich angereisten Vertreter des Pressekriegsquartiers der »internationalen Gemeinschaft« zu ihren größten Bedauern nur die 37, auch von serbischer Seite bestätigten, Gräber von in Kämpfen zwischen UÇK und Regierungstruppen Getöteten fanden, legte Rathfelder nach. Am folgenden Tag (6. August) erschien in der *taz* und der *Presse* sein ausführlicher Augen- und vor allem Nasenzeugenbericht.

Erich Rathfelder und sein amerikanischer Kollege Phil Smucker begaben sich demzufolge zielstrebig zur Mülldeponie am Rande des Ortes. »Daß die Leichen auf einer Mülldeponie verscharrt wurden, ist für das serbische Vorgehen nicht ungewöhnlich«, hatte er schon tags zuvor seinen Lesern gesteckt. Nun erwähnt er als weitere Referenzen »Gerüchte in der Provinzhauptstadt Prìština« und einen Bericht der *Washington Post* vom 4. August. In diesem ist allerdings außer ebenfalls notierten »Gerüchten« (»rumors are swirling«) nur von den 37 bekannten Gräbern die Rede, die sich in der Tat neben einer Müllkippe befinden. Vor allem unterschlägt Rathfelder die Kernaussage der *Washington Post*: »But there is no evidence of mass graves containing such a large number of bodies.«

Rathfelder und sein Begleiter lassen sich nur von ihrem Geruchssinn leiten: »Plötzlich liegt ein süßlicher Geruch in der Luft. Wir haben den Ort gefunden.« Der Ort erweist sich in der Beschreibung als eine Stelle, an der sich »33 Holzpfosten mit mehrstelligen Nummern in den Boden gerammt« befinden. Also auf zum nächsten Ort: »Auch hier empfängt uns der gleiche unerträgliche Geruch.« Aber: »Diesmal sind keine Markierungen angebracht.« Weiter geht's: »Einige hundert Meter weiter befindet sich eine dritte Stelle. Ein Kadaver ist in einem Plastiksack zu erkennen. Ob es sich um einen Menschen handelt, ist angesichts der Verwesung nicht mit Sicherheit zu erkennen. Deutlich sichtbar ist an anderer Stelle der Kopf einer Kuh.« Und so geht es dann weiter von der Mülldeponie durch die Stadt, in der es von Polizei, serbischer, nur so wimmelt, in der die Müllabfuhr nicht funktioniert, Kleidungsstücke herumliegen, was selbstverständlich auf ein Massaker hindeutet, in der es aber vor allem stinkt: »Der Gestank, der aus manchen Häusern dringt, ist unerträglich. Hineinzugehen wagen wir allerdings nicht – zu viele Polizisten patrouillieren auf der Straße.« Schließlich vertraut ein Serbe – es sind ja nicht alle schlecht – sich den beiden an »und erzählt, was er gesehen hat – nur dürfe man um Gottes willen seine Identität nicht preisgeben.« Er habe 567 von Serben Ermordete gezählt, darunter 430 Kinder. »Er wisse das so genau, weil er nicht nur über gute Kontakte zu den Totengräbern verfüge, sondern auch mit Hand habe anlegen müssen.« Rathfelder legt seinem anonymen Konfidenten eine Aussage in den Mund, die am nächsten Tag *taz*-Leser irritieren sollte: »›Und was passierte mit den Leichen?‹, wollen wir wissen. ›Zigeuner‹, wie er sich ausdrückt, hätten ›viele Leichen‹ auf sieben Pferdekarren abtransportiert.«

Am 7. August hatte die *taz* bereits den geordneten Rückzug angetreten. Schon am Vortag, als Rathfelders Riech- und Lauschstory als Tagesthema erschien, lautete der Frontpage-Aufmacher recht defensiv »Widersprüche über Opfer bei Orahovac«. Jetzt war das Thema unauffällig in den Kellerbereich der zweiten Seite verbannt. Markant dennoch der folgende trotzige Absatz: »Unterdessen zitierte auch die *Washington Times* in ihrer gestrigen Ausgabe Aussagen von Zeugen in Orahovac, wonach die Leichen Hunderter Kosovo-Albaner in Massengräbern verscharrt worden sein sollen. ›Die Toten wurden von Roma begraben, ich habe daneben gestanden‹, wird ein Anwohner zitiert. 567 Leichen habe er gezählt, davon seien mindestens die Hälfte Kinder gewesen.« Manchen *taz*-Lesern kam nicht nur der »unterdessen« zitierte Anwohner bekannt vor, sondern auch der *Washington-Times*-Autor: Erich Rathfelders Trabant Phil Smucker.

Orientiert man sich an der von Rathfelder vorgeführten fact finding method, führt durchaus »eine blutige Spur von Srebrenica nach Orahovac«. Anfang Februar 1996 berichtet er in der *taz* von seinen Erlebnissen bei der »Spurensuche in der Stadt des Grauens«. Im Gefolge der UNO-Menschenrechtsbeauftragten Elizabeth Rehn war Rathfelder damals mit einem Troß des Kriegspressequartiers in die bosnische Kleinstadt gereist, um »Hinweise auf Lager und Stätten des Mordens, Hinweise auf Orte [zu prüfen], wo einige der mehr als 8.000 verschollenen Männer überlebt haben könnten.« Es sollte das von westlichen – vor allem deutschen – Medien behauptete Massaker der Serben an wehrlosen bosnisch-muslimischen Zivilisten bewiesen werden. Daraus ist bekanntlich bis heute nichts geworden, für Rathfelder war es aber eine der Vorarbeiten zu seinen gescheiterten Orahovac-Coup. Auch die »Stadt des Grauens« präsentiert ihm ein Bild des Chaos: »Überall liegt Müll herum: auf der Flucht zurückgelassene Möbelstücke [mehr als sechs Monate danach, H.P], Kleider, Unrat.« Verschiedene Gebäude werden inspiziert, ohne befriedigendes Ergebnis. Dann betritt man den Keller eines Supermarktes. »Doch im Keller ist niemand. Die dortigen Räumlichkeiten hätten zwar als Gefängniszellen durchaus dienen können; auf den Boden finden sich Spuren von Wachs. Doch konkrete Hinweise auf Gefangene gibt es nicht.« Schließlich erreicht die Reisenden die Information, in einem Waldstück unweit der Stadt seien Leichen gefunden worden. Am Fundort eingetroffen, können die Toten – »Geripppe, teilweise sind Köpfe vom Rumpf getrennt« – laut Rathfelder als »muslimische Männer aus Srebrenica« identifiziert werden. »Offenbar sind die etwa zehn hier Ermordeten in einen Hinterhalt geraten.« Nicht nur die bereitwillige Mithilfe serbischer Polizisten bei der Bergung der Leichen macht Rathfelder mißtrauisch. Er ist enttäuscht, hatte mehr Leichen erhofft und wittert eine Falle:»Geht es bei dem Fund um eine Inszenierung? Ist es nicht seltsam, daß die Leichen, von deren Existenz zumindest das serbisch-bosnische Militär wissen mußte, gerade dann der Öffentlichkeit vorgeführt werden, nachdem Elizabeth Rehn angereist ist?«

Zwei Jahre später hat Rathfelder die »mehr als 8.000 verschollenen Männer« nicht nur auf »7079 Menschen« korrigiert, er beschreibt in seinem Buch auch die »Spurensuche« im Waldstück nahe der »Stadt des Grauens« völlig anders. Nicht mehr von perfider serbischer Desinformation ist in dem Kapitel »Die Schande von Srebrenica und die internationale Gemeinschaft« die Rede, sondern von mit eigenen Augen erblicktem Horror: »Als wir näher kommen, laufen uns Schauer über den Rücken. Im Waldstück vor uns liegen Hunderte von Leichen, Skelette, die noch in den Kleidern stecken, in angemoderten Jeans und Lederjacken, in Hemden und Turnschuhen. Bei manchen sind die Ausweispapiere noch in den Taschen zu finden, Rucksäcke und andere Gepäckstücke liegen herum. Wie in Trance stapfen wir durch das teilweise von Schnee bedeckte Todesfeld ... und sehen die Einschußlöcher in den Schädeln.«

Vielleicht wird Rathfelder die »bis zu 1000« Toten von Orahovac oder zumindest die 567 »Verscharrten« bald ebenso deutlich vor Augen haben, wie er sie Anfang August gerochen hat; vielleicht kann er sie demnächst ähnlich expressiv beschreiben wie seine Vision der Toten von Srebrenica. Vielleicht auch nicht. Die Entscheidung liegt bei der *taz*, dem Stammblatt des fanatischen Serbenfressers. Dort hatte man schon im Juli Rathfelderschen Kommentaren »gemäßigtere« Texte gegenübergestellt. Eine mögliche rot-grüne Regierungskoalition nötigt publizistischen Aspiranten auf Übernahme politischer Verantwortung eine gewisse formale Seriösität und vor allem außenpolitische »Berechenbarkeit« ab.

Bevor das Thema Orahovac wieder in der Versenkung verschwand, gestand *taz*-Chefredakteur Michael Rediske am 8. August ein, die Vor-Ort-Ermittlungen des Blutjournalisten, der sein Handwerk in der deutschen Linken der 70er Jahre erlernt hat, seien doch »zu wenig, um Gewißheit zu haben.« Politische Verantwortung bewies Rediske durch die Feststellung: »Nur eine Exhumierung kann die Wahrheit ans Licht bringen«. Unter Aufsicht der »internationalen Gemeinschaft«, versteht sich. Das wäre doch ein schöner außenpolitischer Souveränitätszuwachs, wenn nach jeder »Entdeckung« eines deutschen Kriegsberichterstatters die Fahnder des Den Haager Kriegsverbrechertribunals sich auf den Weg machten.

Das Massengrab im Kosovo

Interview mit *Wolfgang Pohrt*
September 1998

»Massengräber jetzt auch im Kosovo entdeckt«, hat die taz *vom 5. August getitelt. Weiter: »*taz-*Reporter stößt bei Orahovac auf hunderte von Leichen. Augenzeugen sprechen von bis zu 1000 Toten. Von den Opfern sollen allein 430 Kinder gewesen sein«.*

Das ist ein Punkt – ich meine speziell die Stelle mit den Kindern –, wo man nur ungern weiterdenkt. Dabei ist die Deutung selbst, wie bei einem Standardtraum, ganz einfach. Es wird an rezentes Material angeknüpft, an Bewußtseinsinhalte, die aus nicht allzulang zurückliegendem Anlaß in den Hirnen der Leute herumgeistern. Ein flüchtiger Leser könnte die Meldung so verstehen, daß der belgisch-niederländische Kinderporno-Ring mit Verbindungen in die Bundesrepublik seine aus dem Ostblock importierte Ware nach Gebrauch und Verschleiß neuerdings ebendort auch entsorgt. Der Untergrund kommt hier gewissermaßen ganz dicht an die Oberfläche, aber das löst keine Abwehr aus.

Es ist nun gerade ein paar Wochen her, daß wir erfuhren, wie viele Personen mit gutem Einkommen und in teilweise hohen gesellschaftlichen Positionen sich sexuell stimuliert fühlen, wenn sie Kinder quälen dürfen oder wenn sie Kinder wenigstens auf Bildern und Videos leiden sehen. Wir wissen ferner, daß diese sonderbaren Kinderfreunde keine Fernreisen mehr buchen müssen, weil es das, was sie suchen, auch in Prag oder Bukarest zu kaufen gibt. Die Reaktion von Öffentlichkeit wie Behörden darauf war eine Mischung aus Duldung und Nichtwahrhabenwollen. Statt den verbreiteten Sadismus als Symptom einer schweren kollektiven Gemütsstörung anzuprangern, ließen die Kommentatoren sich aus über die Risiken des Internet.

Nun macht das Thema in entstellter, aber erkennbarer Form wieder Schlagzeilen, dergestalt, daß man die Botschaft verbreitet: In unserer westlichen Zivilgesellschaft mit abendländischer Tradition etc. kommt dergleichen gar nicht vor, die Serben sind's gewesen. Weil die Konstruktion so offensichtlich und so offensichtlich absurd ist, glaube ich nicht, daß es sich

31

dabei um eine Entlastungslüge handelt oder um einen Vertuschungsversuch. Alle wissen ja Bescheid.

Mein Eindruck ist eher, daß sich auf diesem Weg eine Gesellschaft outet. »Die Serben tun es«, heißt: »Wir wollen es auch.« Man erinnere sich an die Schauergeschichten von den Massenvergewaltigungen und nehme die Tatsache hinzu, daß Viagra nicht auf Rezept zu haben sein wird, weil sonst die Krankenkassen Pleite machen würden.

Das gleiche Schema zieht sich bis in jedes Detail. Am 6. August druckte die *taz* einen weiteren Massengrab-Bericht unter dem Balkentitel »Namenlos verscharrt«. Der widersprach zwar eklatant dem Foto, welches am Vortag auf der Titelseite die Existenz des Massengrabs hatte illustrieren sollen. Im Vordergrund sieht man nämlich ein Schild, groß darauf eine Nummer, und klein darunter die Namen Mullabazi/Mizanir und Otac (Vater) Abdurahnan.

Auf wahr oder falsch aber kommt es dabei gar nicht an. Man könnte ja auch zutreffende Meldungen gleichen Inhalts bringen, wie etwa die aus der *FAZ* vom 7.5.97: »In einem rumänischen Krankenhaus sind die Leichname von 47 Kindern in einer mit Formalin gefüllten Grube entdeckt worden. Wie ein Polizeisprecher am Dienstag mitteilte, wurden die Toten in einem 1,50 Meter tiefen rechteckigen Loch auf dem Hof eines Hospitals in der Stadt Cluj (Klausenburg) gefunden. Die 28 Jungen und neunzehn Mädchen seien ein bis drei Jahre alt gewesen und offenbar in dem Krankenhaus gestorben. Die meisten der Kinder, für die es keine Geburtsurkunden gibt, wurden offenbar gleich nach ihrer Geburt von den Eltern in dem Krankenhaus als Findelkinder abgelegt. Die Ärzte des Hospitals sagten, diese Form der Bestattung sei bei Findelkindern üblich und ›legal‹. Sie werde angewendet, weil Geld zur Beerdigung dieser Kinder fehle.« Die zutreffende Meldung wie die Falschmeldung wird, wenn sie groß genug aufgemacht ist, je nach Person entweder Erleichterung oder Grauen verbreiten oder beides. Denn jeder spürt, wovon hier eigentlich die Rede ist. Vom Balkan nämlich nicht.

Erlauben Sie, daß ich in meinem Archiv einen Branchenbericht aus der *FAZ* herauskrame, der am 11.4.1997 erschienen ist. Er beschäftigt sich mit den Folgen, welche die Kürzung des von den Krankenkassen gezahlten Sterbegelds für das Bestattungsgewerbe nach sich zog. »In Kiel etwa«, zitiert das Blatt einen Fachmann, »würden 80 Prozent der Verstorbenen eingeäschert und in Urnen beigesetzt. Die Hälfte der restlichen Erdbestattungen finde auf den Friedhöfen anonym und ohne Grabsteine statt. Diese einfache Form der Beerdigung beschere den Bestattern und Sargschreinern nur ein mageres Geschäft.« Dann kommt der Geschäftsführer eines mittelständischen Sargherstellers zu Wort: »Es findet hier ein Wandel statt, wie der Tod gesehen wird. Das entwickele sich immer mehr in Richtung ›Entsorgung‹«.

Das war ein Branchenbericht im Wirtschaftsteil. Und nun etwas für die ganze Familie, ein Artikel aus der Wochenendbeilage der *Stuttgarter Zeitung* vom 15.11.97. Otto Jörg Weiß über die anonyme Bestattung: »Richtige Grabstätten mit den Namen der Verstorbenen, mit der posthumen Adresse sozusagen, werden immer seltener. Anonym – ohne Kreuz, ohne Stein, ohne persönlichen Blumenschmuck – ist mehr und mehr in. 55 Prozent der Toten in Kiel, 42 Prozent in Flensburg, 30 Prozent in Berlin werden auf großen Rasenflächen ›entsorgt‹, spurlos gewissermaßen, das Rasenmähen besorgt die Kommune, und ein paar Wochen später erinnert nichts mehr an die jüngst Verstorbenen. Wie Golfplätze könnten die Gottesäcker schon bald aussehen, fürchten manche: Zwei- oder dreimal pro Woche würden wieder Neue ›eingelocht‹, aber die ebnen sich schnell ein.« »Namenlos verscharrt« – weil die Verhältnisse hier so sind, und weil das jeder spürt, flößen uns Meldungen wie die aus der *taz* ein schwer zu begreifendes und schwer zu lokalisierendes Grauen ein. Der Verstand wird paralysiert, weil mitgeteilte Fakten und Empfindung auseinanderklaffen. Daß es das anonyme Armenbegräbnis gibt, daß die verstorbenen Obdachlosen von New York in Massengräbern beigesetzt werden – das war ja eigentlich bekannt. Und daß im Krieg Massengräber eher die Regel als die Ausnahme gewesen sind, muß jeder wissen, denn den Begriff »Grabmal des unbekannten Soldaten« kennen alle. Überhaupt können uns Kriegsgreuel zwar erschüttern, aber sie machen uns nicht fassungslos. Was uns die Fassung raubt, ist die Tatsache, daß von Kriegsgreuln gesprochen wird, und wir zugleich doch spüren: Hier ist es so, hier, wo angeblich Zivilisation und Frieden herrschen. Und es kann beinahe offen ausgesprochen werden, ohne daß sich ein Widerstand dagegen regt.

Mal angenommen, der taz-*Bericht wäre wahr gewesen – das hätte Sie nicht weiter in Aufregung versetzt?*

Tun wir doch nicht so, als wäre von Soldaten, ganz gleich, wofür sie kämpfen, nur Gutes zu erwarten. Die strammen jungen Athleten von der Truppe als edle Ritter anzuhimmeln – das überlassen wir besser lüsternen älteren Damen. Um zu begreifen, warum die Bundeswehr in der Ex-Pazifistin Antje Vollmer neuerdings eine ihrer engagiertesten Fürsprecherinnen findet, muß man sich nur erinnern daran, wie die Bun-

33

destags-Vize-Präsidentin seinerzeit von den deutschen Natio-
nalkickern schwärmte. Ich jedenfalls wüßte keine Armee, von
der man unter den gegebenen Bedingungen Massaker an der
Zivilbevölkerung ausschließen kann. Nehmen Sie die französische Armee in Algerien, nehmen Sie die amerikanische in
Vietnam, um nur von der friedlichen Nachkriegszeit zu sprechen. Oder erinnern wir uns doch daran, was über kanadische,
amerikanische und italienische Einheiten der Friedenstruppe
bekannt geworden ist, die in Somalia die Operation »Restore
Hope« unternahm. Und immerhin haben die spanischen Vor-
zeigedemokraten Killerkommandos auf die ETA angesetzt,
obwohl die spanische Herrschaft über das Baskenland zu keinem Zeitpunkt gefährdet war.

Kriege wie der im Kosovo pflegen sich obendrein durch besondere Grausamkeit auszuzeichnen. Es fängt meist damit an,
daß sich die unterlegene Armee beim Rückzug an der gegneri-
schen Zivilbevölkerung schadlos hält. Dann kommt die über-
legene Armee und nimmt blutig Rache. Einprägsam nachzulesen bei Ambler, *Die Maske des Dimitrios*, S. 33 ff. Kurzum: Das
Kosovo ist ein Gebiet, wo ich als Serbe nicht der UÇK und als
Kosovo-Albaner nicht unbedingt serbischen Einheiten in die
Hände fallen mögen würde, obgleich mir letzteres immer noch
bedeutend lieber wäre als das erstere.

*Nun ist das Massengrab aber keins, EU-Beobachter haben es
bestätigt.*

Das war auch nicht der Kern der Botschaft. Wenn die Medien
ein serbisches Massaker melden, heißt das, daß die NATO-Jets
startklar sind. Die Nachricht muß man als Absichtserklärung
lesen. Also erst ist der Plan da, und dann lanciert man die
Nachricht, die als Anlaß oder Begründung für die Ausführung
des Plans benötigt wird. Nach diesem Schema war auch die
Horrormeldung in der *taz* vom 5. August zu interpretieren.
Aber das Spektakel fing eigentlich schon am Vorabend an. Das
ZDF berichtete unter Berufung auf den anderntags erschei-
nenden *taz*-Artikel in seiner Heute-Sendung um 19 Uhr lang
und breit über die angeblichen serbischen Greuel. Die Horror-
meldung paßte freilich überhaupt nicht ins Bild, das man sich
von der Lage hatte zurechtbasteln müssen. Der amerikanische
Präsident steckte wieder mal viel zu tief im Dreck, als daß der
Angriff auf einen No-Name wie Milošević ihm hätte heraushel-
fen können. Die Flugzeugträger werden jetzt am Golf gebraucht, Clintons Rettung heißt Sadam Hussein.

Aber man irrt, solange man spekuliert, und in der Not frißt
der Teufel Fliegen. War man im Weißen Haus zum Schluß

gekommen, besser ein kleiner Militärschlag als keiner? Offensichtlich noch nicht. Denn während im ZDF die Horror-Meldung lief, berichtete CNN ganz manierlich aus Prìština – teilweise fliehe die Bevölkerung noch vor den Kämpfen, andernorts kehrten die Flüchtlinge auch schon zurück. Kein Wort von irgendwelchen Massengräbern. Damit war klar: Es gibt kein Massengrab.

Halten Sie CNN für allwissend und unfehlbar?

Jedenfalls für gut informiert. Buddeleien größeren Umfangs bleiben den amerikanischen Spionagesatelliten nicht verborgen. Um das Erkennen von Fakten geht es in diesem Fall aber nicht. Es geht darum, wie man Fakten macht, und wer die Macht hat, dies zu tun. Was ist ein Massengrab? Ein Massengrab ist, wenn Frau Albright kommt, vor den Fernsehkameras angewidert ein paar Knochen befingert und dazu ein paar bedeutungsvolle Worte sagt, und wenn die Bilder von dem ekelhaften Ritual dann um die ganze Welt gehen. Was ist ein serbisches Massaker? Ein serbisches Massaker ist, wenn anderntags die NATO-Jets serbische Stellungen bombardieren. Und umgekehrt: Wenn Frau Albright nicht kommt, gab es kein Massengrab, und wenn die NATO-Jets nicht starten, gab es auch kein serbisches Massaker.

Ein abgekochter Zyniker, könnte mancher denken.

Dann kennt er sich selber schlecht, und vor allem weiß er über die Natur des menschlichen Wahrnehmungsvermögens nicht viel. Es ist erst die Folge eines Vorgangs, die absolute Gewißheit über ihn stiftet, jedenfalls überall dort, wo man nicht selber nachschauen und dabei sein kann. Bei einem Kriminalfall bleibt solange alles in der Schwebe, bis das Urteil gesprochen und die Strafe verhängt worden ist. Es gibt immer so viele Theorien und Unsicherheiten, die wissenschaftlichen Gutachten widersprechen sich, und wer hat sie schon gelesen. Wir sind es deshalb gewohnt, unsere Gewißheiten auf dem Wege des deduktiven Schließens zu gewinnen. Die weithin sichtbare, unübersehbare und eindeutige Folge eines Vorgangs ist der unumstößliche Beweis dafür, daß er stattgefunden hat. Fakten machen heißt also, Folgen schaffen. Man schafft sie durch die Tat.

Das Wortgetöse, mit dem wir uns hier so ausführlich beschäftigen, ist nur die Begleitmusik. Die eigentliche Propagandaaktion wäre der Militärschlag selbst. Und wenn der nicht kommt, verhallt das Wortgetöse auch wieder, oder wenn es fortgesetzt wird, fängt es an zu langweilen und zu nerven. Was als Appell gemeint gewesen war, verwandelt sich in einen Befund über die Beschaffenheit der Welt. So ist sie eben, und irgendwann hat man es verstanden. Jede Minute verhungern auf der Welt 15 Kinder – laut *FAZ*. Niemanden interessiert die Nachricht mehr, weil klar ist, daß keine Konsequenzen aus ihr folgen. 80.000 Obdachlose im Kosovo sind eine »humanitäre Katastrophe«, 300.000 Obdachlose in Polen sind es nicht. Eine Nachricht ist das Elend nur, wenn es sich dazu eignet, Aktionen auszulösen.

Zählen wirkliche Fakten also überhaupt nicht?

Leider doch, freilich nur im Rahmen der jeweils gewünschten Inszenierung. Die Menschenrechtspolitik hat dazu geführt, daß man für Militärinterventionen Greuelnachrichten und das entsprechende Bildmaterial benötigt. Der Idealfall wäre nun der, daß man das Material im Trickfilmstudio von leistungsfähigen Grafikrechnern produzieren ließe. Aber dann fehlt uns der Reporter, der sagen kann, er habe das Zeug selbst gesehen und gefilmt. Also brauchen wir was, um es den Reportern zu zeigen. Die humanste Lösung des Problems, die mir bekannt ist, haben die rumänischen Putschisten erfunden. Sie sammelten ein, was die Leichenhallen der Krankenhäuser hergaben, reihten schön auf, was sie fanden, ließen die Kamera-Teams kommen und erzählten den Reportern: Hat die Securitate gemacht. Die Bilder gingen um die Welt, erst Monate später kam das Dementi.

Das war vor rund acht Jahren. Publikum und Reporter sind heute anspruchsvoller geworden. Standbilder wie damals reichen längst nicht mehr, die Inszenierung muß schon ziemlich realistisch sein, und echte frische Tote machen sich nun mal am besten.

Die Sache ist ganz einfach die: Wenn der Westen für eine seiner humanitären Intervention Bilder von einem zerschossenen Krankenhaus braucht, aus dem sie zerstückelte Patienten Patienten schleppen, dann kriegt er diese Bilder auch. Er kriegt sie von der Partei, in deren Interesse diese Intervention liegt. Und es werden gute Bilder sein, keine schlampig hingetricksten. Das Arrangement hängt von den Umständen ab. Wenn auf den Feind Verlaß ist, installiere ich ein Geschütz auf dem Krankenhausdach und feuere solange, bis das Feuer erwidert wird und eine Granate trifft. Wenn der Feind so blöde ist, wie es die serbischen Kampftruppen anscheinend oft gewesen sind, muß ich die Arbeit eben selber machen.

Heißt das, daß die Reporter praktisch auf Bestellung an Nachrichten liefern, was die Regierung jeweils braucht?

Ja und Nein. Man stelle sich die Arbeit eines Balkanreporters nicht zu einfach vor. Er kann schließlich nicht in Bonn anrufen und nachfragen: Wieviele Massengräber braucht ihr? Über Absprachen funktioniert das nicht, die Koordination wäre viel zu störanfällig und kompliziert. Außerdem findet man keinen kompetenten Ansprechpartner, denn was der Westen als nächstes unternimmt, wissen die Entscheider oft selber nicht im voraus. Ein guter Balkanreporter zeichnet sich also dadurch aus, daß er die Absichten der Entscheider erahnt, bevor die Entscheidungen überhaupt getroffen worden sind. Das hat bei Rathfelder nicht geklappt. Deshalb, nicht mangels beweisbarer Fakten, ist sein spezielles Massengrab eine Zeitungsente, ganz gleich, wieviele Leichen an der Stelle, wo er herumgeschnüffelt hat, verbuddelt worden sind.

Ist so einer dann als Reporter erledigt?

Man möchte es hoffen, aber es kann auch das genaue Gegenteil der Fall sein. Im Westen allgemein und dann nochmal in jedem Land gibt es natürlich Rivalitäten und Widersprüche. Im Kosovo-Krieg haben sich bisher weniger die Etablierten, wie etwa Kinkel oder Kohl, hervorgetan. Scharfmacher waren diesmal Leute aus der zweiten Reihe, die gerne in die erste wollen. Für einen Militäreinsatz ohne UN-Mandat haben Rühe, Fischer, Scharping plädiert, zwei Aspiranten auf den Job des Außenministers und einer auf den des Kanzlers. Nun hört man, daß Schröder sich mit Rühe verbünden möchte. Die beiden passen gut zusammen. Der eine macht sich auf Managerart für eine Führungsrolle Deutschlands stark. Der andere schaut aus und spricht, als wäre er einer Nazi-Wehrmachts-Klamotte aus dem amerikanischen Vorabendprogramm entsprungen. So einer wie dieser taz-Reporter fehlt diesen beiden noch. Und wenn sie erstmal am Ruder sind, dann arbeiten sie vielleicht auch dafür, daß deutsche Massengrab-Storys noch viel wahrer werden, als die amerikanischen und britischen Berichte über serbische Massaker und Konzentrationslager es je geworden sind. Das virtuelle Massengrab könnte, sollte die Bundeswehr tatsächlich mal im Kosovo landen, der Vorläufer von vielen wirklichen Massengräbern werden. Auch ganz ohne Krieg entkommt denen freilich keiner, wenn es so weitergeht mit der Entwicklung des Bestattungswesens, das schließlich nur ein Symptom oder ein Indiz dafür ist, was die Personen sich selbst und einander unter dem Kapital noch bedeuten.

Vom Demokratie-Schwindel in Dayton zur Demokratie-Abschaffung in Rambouillet

David Chandler

Die Vorschläge, die von der internationalen Kontaktgruppe bei den Rambouillet-Verhandlungen im Februar 1999 für die Zukunft des Kosovo vorgetragen wurden, werden, so scheint es, auch nach dem Krieg Grundlage der Einigung für das Kosovo sein. Der Vertrag von Rambouillet gewährt internationalen Institutionen ein uneingeschränktes Mandat für die Einmischung in die Region. Auch wenn Wahlen unter internationaler Kontrolle ausgerichtet werden, wird die Provinz von zwei Personen regiert: Dem Leiter der Implementations-Mission (Chief of the Implementation Mission), der von der EU ernannt wird und für die Durchführung der Mission verantwortlich ist, und einem von den USA ernannten Befehlshaber der NATO-Streitkräfte (Commander of NATO Forces).[1] Die internationale Gemeinschaft wird nicht nur die Kontrolle über die gesamten militärischen und politischen Bereiche übernehmen, sondern auch bei alltäglichen Regierungsangelegenheiten das Sagen haben. Mediengesetze und das Wahlrecht werden von international ernannten Vertretern bestimmt.

Die Intervention der NATO-Streitkräfte wird der Provinz Kosovo letztlich vielleicht ihre »Autonomie« von der Bundesrepublik Jugoslawien gebracht haben. Aber die Vertreter der Kosovo-Serben und -Albaner werden wenig mitzureden haben, wenn es um die Kontrolle der neuen Institutionen geht. Der Leiter der Internationalen Mission wird de facto die Provinz regieren und über die Macht verfügen, gewählte Vertreter abzusetzen, Institutionen stringente Auflagen zu machen und die Medien zu kontrollieren – ohne daß es bei diesen Entscheidungen eine Möglichkeit der Anfechtung gäbe.[2] Internationale »Staatenkonstrukteure« stehen auf dem Balkan heute nicht unter Druck, den in der Region lebenden Menschen Rechenschaft abzulegen. Von ihnen verlangt auch niemand, einen verbindlichen Zeitplan oder klare strategische Ziele sowie Pläne für einen möglichen Rückzug zu präsentieren.

Die Pläne für die Mission im Kosovo basieren auf den Erfahrungen mit dem Daytoner Friedensvertrag von November 1995, der den Konflikt in Bosnien beendete. Dayton unterschied bei der Aufteilung der Zuständigkeit für die Umsetzung des Vertrages zwischen der militärischen Umsetzung des Friedensvertrages durch die NATO und der Umsetzung im zivilen Bereich durch einen Hohen Repräsentanten der internationalen Gemeinschaft. Dies schloß die Überwachung der Wahlen und die Kontrolle der Medien durch die Organisation für Sicherheit und Zusammenarbeit in Europa (OSZE) ein. Während Dayton den Auftrag des Hohen Repräsentanten und der OSZE für den zivilen Bereich noch auf einen Übergangszeitraum von einem Jahr beschränkte, sind die Pläne für das Kosovo laut Rambouillet-Vertrag zeitlich unbegrenzt. Der Übergang von der begrenzten Macht einer Übergangsverwaltung zu einem unbegrenzten Protektorat zeigt die kraftvolle Dynamik der wachsenden internationalen Einmischung auf dem Balkan. Eine internationale Armada von Beobachtern, Friedenserhaltern und Verwaltern scheint für die Stabilität zusehends wichtiger. Gleichzeitig haben die Menschen der Region immer weniger Möglichkeiten, ihre eigene Zukunft zu bestimmen.

Diesem Aufsatz liegen Erfahrungen aus den letzten dreieinhalb Jahren der Umsetzung des Daytoner Friedensabkommens zugrunde. Zunächst soll das Ausmaß des Einflusses internationaler Mächte unter dem Dayton-Friedensabkommen betrachtet werden. Danach soll eingeschätzt werden, ob die Chancen zur Versöhnung und einer langfristigen Stabilität durch die Beschränkungen der Demokratie tatsächlich größer wurden.

Ausweitung des Mandats

Sowohl in Rambouillet als auch in Dayton wurden Verträge abgeschlossen, die von außen verordnet und von ihren Urhebern – den Mitgliedern der internationalen Kontaktgruppe – als ein Schritt hin zu Souveränität und Autonomie begrüßt wurden. Der amerikanische Staatssekretär Warren Christopher stellte fest: »Nun werden die Menschen in Bosnien ihr eigenes demokratisches Mitspracherecht haben. Dies ist an sich ein Ziel von höchstem Wert, denn nur ein Friede, den die Menschen in Bosnien frei gewählt haben, kann dauerhaft sein«.[3]

Dayton sah einen Übergangszeitraum von einem Jahr vor, während dem Vertreter der internationalen Gemeinschaft Wahlen und den Aufbau von zwei zentralen Institutionen durchführen und überwachen sollten: Die politischen Institutionen des neuen Staates, die unmittelbar von den Menschen gewählt und ihnen gegenüber rechenschaftspflichtig sein sollten, sowie Wirtschafts-, Rechts-, und Menschenrechtsinstitutionen, die von ernannten Vertretern internationaler Institutionen für fünf oder sechs Jahre überwacht werden sollten.[4] Am Ende dieses Übergangsjahres, das zumindest in Teilen eine selbstbestimmte Demokratie hinterlassen sollte, standen die Wahlen der staatlichen und gesellschaftlichen Körperschaften im September 1996 – quasi als Symbol der »demokratischen Geburt eines Landes«.[5] Obwohl die Wahlen zu diesen Körperschaften international überwacht und anerkannt wurden, wurde die internationale Übergangsverwaltung um zwei weitere Jahre für eine »Konsolidierungsphase« verlängert. Im Dezember 1997 wurde sie schließlich auf unbestimmte Zeit verlängert. Die Verlängerung der Frist für den internationalen Abzug und die neu entstandenen Mandate für die NATO, die Vereinten Nationen (UN) und die OSZE wurden nach der Unterzeichnung des Vertrags von Dayton vorzugsweise mit dem »Geist« von Dayton und nicht mit den im Vertrag festgelegten schriftlichen Bestimmungen legitimiert.

Die internationale Gemeinschaft konnte ihr Mandat in Bosnien beliebig neu definieren, weil nur die Parteien auf dem Balkan und nicht die internationalen Organisationen, die sich die Verantwortung für die Umsetzung des Vertrages selbst übertragen haben, durch den Vertrag von Dayton gebunden sind. Internationale Foren wie die ad hoc entstandene Internationale Kontaktgruppe der am meisten involvierten Staaten (USA, Großbritannien, Deutschland, Frankreich, Italien und Rußland) und der Rat zur Umsetzung des Friedens (Peace Implementation Council, PIC) – früher die Internationale Konferenz zum ehemaligen Jugoslawien (International Conference on the Former Yugoslavia) – treffen politische Entscheidungen und fordern im Anschluß internationale Organisationen wie die UN, die NATO, die OSZE, die EU, den IWF und die Weltbank auf, eigene Pläne zu erstellen. Weder diese ad hoc gegründeten Foren noch die internationalen Organisationen sind Vertragsparteien oder durch die Bestimmungen der Verträge für Bosnien gebunden.[6] Das gleiche gilt nun für den Rambouillet-Vertrag bezüglich des Kosovo.

Der Ausweitung des Mandats und der Machtbefugnisse internationaler Institutionen sind kaum Grenzen gesetzt. Dies zeigt sich daran, daß alle internationalen Foren, die sich mit den politischen Angelegenheiten Bosniens befassen, ihr internationales Netzwerk der ad hoc-Regulierung entscheidend ausgeweitet haben. Das NATO-Mandat der IFOR in Bosnien, das im Dezember 1996 auslaufen sollte, wurde für die SFOR um weitere 18 Monate verlängert, um schließlich, ein weiteres Jahr später, auf unbestimmte Zeit verlängert zu werden. Auch die Mandate der UN, der OSZE und des Büros des Hohen Repräsentanten (Office of the High Representative, OHR) wurden zeitlich zunächst eingeschränkt und schließlich unbegrenzt verlängert. Kompetenzen wurden ausgeweitet und waren bald von einzigartiger Tragweite. Da man eingestehen mußte, daß die NATO nicht militärisch bedroht war, wurde die humanitäre, wirtschaftliche und politische Funktion des Mandats ins Zentrum gerückt. Das OSZE-Mandat zur Überwachung der Wahlen wurde erweitert und bezog sich nicht mehr ausschließlich auf die Durchführung der Wahlen. Neue Kompetenzen wurden geschaffen, z. B. wurde nach der Wahl eine Verwaltung eingesetzt, und es wurde über die Aufteilung von Regierungszuständigkeiten entschieden, wodurch die Handlungen der gewählten Vertreter nach ihrer Amtsübernahme zum Maßstab für die Anerkennung der Wahlen wurden. Neben den offiziellen internationalen Institutionen, die in Bosnien Regulierungs- und Kontrollfunktionen übernahmen, waren 200 internationale Nichtregierungsorganisationen (NGOs) offiziell und inoffiziell an der Gestaltung der Zivilpolitik beteiligt. Wie der Kommentator der *Times*, Simon Jenkins, einmal zutreffend bemerkte, war ein kleiner bosnischer Staat zur »Hauptstadt des Interventionismus« geworden.[7]

Die Institution, deren Macht seit dem Daytoner Vertrag am meisten gewachsen ist, ist das Büro des Hohen Repräsentanten (OHR). In Dayton war vorgesehen, daß die Aufgabe des Hohen Repräsentanten nach der Wahl neuer Regierungsinstitutionen im September 1996 erfüllt sein würde. Nach der Wahl erhielt das OHR das Mandat, »Aktionspläne« für weitere zwölf Monate zu entwerfen. Diese mußten vom PIC, nicht von der bosnischen Regierung gebilligt werden. Bei der Umsetzung dieser Pläne machte die internationale Gemeinschaft zu Anfang Lippenbekenntnisse an das demokratische Mandat der bosnischen Politiker. Es wurde erklärt, daß der Hohe Repräsentant Empfehlungen an die Regierung aussprechen und im Falle einer Uneinigkeit diese öffentlich machen würde.[8] Sechs Monate später ermächtigte der PIC den Hohen Repräsentanten, für die Umsetzung der empfohlenen Maßnahmen Fristen zu setzen, unkooperativen bosnische Repräsentanten Auslandsreisebeschränkungen aufzuerlegen und für den Fall, daß Anordnungen nicht Folge geleistet würde, auf regionaler Ebene wirtschaftliche Sanktionen zu verhängen. Gleichzeitig wurde er ermächtigt, gegen Medienanstalten und Radio- wie Fernsehprogramme vorzugehen, die »entweder mit dem Geist oder den schriftlichen Bestimmungen« des Daytoner Vertrags in Widerspruch stehen.[9]

Im Dezember 1997 wurden die Vollmachten des Hohen Repräsentanten weiter ausgedehnt. Er durfte den Zeitpunkt, Ort und den Vorsitz von Regierungstreffen bestimmen, die Umsetzung von Maßnahmen, die nicht von den bosnischen Behörden akzeptiert worden waren, in die Wege leiten und gewählte staatliche Vertreter aller Regierungsebenen, die seinen Anordnungen nicht Folge leisteten, entlassen.[10] Der Hohe Repräsentant machte deutlich, über welch flexible Machtverhältnisse internationale Institutionen in Bosnien verfügen können: »Man bekommt die Macht nicht auf einem Tablett serviert. Man ergreift sie einfach, und wenn man verantwortlich mit ihr umgeht, wird niemand etwas dagegen sagen. Das ist mir bereits gelungen«.[11] Da der internationalen Einmischung keine Grenzen gesetzt werden, herrscht der Hohe Repräsentant sogar autokratischer als einstige Kolonialverwalter: »Wer den Vertrag von Dayton aufmerksam liest, stellt fest, daß ich meine Macht und Kompetenzen selbst bestimmen kann«.[12]

Das OHR verfügt heute über eine Zentrale in Brüssel und in Sarajewo. In der einen werden in Zusammenarbeit mit anderen internationalen Institutionen politische Konzepte entwickelt, die andere ist für die Umsetzung der Politik vor Ort zuständig. Das Büro in Sarajewo hat den Spitznamen »Der Präsident« und beschäftigt über 200 internationale Politikgestalter. Die diversen Abteilungen sind unter anderem für die Bereiche Wahlen, wirtschaftlicher Wiederaufbau, Menschenrechtsfragen, rechtliche Angelegenheiten, Medienfragen, Flüchtlingsrückkehr und Politik verantwortlich.[13]

Die Änderung der Daytoner Mandate hat alles andere als zur Förderung der Autonomieentwicklung in Bosnien beigetragen. Statt dessen ist ein von den USA kontrolliertes Protektorat entstanden. Bill Clinton, das Verteidigungsministerium und die Stabschefs (Joint Chiefs of Staff) haben die Rahmenbedingungen für eine internationale Einmischung in den Aufbau des bosnischen Staates geschaffen. Die UN, die OSZE, die EU, die Weltbank, der Internationale Währungsfonds (IWF) und andere internationale Institutionen haben ihren Einflußbereich in den Projekten erweitert.[14] Angesichts einer gigantischen Bürokratie, die aus etwa 50.000 Angehörigen des Militärs und der Verwaltung besteht, haben die gewählten Institutionen vor Ort nur eine geringe Chance, politische Konzepte zu entwickeln, geschweige denn, diese umzusetzen.

Entmündigung statt Zusammenwachsen

Es gibt kaum Hinweise darauf, daß die internationale Politik erfolgreich zum Zusammenwachsen des neuen bosnischen Staates und zur Überwindung der Spaltung durch den Krieg beigetragen hat. Statt einer Stärkung der zentralen staatlichen Institutionen und einer Förderung der Kompromiß- und

Verhandlungsfähigkeit, hat die internationale Verwaltung den bosnischen Institutionen die Fähigkeit zur Entwicklung politischer Konzepte genommen. Der Staat und gesellschaftliche Institutionen, die die Integration der Gesellschaft zu fördern versuchen, wurden geschwächt. Die Spaltung in ethnische Gruppen wurde durch die Einmischung der internationalen Institutionen verstärkt.

Durch den ständigen Kompetenzzuwachs unterschiedlichster internationaler Institutionen wurde die Möglichkeit der Menschen in Bosnien, über entscheidende Fragen zu diskutieren, Lösungskonzepte zu entwickeln und Entscheidungen zu treffen, unvermeidlich beschränkt. Auf staatlicher Ebene können die Vertreter der bosnischen Muslime, Kroaten und Serben internationale Politikkonzepte unter der Führung des OHR zwar besprechen, sie sind jedoch bestenfalls berechtigt, geringfügige Änderungen oder die Verzögerung der Umsetzung von Bestimmungen und Regeln zu erwirken, die ihnen von außen auferlegt werden. Sogar diese beschränkte Rechenschaftspflicht wurde durch den Hohen Repräsentanten eingeschränkt. Denn für ihn war der demokratische Meinungsbildungsprozeß der staatlichen bosnischen Institutionen mit einer dreigeteilten Präsidentschaft, dem Ministerrat und dem nationalen Parlament ein unnötiges Hindernis bei der zügigen Umsetzung internationaler Politikkonzepte. Verglichen mit der schnellen Unterschrift leitender Verwalter, erschien die Entwicklung von demokratischen und rechenschaftspflichtigen Institutionen »hinderlich und wenig effektiv«.[15]

Auf dem PIC-Gipfel in Bonn im Dezember 1997 wurde die »hinderliche« Auflage, daß Vertreter der bosnischen Regierung den internationalen Erlassen zustimmen mußten, aufgehoben. Der Hohe Repräsentant wurde ermächtigt, gewählte Vertreter, die politischen Vorhaben im Wege stehen, kurzerhand zu entlassen und gesetzliche Bestimmungen direkt umzusetzen.

Dayton spaltete Bosnien in zwei verschiedene Lager: die muslimisch-kroatische Föderation mit 51% des bosnischen Territoriums und die serbische Republika Srpska (RS), die 49% der Fläche des Landes umfaßt. Autonomierechte standen den gewählten Vertreter beider Seiten im Grunde nie zur Verfügung. Die Politik der Föderation wurde vom OHR in enger Zusammenarbeit mit amerikanischen Regierungsbeamten entworfen. Das ad hoc gegründete Föderationsforum, das vom Hauptvertreter des Hohen Repräsentanten (Principal Deputy High Representative) und dem stellvertretenden US-Staatssekretär geleitet wurde, traf sich monatlich mit Vertretern der Muslime und der Kroaten, um Vorschläge zu präsentieren. Um gewählte Foren umgehen und die Politik in anderen Feldern entwickeln zu können, wurden ad hoc-Sondergruppen gegründet. Daß die Unterstützung der Politik, die der Föderation aufgezwungen wurde, auf beiden Seiten zu wünschen übrig ließ, kommentierte der stellvertretende Hohe Repräsentant (Senior Deputy High Representative) mit verächtlichen Worten: »Das ist mir egal. Ich bin einfach nicht interessiert daran, wer die Föderation nicht unterstützt: Dieses Konzept wird umgesetzt. Wir bestimmen, was gemacht wird.«[16]

In der Republika Srpska war die internationale Einmischung in die Politik noch umstrittener. Der Sitz der Regierung wurde von Pale nach Banja Luka verlegt, und die Wirtschaftsförderungspolitik durch den IWF und das OHR verhinderte, daß die Regierung der Republika Srpska unabhängige Gelder von der internationalen Gemeinschaft akquirieren konnte. Im Juli 1997 unterstützte die internationale Gemeinschaft die Auflösung der parlamentarischen Versammlung der Republik, überging das Verfassungsgericht der Republika Srpska, erwirkte eine Neuwahl und veranlaßte die Bildung einer Regierungskoalition, bei der die stärkste Partei, die »Serbische Demokratische Partei« (SDS), ausgeschlossen wurde. Im März 1999, noch vor dem militärischen Eingreifen im Kosovo, nahm der Hohe Repräsentant noch größeren Einfluß auf die Politik, indem er den neu gewählten Präsidenten der Republika Srpska, Nikola Poplasen, aus dem Amt entließ.

Auch auf der Ebene der Stadt- und Lokalpolitik hat die internationale Gemeinschaft ähnlich freie Hand. Gewählte Repräsentanten wurden überstimmt, und Politik wurde unter dem Motto »multi-ethnischer Regierungsstil« aufgezwungen. Die geteilte Stadt Mostar ist ein gutes Beispiel für die praktischen Auswirkungen dieser Politik: Parlamentssitze wurden im voraus auf Grundlage der Zugehörigkeit zu einer ethnischen Gruppe vergeben, um anschließend, unter internationaler Führung, gegen die kroatischen Vertreter aus Ost-Mostar, die muslimischen Vertreter aus West-Mostar und die muslimischen Vertreter aus Ost-Mostar eine »Politik des Konsens« durchzusetzen. Durch die internationale Einmischung wurden die Wähler aus Mostar übergangen und jede lokale Rechenschaftspflicht der Politik abgeschafft. In der umstrittenen Region Brcko kontrolliert ein internationaler Verwalter mit dem Überwachungsauftrag für eine multi-ethnische Verwaltung (Supervisory Order on Multi-Ethnic Administration) die Zusammensetzung der beratenden Versammlung und erteilt bindende Vorschriften. In der *Washington Post* hieß es, seine »königlichen Vollmachten« gingen so weit, daß er bestimmen kann, wer in welchem Haus lebt, welche Teilnehmer für Treffen der lokalen Polizeichefs erforderlich sind, welche ethnische

Zusammensetzung der örtliche Gemeinderat haben soll und in welchem Tempo die Privatisierung der Industrie stattfindet.[17]

Auf Gemeindeebene sind die Befugnisse der internationalen Gemeinschaft seit Dayton ebenfalls gewachsen. In den ersten beiden Jahren der internationalen Verwaltung wurde auf dieser Ebene durch die Drohung, Wiederaufbauhilfen zu streichen, Druck ausgeübt. Ende 1997 entwickelte die internationale Gemeinschaft zwei neue Ansätze. Erstens nutzte der Hohe Repräsentant seine Macht, um Bürgermeister abzusetzen, von denen man Widerstand erwartete. Zweitens ignorierte die internationale Gemeinschaft nach Ausweitung der OSZE-Vollmachten die Wahlergebnisse der Gemeindewahlen von September 1997, um den Gemeinden Verwaltungen mit Gewaltenteilung aufzuzwingen. In manchen Fällen wurden sogar Kommunalversammlungen aufgelöst, um sie durch geschäftsführende Räte zu ersetzen, die von bestellten internationalen Vertretern geleitet wurden.[18]

Dayton versprach die Dezentralisierung der politischen Macht und die Schaffung multi-ethnischer Verwaltungen in Bosnien, um stabile staatliche Institutionen entstehen zu lassen, ethnische Minderheiten zu schützen und deren Autonomie zu wahren. In ähnlicher Weise unterstreicht der Vertrag von Rambouillet die Dezentralisierung, den Schutz von Angehörigen unterschiedlicher ethnischer Gruppen und die Delegation der Machtkompetenzen an kommunale Behörden. Die Erfahrungen von Dayton suggerieren jedoch, daß das Resultat dieses Gesamtkonzepts alle guten Absichten, die sich hinter ihm verbergen mögen, Lügen straft.

Der Schutz von Minderheiten, der den drei in Dayton unterzeichnenden Volksgruppen angeboten wurde, ist unter der internationalen Verwaltung nicht verwirklicht worden. Auf staatlicher Ebene und im Bereich der Stadt- und Lokalpolitik ist ein klarer Trend erkennbar: Den gewählten Mehrheiten wurden bei der Gestaltung der Politik kaum Kompetenzen eingeräumt. Die Macht wurde aber auch nicht dezentralisiert, um Minderheiten Sicherheiten zu geben und ihnen einen Teil der Regierungsverantwortung zu übertragen. Statt dessen wurden die Machtbefugnisse auf internationale Institutionen übertragen und in den Händen des Hohen Repräsentanten zentralisiert. Die internationale Gemeinschaft kontrolliert das Leben in Bosnien bis in den letzten Winkel des dörflichen Lebens. Von der Bereitstellung von Dienstleistungen, der Festlegung von Einstellungskriterien bis hin zur Berechtigung zum Besuch von Schulen und Sportvereinen, liegt alles in ihrem Ermessen.[19]

Multi-ethnische Verwaltungen existieren vielleicht auf dem

Papier. In Wirklichkeit, und das ist entscheidend, ist der »Konsens«, der mit diesen Praktiken hergestellt wurde, in keinem einzigen Fall aus freien Stücken entstanden. Er wurde vielmehr aufgezwungen. Daß die Befolgung internationaler Erlasse mit Entlassungsdrohungen und wirtschaftlichen Sanktionen erzwungen wird, trägt wenig dazu bei, daß sich Mehrheiten oder Minderheiten einbringen können, geschweige denn, daß Lösungen ausgehandelt werden, die einer demokratischen Rechenschaftspflicht unterliegen und von Dauer sind.

Die Institutionen der bosnischen Regierung sind reine Fassaden, die nicht eigenständig existieren können. Der bosnische Ministerrat nimmt nur eine symbolische Funktion ein. Er muß der bereits vorher ausgearbeiteten Politik zustimmen, beschäftigt nur wenige Mitarbeiter und verfügt über geringe Ressourcen. Er wurde vom OHR treffend als eine Institution beschrieben, die »letztlich nicht viel mehr als eine erweiterte Arbeitsgruppe« ist.[20] Vertreter der Muslime, Kroaten und Serben haben sich alle für größere ethnische Autonomierechte eingesetzt. Sie haben versucht, ihre Rechte, die durch den Daytoner Vertrag auf dem Papier festgehalten wurden, gegen die spontan entstandene Neuinterpretation der internationalen Machtbefugnisse im »Geist von Dayton« zu verteidigen.[21] Ein Berater des bosnischen Präsidenten Izetbegović stellte diesbezüglich fest, daß die erklärten Ziele und die tatsächlichen Folgen des internationalen Protektorats im Widerspruch zueinander stehen: »Ein Protektorat zu errichten ist keine gute Lösung, weil die internationale Gemeinschaft alle Entscheidungen treffen und die Institutionen in Bosnien-Herzegowina ihre Funktionen einbüßen würden. Das Mandat des Hohen Repräsentanten ist aber derzeit eigentlich ein ganz anderes. Er soll die Institutionen von Bosnien-Herzegowina stärken.«[22]

Die Zerbrechlichkeit der bosnischen Institutionen führt zur Fragmentierung der politischen Macht und zur Auflösung persönlicher und lokaler Netzwerke, die während des Krieges in Bosnien Halt und Unterstützung gaben. Susan Woodward und Katherine Verdery haben den Einfluß der Schwächung des Staates, der zentralisierten Macht und der Sicherheitszentren durch Einmischung in die bosnische Gesellschaft treffend analysiert.[23] Der Mangel an kohärierenden politischen Strukturen bewirkt, daß die Menschen in Bosnien, auf wesentlich beschränktere und engstirnigere Überlebensstrategien zurückgreifen müssen, was wiederum bedeutet, daß der Rekurs auf die Zugehörigkeit zu einer ethnischen Gruppe seine politische Relevanz aus Zeiten des Krieges nicht eingebüßt hat.

Es scheint, als habe die Aufhebung der politischen Rechenschaftspflicht wenig zur Erweiterung des politischen Horizonts der Menschen in Bosnien beigetragen. Die Aushöhlung politisch rechenschaftspflichtiger Institutionen hat die allgemeine Unsicherheit und Atomisierung in Wirklichkeit verstärkt. Dies wiederum hat zur Institutionalisierung engstirniger politischer Beziehungen geführt, weil die Menschen versuchen, individuelle Kontakte mit denjenigen aufzubauen, die über Macht und Einfluß verfügen. Die Schrumpfung der politischen Sphäre und die Abhängigkeit von individuellen Überlebensstrategien ist bezeichnend für die gesamte Gesellschaft. Der »neue Feudalismus«, wie manche Kommentatoren dieses Phänomen bezeichnen, und das Fortbestehen von schwachen staatlichen Strukturen sind symptomatisch für das Fehlen einer kohärierenden Staatsmacht und weniger Zeichen eines Zerfallsprozesses.[24]

Anti-demokratischer Konsens

Die demokratische Totgeburt in Bosnien hat nur wenig Bedauern hervorgerufen. Noch weniger kritische Überlegungen aber wurden darüber angestellt, daß eine übertriebene internationale Einmischung zur Institutionalisierung ethnischer Spannungen und zu einer Schwächung der politischen Strukturen geführt hat. Von Vertretern der internationalen Institutionen, die den kleinen Staat kontrollieren, war zu hören, daß internationale Mandate besser für die Demokratie seien als der demokratische Wettbewerb um Wähler. Der amtierende Vorsitzende der OSZE hob hervor, daß das »politische Niveau« der bosnischen Wähler »nicht sehr hoch« sei.[25] Auch das OHR hat wenig übrig für demokratische Rechenschaftspflicht. Seine Vertreter meinen: »Bosnien ist eine sehr kranke Gesellschaft, in der man nicht mit den grundlegendsten demokratischen Prinzipien vertraut ist.«[26] Der Hohe Repräsentant hielt fest, gewählte bosnische Vertreter dienten nicht den wahren Interessen ihrer Wähler und hätten daher auch nicht das Recht, seine Entscheidungen in Frage zu stellen.[27] Solche Ansichten wurden auch von führenden internationalen Regierungsvertretern vertreten. Der ehemalige deutsche Außenminister Klaus Kinkel bestätigte öffentlich, daß die internationale Gemeinschaft nicht zögern würde, auch Entscheidungen zu treffen, die sich gegen den Willen der Menschen in Bosnien richten.[28]

Dennoch überrascht es, daß die OSZE-Gruppe, die am wenigsten vom bosnischen Wahlvolk hält, den Titel »Demokratisierungsabteilung« trägt (Democratisation branch). Jasna Malkoc, eine Koordinatorin in leitender Funktion, erklärte, daß die Menschen in Bosnien nicht fähig seien, mit dem demokratischen Wahlwettbewerb umzugehen: »Politische Parteien sind eine neue Erscheinung. Die Menschen wissen genauso wenig, wie sie damit umgehen sollen, wie die Politiker. Sie folgen einfach der Masse.«[29]

Im Zentrum dieser Einschätzung steht, die bosnische Bevölkerung sei durch den Krieg und die Auflösung des Einparteienstaates »zerstört« und traumatisiert worden und daher nicht in der Lage, zwischen »richtig« und »falsch« zu unterscheiden. Die im Krieg entwickelte psycho-soziale Beratersprache vom »Empowerment« wird von der OSZE übernommen, was bewirkt, daß die Befähigung von Individuen zur Demokratie mehr Beachtung findet als die Diskussion über wichtige politische Fragen. Völlig ignoriert wird hierbei, daß die internationale Einmischung für das politische Klima in Bosnien-Herzegowina sehr bestimmend ist. Die Arbeit der Demokratisierungsabteilung im Bereich Erziehung und Empowerment der bosnischen Gesellschaft ist unbestreitbar noch schädlicher für die Demokratie als die aufgezwungene internationale Verwaltung, denn sie geht stillschweigend davon aus, daß die Menschen in Bosnien unfähig sind, rationale Entscheidungen zu treffen. Wenn sich solche Vorstellungen einmal durchgesetzt haben, gibt es weder einen Grund, die internationale Verwaltung als eine zeitlich begrenzte bzw. vorübergehende Erscheinung zu betrachten, noch gibt es Anlaß, die Einführung demokratischer Prinzipien zu begrüßen.

Die elitäre Annahme, die Menschen auf dem Balkan seien unfähig, mit Demokratie umzugehen, ist von Kritikern der internationalen Einmischung auf dem Balkan nicht hinterfragt worden. Eher das Gegenteil ist der Fall: Die schärfsten Kritiker der internationalen Politik vertreten noch vehementer die Meinung, daß in Bosnien zu viel Freiheit und Selbstbestimmung herrscht. Ironischerweise meinen gerade die in der Regel schlecht informierten Kritiker aus dem liberalen politischen Lager, die Macht der gewählten Vertreter sei durch internationale Institutionen nicht genug geschwächt worden. So hieß es im *Guardian*: »Der Westen machte den Fehler, der Abhaltung von freien Wahlen in Bosnien zu einem Zeitpunkt, als die Situation noch nicht reif für sie war, zu viel Bedeutung beizumessen. Den bosnischen Politikern wurde in den letzten drei Jahren [seit Dayton] zu viel Macht zugebilligt.«[31]

Kritiker des Dayton-Vertrages meinen, daß den gewählten Vertretern zu viel Respekt entgegengebracht wurde, weil im Westen entweder die fatalistische Einschätzung vorherrsche, ethnische Rivalitäten könnten nicht abgebaut werden, oder weil man nicht bereit sei, den politischen Eliten auf dem Balkan die Stirn zu bieten. Während Wahlen aus Sicht liberaler

Kritiker sehr problematisch sind und der Demokratie in Bosnien schaden, stehen die OSZE und das OHR den Wahlen mit gemischten Gefühlen gegenüber. Die Wahlen sind ihrer Meinung nach demokratisch genug, um die Regierungsinstitutionen zu legitimieren. Jedoch reicht diese Legitimation nicht aus, um dem OHR das Recht zu nehmen, über die Politik der Parteien im Land zu bestimmen. In Großbritannien wurde von liberalen Medien gefordert, statt der Durchführung von Wahlen eine »Besetzung des Landes auf unbeschränkte Zeit« anzustreben oder ein »ein modernes Kolonialregime« zu installieren.[32] In Rambouillet wurde dies in die Realität umgesetzt.

Moderner Kolonialismus

Durch die Einmischung in Bosnien konnten die Westmächte ihre Einflußbereiche vergrößern, ohne dafür Kritik zu ernten. Ihr Konsens hat die Abkehr von demokratischen Prinzipien bei der internationalen Verwaltung des Balkans beschleunigt. Demokratie, traditionell verstanden als die Legitimation einer politischen Führung durch demokratische Rechenschaftspflicht gegenüber dem wahlberechtigten Volk, wurde vollständig neu definiert. Demokratie bedeutet nun, daß Bestimmungen, die von fremden Institutionen festgelegt werden, Folge zu leisten ist.

Vor dem Hintergrund dieser Entwicklungen werden internationalen Organisationen mit dem Vertrag von Rambouillet noch wesentlich größere Einmischungsbefugnisse zugebilligt, als es in Dayton geschah. Es ist jedoch falsch, davon auszugehen, daß der Machtzuwachs internationaler Mandate und die Einrichtung neuer Protektorate eine Zukunft für den Balkan darstellen. Was die Befürworter einer solchen Politik nie in Betracht ziehen, ist die Option, daß den Menschen in der Region mehr Autonomie zugebilligt wird, um eigenständig Lösungen für ihre Probleme finden zu können. Die Erfahrung mit Bosnien macht deutlich, daß ein internationales Protektorat zur Vertiefung und Institutionalisierung der ethnischen Spaltungen führt. Diese Erfahrung lehrt uns für das Kosovo, daß eine größtmögliche Autonomie für die Menschen der Region am besten ist, wenn in einem Land nach Kriegsende Stabilität und Frieden geschaffen werden sollen.

Aus dem Englischen übersetzt von
Christine Horn

Anmerkungen

1. Interim Agreement for Peace and Self-Government in Kosovo; s. unter http://www.transnational.org [eingesehen am 24. April 1999].

2. »Implementation«, Kapitel 5, Interim Agreement.

3. Erklärung des US-Staatssekretärs Warren Christopher über die Wahlen in Bosnien, hrsg. v. Büro des Sprechers des US Department of State, 18. September; s. unter http://www.state.gov [eingesehen am 2. Februar 1998].

4. The General Agreement for Peace in Bosnia and Herzegovina; s. unter http://www.ohr.int/gfa/gfa-home.htm [eingesehen am 21.5. 1998].

5. Chairman's Conclusions of the Peace Implementation Council, Florenz, 13./14. Juni 1996, par. 27; OHR; s. unter http://ohr.int/docu/d960613. htm [eingesehen am 4. Februar 1997].

6. Szasz, P: »Current Developments: the Protection of Human Rights through the Dayton/Paris Peace Agreement on Bosnia«, in: *American Journal of International Law*, Vol. 90, 1996, p.304.

7. Jenkins, S.: »Ulster of the Balkans: British Troops have been sent on a Mission Impossible in Bosnia«, in: *The Times*, 17. Dezember 1997.

8. Conclusions: Guiding Principles of the Civilian Consolidation Plan. Ministerial Meeting of the Peace Implementation Council Steering Board, Paris, 14. November 1996, par. 6; OHR; s. unter http://www. ohr.int/docu/d961114b.htm [eingesehen am 4. Februar 1997].

9. Communique: Political Declaration from Ministerial Meeting of the Steering Board of the Peace Implementation Council, Sintra, 30. Mai, pars 35, 37, 38; OHR; s. unter http://www.ohr.int/doc/d970530a.htm [eingesehen am 19. August 1997].

10. Summary of Conclusions: Bonn Peace Implementation Conference 1997: »Bosnia and Herzegovina 1998: Self-Sustaining Structures«, Bonn, 10. Dezember 1997, XI, par. 2; OHR; s. unter http://www.ohr. int/docu/ d971210b.htm [eingesehen am 12. Dezember 1997].

11. Rodriguez, J.: »Our Man in Sarajevo«, in: *El Pais*, 29 March 1998; engl. Übersetzung s. unter http://www.ohr.int/articles/a980329a.htm [eingesehen am 4. Mai 1998].

12. Interview mit Carlos Westendorp, in: *Slobodna Bosna*, 30. November 1997; s. unter http://www.ohr.int/press/i971130a.htm [eingesehen am 29. Mai 1998].

13. Hedges, C.: »A Spaniard rules Bosnia with a strong Hand«, in: *New York Times*, 8. Dezember 1998; Report of the High Representative for Implementation of the Bosnian Peace Agreement to the Secretary-General of the United Nations, 14. März 1996, par.5; s. unter http:// www.ohr.int/reports/r960714a.htm [eingesehen am 29. Oktober 1996].

14. International Crisis Group: »Changing the Logic of Bosnian Politics: ICG Discussion Paper on Electoral Reform«, 10. März 1998; s. unter http://www.intl-crisis-group.org/projects/bosnia/report/bh32rep. htm [eingesehen am 21. Mai 1998]. Address to the Pacific Council on International Policy, Ambassador Robert S. Gelbard, Special Representative of the President and Secretary of State for the Implementation of the Dayton Peace Agreement, Los Angeles, California, 27. Januar; s. unter http://www.state.gov/www/policy_r=85s/1998/980127_gelbard_

bosnia.html [eingesehen am 21. Mai 1998]. Erklärung der Secretary of State Madeleine K. Albright vor dem House National Security Committee in Washington DC, 18. März 1998; veröffentlicht vom Büro des Sprechers des US-Außenministeriums; s. unter http://secretary.state. gov/www/statements/1998/980318.html [eingesehen am 21. Mai 1998].
15. OHR Bulletin 62, 11. Oktober 1997; s. unter http://www.ohr.int/-bulletins/b971011.htm [eingesehen am 3. November 1997].
16. Suljagic, E.: »Interview with Senior Deputy High Representative Hanns Schumacher«, in: *Dani*, 11. April 1998; s. unter http://www.ohr. int/press/i980411a.htm [eingesehen am 29. Mai 1998].
17. Hockstader, L.: »A Bosnian Town in Limbo«, in: *Washington Post*, 8. Oktober 1998.
18. Bosnian and Herzegovina TV News Summary, OHR Email-Service, 15. Juli 1998.
19. Return and Reconstruction Task Force Report, Dezember 1997, par. 5, 7; OHR; s. unter http://www.ohr.int/rrtf/r9712.htm [eingesehen am 1. April 1998].
20. Report of the High Representative for Implementation of the Bosnian Peace Agreement to the Secretary-General of the United Nations, 11 Juli 1997, par. 24; s. unter http://www.ohr.int/reports/r970711a.htm [eingesehen am 19. August 1997].
21. Chandler, D.: »Bosnia: Faking Democracy After Dayton«, London: Pluto Press 1999, p.71.
22. Bosnia and Herzegovina TV News Summary, OHR Email-Service, 10. November 1997.
23. Woodward, S. L.: »Balkan Tragedy: Chaos And Dissolution After The Cold War«, Washington DC: Brookings Institution 1995, pp.236-7. Verdery, K.: »Nationalism, Postsocialism and Space in Eastern Europe«, in: *Social Research*, Vol. 63, No. 1, 1996, pp.82-3.
24. Deacon, B. / Stubbs, P.: »International Actors and Social Policy Development in Bosnia-Herzegovina: Globalism and the ›New Feudalism‹«, in: *Journal of European Social Policy*, 8, No. 2, 1998, pp.99-115.
25. »OSCE criticises Bosnian Serb Vote«, RFE/RL Newsline, Vol. 1, No. 168, II, 26. November 1997; s. unter http://www.rferl.org/newsline/ search.
26. »Clearing the Bosnian Air«, in: *Washington Post*, 6. Oktober 1997.
27. Coleman, K.: »Sceptic Serbs doubt the Plavsic Revolution«, in: *The Guardian*, 22. November 1997.
28. Serb Radio Television Banja Luka News Summary, OHR Email-Service, 10. Dezember 1997.
29. Interview des Autor mit Jasna Malkoc, OSCE Senior Co-Ordinator for Democratisation / NGO Development, Sarajewo, 16. Juni 1997.
30. Vgl. Chandler, D.: »Democratization in Bosnia: the Limits of Civil Society Building Strategies«, in: *Democratization*, Vol. 5, No. 4, 1998, pp.78-102.
31. »No Retreat: Bosnia must keep Dayton Rules«, in: *The Guardian*, 16. September 1998.
32. Woollacott, M.: »Bosnia's Choice: it's Vote or Die«, in: *The Guardian*, 14. September 1996. Borger, J.: »Trials and Error for a Bosnian Solution«, in: *The Guardian*, 7. September 1996.

Das Račak-Massaker als Auslöser
des Krieges

Diana Johnstone

Ein angebliches Massaker serbischer Sicherheitskräfte im Dorf
Račak im Kosovo sollte am 24. März 1999 zum Mit-Auslöser
des NATO-Luftkrieges gegen Jugoslawien werden. Was war in
Račak geschehen? Am 15. Januar 1999 berichteten Agenturen
zunächst über eine Polizeiaktion in der Region gegen UÇK-
Rebellen. Tags darauf wurde der Leiter der Kosovo-Beobach-
termission der OSZE (OSCE Kosovo Verification Mission,
KVM), William Walker, von Mitgliedern der UÇK zu einem
Graben am Rande des Dorfes Račak geführt. Er fand dort etwa
40 Leichen. Sofort wandte sich Walker in einer emotionalen
Stellungnahme an die internationalen Medien und klagte die
serbischen Sicherheitskräfte schrecklicher Massaker an Kosovo-Albanern an. Von serbischen Stellen wurde dieser Vorwurf
entschieden zurückgewiesen. Es wurde die Vermutung geäußert, die UÇK habe Leichen von tags zuvor gefallenen Kämpfern aus den eigenen Reihen dort hingebracht, um den Eindruck zu erwecken, es habe eine Massenhinrichtung gegeben.
  Der Protest der Serben wurde ignoriert. Walkers Vorwürfe
wurden kurzerhand von NATO-Vertretern, Politikern und
Journalisten aufgegriffen. Ein undurchsichtiges Ereignis wurde benutzt, den komplizierten Kosovo-Konflikt auf die Gleichung »Serbische Barbaren gegen unschuldige albanische Zivilisten« zu reduzieren. Račak diente wenige Wochen später als
Rechtfertigung für den NATO-Krieg gegen Jugoslawien. Die
Hintergründe dieser Ereignisse werfen ein düsteres Licht auf
die Machenschaften der kriegführenden westlichen Allianz.

OSZE-Spionage für die NATO

Im Winter 1997/98 steigerten bewaffnete Kosovo-Albanische
Sezessionisten ihre Angriffe gegen Polizei und Zivilbevölkerung im Kosovo. Am 4. Dezember 1997 veröffentlichte die
»Ushtria Çlirimtare e Kosoves« (UÇK / Kosovo-Befreiungsarmee) eine Pressemitteilung, in der sie sich für verschiedene
Gewaltaktionen verantwortlich erklärte, u. a. den Abschuß eines Flugzeuges der »Yugoslav Airlines«, bei dem fünf Personen

ums Leben gekommen waren. Das Flugzeug war zu Übungs-
zwecken in der Nähe von Prìština unterwegs. Am 4. Januar
1998 veröffentlichte die UÇK eine weitere Erklärung in Prìština. Sie konstatierte, daß die UÇK als bewaffnete Streitkraft
der Kosovo-Albaner einen Kampf für die Angliederung des
Kosovo an Albanien begonnen habe. Die Angriffe auf Polizisten
und Kosovo-Albaner wurden fortgesetzt. Am 27. Februar lockte
die UÇK vier serbische Polizisten in einen Hinterhalt und
tötete sie. Eine Woche später töteten serbische Polizisten den
UÇK-Führer Adem Jashari und Angehörige seiner Familie in
der UÇK-Hochburg Prekaz im Drenica-Gebiet Kosovos. Diese
Polizeiaktion wurde drei Tage später auf einer Sitzung der
Internationalen Kontaktgruppe in London verurteilt.

Dennoch unternahm man in den nachfolgenden Wochen
keine ernsthaften Schritte, um die große Sommeroffensive zu
verhindern, die die serbischen Streitkräfte am 24. Juli 1998
mit dem Ziel der UÇK-Zerschlagung begonnen hatten. Der
amerikanische Sondergesandte für Jugoslawien, Robert Gelbard, hatte die UÇK öffentlich als »terroristische Vereinigung«
bezeichnet. Die zweideutige Haltung seitens der USA und
ihrer NATO-Partner ermöglichte es Milošević, die UÇK militärisch zu schwächen. Aber er schwächte auch sich selbst. Denn
die jugoslawische Regierung wurde durch die Flüchtlingsströme als Folge der Angriffe auf UÇK-Dörfer der »ethnischen
Säuberungen« bezichtigt. Die Gefahr einer »humanitären
Katastrophe« wurde allerorts beschworen.

Gegen Ende des Sommers kündigte die jugoslawische Regierung an, sie habe ihre Offensive gegen die UÇK erfolgreich
abgeschlossen. Als sie die Flüchtlinge aufforderte, wieder in
ihre Häuser zurückzukehren, wurde der jugoslawischen Regierung große Skepsis entgegengebracht. Am 12. Oktober 1998
erreichte der US-Sondergesandte Richard Holbrooke unter
Androhung von NATO-Bombardements, daß der jugoslawische
Präsident Slobodan Milošević ein einseitiges Waffenstillstandsabkommen unterzeichnete. Die eigentlichen Bestimmungen
dieser Vereinbarung wurden nie veröffentlicht. Fest steht
jedoch, daß Milošević dem Rückzug der bewaffneten Streitkräfte aus dem Kosovo zustimmte und 2000 ausländischen
Beobachtern, die den Waffenstillstand überwachen sollten,
freien Zutritt zum Kosovo gewährte.

Die Organisation für Sicherheit und Zusammenarbeit in
Europa (OSZE) erhielt die Aufgabe, das Personal für diese
»Kosovo Verification Mission« bereitzustellen. Von Anfang an
waren die Meinungen darüber gespalten, was die Beauftra-
gung der OSZE zu bedeuten hatte: Wurde die OSZE damit als
»friedenserhaltende Organisation« anerkannt, oder sollte die

Mission ihr eigener Todesstoß sein, also ihre eigene Unzulänglichkeit unter Beweis stellen, um die NATO als konkurrenzlosen Vermittler des Konfliktes in Europa aufzuwerten?

Diese Zweifel wurden verstärkt, als die europäische Mehrheit in der OSZE den amerikanischen Regierungsbeamten William Walker als Leiter der Mission akzeptierte. Unter Walkers Leitung fehlte der Mission ein klares Ziel. Sie war nicht mehr als ein Dach, unter dem die verschiedenen Ziele der einzelnen OSZE-Mitgliedsländer nebeneinander fortbestanden. »Es dürfte schwer sein, in der Geschichte internationaler Missionen ein derartig chaotisches und auf tragische Weise zweideutiges Unternehmen zu finden«, schlußfolgerte ein italienischer Teilnehmer der Mission.[1]

Die Beobachter erreichten das Kosovo im Spätherbst 1998. Die meisten von ihnen waren aus den Reihen des Militärs und aus geheimdienstlichen Organisationen rekrutiert worden. Obwohl es sich zahlenmäßig nie um mehr als 1400 Personen handelte, die eigentlich auch nur halbherzig vorgingen, schien sich ihre Anwesenheit zunächst beruhigend auf die Situation auszuwirken. Die heraufbeschworene »humanitäre Katastrophe« blieb aus, und viele Zivilisten, die ihre Dörfer verlassen hatten, um serbischen Polizeiaktionen zu entkommen, hatten wieder ein Dach über den Kopf.

Gleichzeitig nahm jedoch die angeblich besiegte UÇK ihre Stellungen wieder ein, bereitete neue Kämpfe vor und schüchterte Anhänger des gewaltfreien politischen Führers der Albaner, Ibrahim Rugova, ein. Aufgabe der OSZE-Mission war nach Meinung der UÇK nicht, die Waffenruhe aufrechtzuerhalten, sondern die NATO auf einen Einmarsch vorzubereiten, um die Serben aus dem Kosovo zu vertreiben. Vieles deutete darauf hin, daß auch der amerikanische Leiter der Mission genau dieses Ziel verfolgte.

Der *Spiegel* berichtete Anfang November, daß nur 200 der 2000 vereinbarten Beobachter im Kosovo eintrafen und es sich bei den meisten um Söldner handelte: »Die USA beauftragten das Privatunternehmen DynCorp aus Virginia, 150 Experten zu entsenden. Das Unternehmen, das bereits in Bosnien Erfahrungen gesammelt hatte, beschäftigte in erster Linie Veteranen der amerikanischen Streitkräfte – moderne Söldner, die gegenüber ihrem Arbeitgeber, jedoch nicht notwendigerweise gegenüber der OSZE oder der NATO loyal sind.«[2]

Mehr als 70 Prozent des Personals der angeblich zivilen Mission bestand aus Angehörigen des Militärs, die ihre Anwesenheit im Kosovo zur Spionage nutzten. Über die Sicherheitsabteilung der OSZE-Zentrale in Prìština, die von Walkers britischem Vertreter, General John Drewienkiewicz, geleitet und von den Briten und Amerikanern kontrolliert wurde, sickerten immer wieder diesbezüglich Informationen durch. Sie unterhielten »gute Beziehungen mit Teilen der UÇK« und »organisierten sogenannte Schattenoperationen bzw. geheime Deckungsoperationen für Guerillaaktivitäten von Kosovaren. Sie verfaßten Berichte und leiteten inhaltlich stark bereinigte Kopien an die OSZE-Beobachtermission weiter«, hieß es beispielsweise.[3] Während die Mitarbeiter der Mission jede Zusammenarbeit mit den lokalen serbischen Polizeibehörden ablehnten, verließen sie sich auf Informationen von vor Ort lebenden Albanern, die enge Beziehungen zur UÇK unterhielten. Die Amerikaner stellten moderne Technologien zur Verfügung: So wurden die OSZE-»Beobachter« gebeten, das amerikanische Satellitensystem »Geographic Positioning System« (GPS) zu benutzen, um jederzeit ihren Standort in der kleinen Provinz herausfinden zu können. Mit Hilfe dieses Systems konnten auch die Koordinaten von Kasernen, Munitionsdepots, Polizeistationen und anderen potentiellen Zielen späterer NATO-Bombardierungen ermittelt werden.[4]

Der 32jährige Schweizer Geologe und OSZE-Beobachter Pascal Neuffer erklärte: »Wir waren uns von Anfang an darüber im klaren, daß die Informationen, die im Laufe unserer Mission bei den OSZE-Einsätzen gesammelt wurden, die Satellitenbilder der NATO vervollständigen sollten. Wir hatten den sehr scharfen Eindruck, für die NATO zu spionieren«.[5] Die OSZE war angeblich damit beauftragt, Menschenrechtsverletzungen auf beiden Seiten nachzugehen. Aber die Berichte wurden, laut Neuffer, von Drewienkiewiczs Büro gezielt selektiert und umgeschrieben: »Wenn Berichte nicht kritisch genug gegenüber Aktionen der Serben waren, wurden sie abgeändert oder zerrissen. Als die Mission zu Ende war und vor der überstürzten Abreise aus dem Kosovo Dokumente zerstört wurden, entdeckten einige Italiener Berichte, in denen amerikanische Regierungsbeamte und albanisches Personal Italiener, Russen und Holländer einer ›pro-serbischen‹ Haltung beschuldigten, weil sie über Menschenrechtsverletzungen der UÇK berichtet hatten.«[6] Die gleichen Beobachter berichteten später darüber, sie hätten Morddrohungen von UÇK-Führern erhalten. »Die Gleichsetzung von OSZE und USA war ohnehin von großem Nachteil für die Europäer und die anderen 53 Nationen, aus denen sich die Organisation zusammensetzte. Allerdings wurde dies durch das Verhalten des amerikanischen Botschafters Walker bestärkt. Er bestand während der gesamten Zeit darauf, in einem OSZE-Wagen mit amerikanischer Flagge zu reisen«, so Neuffer weiter.[7]

Außer Drewienkiewicz, wurde Walker von fünf weiteren

Delegierten unterstützt. Sie vertraten andere Mitgliedsstaaten der Kontaktgruppe und Norwegen, das zum damaligen Zeitpunkt die Präsidentschaft der OSZE innehatte. Ende 1998 wurde von europäischen Vertretern Kritik an der Art und Weise, in der die Anglo-Amerikaner die Mission leiteten, geäußert. Sie hatten gehofft, zu einer friedlichen Lösung des Kosovo-Konfliktes beitragen zu können. Aber schon rein technisch betrachtet konnte nur die serbische Seite gegen das Waffenstillstandsabkommen verstoßen, weil nur sie es unterzeichnet hatte. Dies entsprach einer offenen Einladung an die UÇK, Militäraktionen zu planen, um die Serben zu Vergeltungsaktionen zu provozieren und den Konflikt eskalieren zu lassen. Anfang Januar 1999, als sich Walker in Washington aufhielt, trat die UÇK mit einer Reihe solcher Provokationen in Erscheinung. Beispielsweise wurden acht serbische Soldaten entführt. Sie sollten gegen von Serben gefangene UÇK-Spione aus Albanien ausgetauscht werden. Die stellvertretenden Leiter der OSZE-Mission in Priština verurteilten die UÇK, Spannungen zu provozieren. Walker hingegen verurteilte in Washington die Serben, weil sie den Waffenstillstand verletzt hätten.[8]

Zu den Vorfällen in Račak kam es genau zu dem Zeitpunkt, als Walker von den Europäern in der OSZE-Mission heftig kritisiert wurde, seine Mission zum Vorteil der UÇK zu nutzen. Indem Walker sich der Vorfälle in Račak annahm, rückte er sie in den Mittelpunkt des internationalen Medieninteresses, und es gelang ihm, seine Kritiker zu marginalisieren.

Die Ereignisse in Račak

Am 15. Januar 1999 wurden in der Region Decani zwei Mitglieder der OSZE-Mission – ein britischer Beobachter und sein jugoslawischer Übersetzer – von einem UÇK-Heckenschützen verletzt. Der Protest der OSZE verstummte jedoch schnell angesichts der militärischen Auseinandersetzung, die am selben Tag in Račak stattfand. Am Morgen des 15. Januar umringten serbische Polizisten die Ortschaft. Sie waren auf der Suche nach bewaffneten Männern, die für den Mord an fünf Polizisten und zwei albanischen Zivilisten und für zahlreiche Entführungen verantwortlich waren. Die Polizeiaktion wurde der OSZE im voraus angekündigt. Die serbischen Sicherheitskräfte wurden sogar von einem lokalen Fernsehteam von Associated Press begleitet. Einer Mitteilung des serbischen Innenministeriums zufolge »attackierten Terroristen die Polizisten aus Gräben, Bunkern und Festungen mit Maschinengewehren und tragbaren Granatwerfern«. Im anschließenden

Kampf wurden, laut dieser Mitteilung, »mehrere Dutzend Terroristen getötet«. Die meisten sollen UÇK-Abzeichen getragen haben. Eine gerichtliche Untersuchungskommission unter der Leitung des Magistrats von Prìština, Danica Marinkovic, wurde entsandt, um den Ort zu inspizieren, an dem die Polizeiaktion stattgefunden hatte. Allerdings konnte die Ortsbegehung nicht stattfinden, weil OSZE-Mitarbeiter serbischen Polizisten keinen Zutritt gewährten.

Bereits am 16. Januar war Račak wieder unter Kontrolle der UÇK. Begleitet von ausgewählten westlichen und albanischen Medienvertretern, ließ sich Walker von lokalen UÇK-Vertretern an den Ort des Geschehens führen. In einer emotional geladenen Erklärung sprach er von einem »Massaker, einem Verbrechen gegen die Menschheit«, das von den Streitkräften der serbischen Regierung begangen worden sei.

Es war erst einen Tag her, daß die serbische Armee in Kämpfe mit der UÇK verwickelt gewesen war. Die serbische Regierung behauptete, die UÇK habe genügend Zeit gehabt, die Leichen gefallener Kämpfer über Nacht zusammenzutragen, um eine Massenerschießung vorzutäuschen. Diese These wurde von den westlichen Medien, die ausführlich über Walkers emotionale Entrüstung berichteten, ignoriert. »Ich sehe Leichen, denen, wie bei der Hinrichtung, aus kürzester Entfernung ins Gesicht geschossen wurde. Dies können nur Menschen getan haben, für die das menschliche Leben keinen Wert hat«, erklärte Walker den Journalisten. Und weiter: »Leider kann ich die persönliche Abscheu, die ich beim Anblick dieser unbeschreiblichen Greueltat empfinde, nicht in Worte fassen.« Er ergänzte: »Ich war in anderen Kriegsgebieten und habe sehr grauenvolle Dinge erlebt. Dies aber übertrifft alles, was ich je in meinem Leben gesehen habe.«

Der Contra-Spezialist

Durch diese Bemerkungen zog der von der US-Regierung ausgewählte Leiter der OSZE-Mission erstmals die öffentliche Aufmerksamkeit auf seine Vergangenheit. Mit Erfahrungen »in anderen Kriegsgebieten« meinte Walker Zentralamerika. Dort hatten in erster Linie diejenigen »sehr grauenvolle Dinge« getan, die von der US-Regierung, für die Walker agierte, unterstützt worden waren.

Nachdem Walker Mitte der 70er Jahre als Leiter der Abteilung Politik der US-Botschaft in El Salvador tätig gewesen war, wurde er Anfang der 80er Jahre nach Honduras entsandt. »Das CIA arbeitete damals mit argentinischen Militärberatern zusammen, um die nicaraguanischen Contras von Stützpunkten in Honduras aus für einen Angriff auf die linksgerichtete Regierung in Nicaragua vorzubereiten«, erklärte Don North.[9] »Die Contras und die Argentinier unterstützten die Hardliner in der Armee von Honduras beim Aufbau von Todeskommandos, durch die mehr als 200 politisch verdächtige Studenten und Arbeiterführer ›verschwanden‹«.

1985 wurde Walker Stellvertreter des zweiten Staatssekretärs für Zentralamerika, Elliot Abrams, und übernahm die Verantwortung für Geheimoperationen der Reagan-Administration zum Sturz der sandinistischen Regierung in Nicaragua. Den Akten im US-District Court zufolge erhob der Anwalt Lawrence Walsh gegen Walker den Vorwurf, er sei, im Zusammenhang mit einer von Oberst Oliver North geführten illegalen Aktion, für die Koordination einer vorgetäuschten »humanitären« Operation in El Salvador verantwortlich gewesen. Statt humanitärer Hilfe wurde den Söldnern der Contra-Truppen, die von El Salvador aus Nicaragua angriffen, Waffen, Munition und Nachschub geliefert.[10]

1988 wurde Walker für die letzten drei Jahre des Krieges als US-Botschafter nach El Salvador entsandt. In den frühen Morgenstunden des 16. November 1989 drang eine Gruppe bewaffneter Männer des von den USA ausgebildeten salvadorianischen Atlacatl-Militärbataillons in einen Schlafraum der »Universität von Zentralamerika« ein, zerrte sechs jesuitische Priester aus ihren Betten und schoß ihnen mit großkalibrigen Gewehren aus kürzester Entfernung in den Kopf. Auf gleiche Weise töteten sie die Köchin der Priester und ihre 15jährige Tochter. Der Grund für diese Aktion: Man ging davon aus, daß die Priester mit den verarmten Bauern El Salvadors, die sich gegen die habgierigen Grundbesitzer zur Wehr setzten, sympathisierten. Auf dieses Massaker angesprochen, verteidigte Walker den Befehlshaber des Kommandos, den salvadorianischen Stabschef der Bodentruppen Oberst Rene Emilio Ponce. In einer Pressekonferenz erklärte er, daß »solche Situationen immer außer Kontrolle geraten können.«

Ganz anders als bei der schnellen Verurteilung der serbischen Regierung wegen ihrer Aktionen gegen die bewaffnete UÇK, legte Walker bei den Übergriffen gegen unbewaffnete Priester und Nonnen in Salvador beachtlich viel Geduld an den Tag: »Ich dulde es nicht. Aber in Zeiten wie diesen, in denen Emotionen und Ängste hohe Wogen schlagen, geschieht so etwas manchmal«, sagte er.[11] Außerdem bestand Walker noch Jahre später darauf, die Tatsache, daß die Mörder von Salvador Armeeuniformen trugen, sei »kein Beweis dafür, daß es sich um Angehörige des Militärs gehandelt habe«, denn »jeder kann sich eine Uniform besorgen.«[12]

Die Jesuiten machten Walker den Vorwurf, ein »stiller Beteiligter« des Massakers gewesen zu sein. Die Vergangenheit dieses Mannes zeigt, daß Menschenleben oder die Wahrheit nur von geringem Wert für ihn sind. Obwohl sich in der Zeit, als Walker Botschafter in El Salvador war, offiziell nur 50 militärische »Berater« im Land aufhielten, richtete er am 6. Mai 1996 in Washington eine Feier aus, bei der 5000 US-Soldaten geehrt wurden, die heimlich in El Salvador gekämpft haben sollen.[13]

Am Ende seiner Karriere unter der Clinton-Administration verbrachte Walker drei Jahre auf der »National Defence University«, der höchsten US-Militärschule. 1996 wurde er erstmals nach Europa entsandt: Er kam als Übergangsverwalter der UN-Friedensmission nach Ost-Slawonien, deren Aufgabe es war, die Übergabe von serbisch besetztem Gebiet an Kroatien zu koordinieren.

Račak als Symbol

Eine Erklärung des serbischen Präsidenten Milan Milutinovic hinsichtlich der Anschuldigungen Walkers wurde weitgehend ignoriert. Mit markigen Worten wurde Walker in dieser Erklärung »einer Serie von Lügen und Erfindungen« bezichtigt, bei denen es darum gehe, »die Aufmerksamkeit von Terroristen, Mördern und Kidnappern abzulenken und sie wieder einmal zu schützen«. Der serbische Präsident beklagte sich, daß Walker die Unrechtmäßigkeit der Angriffe durch die UÇK-Terroristen nicht erwähnte: »Obwohl es unbestreitbar wahr ist, daß die Polizei provoziert wurde und gezwungen war, sich gegen die Angriffe der Terroristen zu verteidigen, ignorierte Mr. Walker heute diese Tatsache und gab an, es habe sich um einen Konflikt mit der Zivilbevölkerung gehandelt. Als er beim heutigen Treffen mit Vertretern der jugoslawischen Behörden mit den tatsächlichen Fakten konfrontiert wurde, stellte Herr Walker zur allgemeinen Überraschung fest, daß die Welt ohnehin ihm und nicht den Argumenten und Fakten Glauben schenken werde.« Präsident Milutinovic erklärte weiter, Walker habe durch seinen Besuch des Dorfes Račak sicherstellen wollen, »daß er bei diesen Vorfällen über das Interpretationsmonopol verfügt.«

Walkers Gefühlsausbruch paßt zu einem Hinweis, den die amerikanische Außenministerin Madeleine Albright einen Tag zuvor im Weißen Haus und im Pentagon in Umlauf gebracht hatte: der Friedensplan von Holbrooke und Milošević stehe kurz vor dem Scheitern, und es sei Zeit, Milošević mit NATO-Aktionen zu drohen.[14]

Gleich am nächsten Tag hielt der NATO-Rat eine Dringlichkeitssitzung ab, in der daran erinnert wurde, daß die Autorisierung für Luftangriffe in den USA noch nicht abgeschlossen sei und daß die Ereignisse in Račak »eine eklatante Verletzung der internationalen Menschenrechte« darstellten. Belgrad wurde aufgefordert, der Chefanklägerin des Internationalen Kriegsverbrechertribunals in Den Haag, Louise Arbour, unverzüglich Zugang zu allen Informationen über Račak zu gewähren. Der Vorsitzende des Exekutivrates für das Kosovo, Zoran Andjelkovic, erwiderte, daß das Durchgreifen der Regierung gegen Terroristen nicht in den Zuständigkeitsbereich des UN-Tribunals falle. Walker wurde von der Regierung zur persona non grata erklärt und aufgefordert, das Land zu verlassen. Diese Aufforderung wurde ignoriert.

Es war vorauszusehen, daß Walkers Anschuldigungen in allen NATO-Ländern unkritisch übernommen würden, auch wenn zahlreiche Mitglieder der OSZE-Mission die voreingenommene Herangehensweise Walkers hinter verschlossenen Türen kritisierten.

In Washington bezeichnete Clinton die Morde von Račak als »einen vorsätzlichen und wahllosen mörderischen Akt«. Der britische Außenminister Robin Cock erklärte, er sei »entsetzt und alarmiert«. Der französische Premierminister Lionel Jospin nannte die Morde an »Zivilisten« in Račak »einen barbarischen Akt«, über den die internationale Gemeinschaft empört sei. Aufgrund Walkers Stellungnahme wurde Račak in den westlichen Medien zum »letzten Beweis für die Brutalität der Serben«.[15] Und mehr noch: Račak diente als moralische Aufforderung an den Westen, endlich militärisch im Kosovo einzugreifen.

Auf dem Münchner Jahrestreffen der Konferenz für Sicherheitspolitik im Februar 1999 sprach Bundeskanzler Gerhard Schröder im Zusammenhang mit den Ereignissen von Račak von der Gelegenheit Deutschlands, ein »normaler« NATO-Verbündeter zu werden, weil das internationale Recht in diesem Fall zum Eingreifen berechtige. Normalerweise würden derartige Vorfälle in den Zuständigkeitsbereich des UN-Sicherheitsrates oder der OSZE fallen. Schröder betonte jedoch, daß dieses Prinzip eines UN- oder OSZE-Mandats in Ausnahmefällen auch unberücksichtigt bleiben könne, wenn es sich um eine sofortige Intervention zur Wahrung der Menschenrechte handele.[16] Hieran zeigt sich die Relevanz von Račak. An den Bundestag gerichtet sprach Außenminister Joseph Fischer davon, daß das »Račak-Massaker« die internationale Gemeinschaft verpflichte, Frieden zu schaffen, entweder gegen, aber hoffentlich mit den beteiligten Parteien.

»Die Morde von Račak«, erinnerte die *Washington Post* zwei
Monate später, »empörten die internationale Gemeinschaft
und stellten einen Wendepunkt in einem jahrelangen Konflikt
zwischen Sicherheitskräften und der Kosovo-Befreiungsarmee
dar [...] Führende Vertreter der NATO verurteilten die Morde
und drohten erneut mit Luftangriffen auf jugoslawische Mili-
tärobjekte. Tage später vereinbarten beide Parteien, daß sie an
den Friedensgesprächen in Frankreich, die von den USA,
Rußland und vier westeuropäischen Ländern finanziert wurden, teilnehmen würden.«[17]

Račak wurde so zum Wegbereiter der Verhandlungen in
Rambouillet, des folgenden Ultimatums und der einsetzenden
NATO-Bombardements.

Die Kontroverse

Bereits im Januar hatten zwei der größten französischen Ta-
geszeitungen Zweifel an Walkers Darstellung der Ereignisse
geäußert. Am 20. Januar 1999 veröffentlichten *Le Figaro* und
Le Monde Berichte von ihren Korrespondenten im Kosovo. In
diesen Berichten wurden die Ereignisse so wiedergegeben, wie
Journalisten sie gesehen hatten, als sie am 15. Januar, dem
Tag des angeblichen Massakers, in Račak waren. Laut Walkers Version, die sich auf UÇK-Quellen stützte, fielen »mas-
kierte« serbische Polizeikräfte am frühen Morgen in das Dorf
ein, brachen in Häuser ein, schleppten die Männer heraus und
brachten sie an den Rand des Dorfes, um sie dort hinzurichten.
»Der Bericht der beiden Journalisten von Associated Press TV
(AP TV), die diese Polizeiaktion filmten, steht im Widerspruch
zu dieser Darstellung der Ereignisse«, berichtete Christophe
Châtelet in *Le Monde*.[18] Das Dorf war fast vollkommen verlassen, als die Kameraleute es um etwa 10 Uhr morgens im
Gefolge eines gepanzerten Polizeifahrzeugs betraten. Die UÇK
schoß aus den darüberliegenden Wäldern. Ihre Kämpfer waren
aus dem Dorf geflohen, als die Serben bei Tagesanbruch das
Feuer eröffnet hatten. Der größte Teil des Kampfes fand in den
Wäldern statt, wo sie von weiteren serbischen Polizisten in die
Enge getrieben wurden. »Wie sollen die serbischen Polizisten
in der Lage gewesen sein, eine Gruppe von Männern zusam-
menzutreiben und sie ruhig zu ihrer Hinrichtung zu führen,
obwohl sie die gesamte Zeit von UÇK-Kämpfern unter Beschuß
waren?«, fragte Châtelet. »Wie kann es sein, daß der Graben
am Rande von Račak von Dorfbewohnern, die vor der Dämme-
rung noch im Ort waren, nicht bemerkt wurde? Und wieso
haben ihn Beobachter, die für mehr als zwei Stunden in diesem kleinen Ort waren, nicht bemerkt? Warum lagen so wenig

leere Patronenhülsen neben den Leichen, warum war so wenig Blut in dem Graben, in dem sie angeblich aus nächster Nähe hingerichtet wurden [...]? Ist es nicht wahrscheinlicher, daß die Leichen der Albaner, die im Kampf gegen die serbischen Polizisten ums Leben gekommen waren, in einem Graben nebeneinandergelegt wurden, um ein grauenvolles Szenario zu präsentieren, daß die öffentliche Meinung mit Sicherheit mit Schrecken erfüllen würde?«

In *Le Figaro* stellte der langjährige Korrespondent Renaud Girard ähnliche Fragen: »Es scheint, als habe die Polizei nichts zu verheimlichen gehabt, da sie um 8.30 Uhr morgens ein Fernsehteam (zwei Journalisten von AP TV) einlud, die Operation zu filmen. Außerdem wurde die OSZE benachrichtigt, und man schickte zwei Fahrzeuge mit Diplomatenstatus. Die Beobachter hielten sich den ganzen Tag auf einem Hügel auf, von dem aus sie das Dorf einsehen konnten.« Um 15.30 verließen die Polizisten und das AP TV-Team das Dorf. Eine Stunde später fuhr ein französischer Journalist durch das Dorf und traf auf drei orangefarbene OSZE-Fahrzeuge. Die internationalen Beobachter sprachen mit drei Albanern mittleren Alters. Sie schauten nach verwundeten Zivilisten. »Als die Journalisten um 18 Uhr die Beobachter sahen, brachten sie gerade zwei sehr leicht verwundete Zivilisten weg. Die Beobachter schienen nicht sonderlich aufgebracht und hatten den Journalisten nichts Außergewöhnliches mitzuteilen«, schrieb Girard.

Am nächsten Morgen machten die Journalisten und die OSZE-Beobachter um 9 Uhr ihre schockierenden Entdeckungen: Leichen von Albanern in ziviler Bekleidung, die in einem Graben nebeneinanderlagen. Girard hielt fest: »Das Dorf war zu diesem Zeitpunkt übersät von UÇK-Kämpfern, die die ausländischen Besucher zum angeblichen Ort des Massakers führten. Gegen Mittag kam William Walker persönlich und brachte seine Entrüstung zum Ausdruck.« Girard wies auch auf Widersprüche zwischen den Berichten der Albaner und den AP TV-Bildaufnahmen hin. Die Aufnahmen zeigten ein leeres Dorf, das von UÇK-Kämpfern, die sich in Gräben auf dem Hügel verborgen hielten, unter Beschuß war. Der Kampf auf dem Hügel wurde heftiger, als die UÇK-Kämpfer von der serbischen Polizei eingekreist wurden und verzweifelt versuchten auszubrechen.

»Was ist wirklich passiert?«, fragte Girard: »Hätte die UÇK nicht die Leichen von UÇK-Kämpfern, die in Wirklichkeit von Serben im Gefecht erschossen wurden, in der Nacht zusammentragen können, um den Eindruck zu erwecken, es handle sich um eine kaltblütige Hinrichtung? Ein Detail stört: die Journalisten fanden sehr wenige Patronenhülsen im Graben

[...] Hat die UÇK versucht, eine militärische Niederlage in einen politischen Sieg zu verwandeln?«

Die forensische Untersuchung

Nachdem Walkers Männer den serbischen Behörden den Zutritt zum Ort des Geschehens verweigert hatten, bestanden letztere vehement darauf, Untersuchungen über die Ereignisse in Račak vornehmen zu können. Erst drei Tage nach dem vermutlichen Todeszeitpunkt brachte die serbische Polizei 40 Leichen, die zuvor in Händen der UÇK gewesen waren, von der Moschee in Račak zu forensischen Untersuchungen nach Prìština.

Da das Internationale Kriegsverbrechertribunal in Den Haag in den Augen der serbischen Regierung voreingenommen und für das Kosovo rechtlich nicht zuständig war, weigerte sich Belgrad, dem Tribunal die Untersuchungen anzuvertrauen. Dennoch wurde ein Team von forensischen Experten aus Weißrußland eingeladen, die Leichen von Račak zu untersuchen. Auch einem finnischen Team, das die EU vertraglich verpflichtet hatte, um Greueltaten im Kosovo zu untersuchen, wurde die Untersuchung gestattet.

Die Berichte der Serben und des Teams aus Weißrußland waren Ende Januar 1999 abgeschlossen. Am 16. Februar erklärte der Leiter des Forensischen Instituts am Medizinischen Zentrum von Prìština, Dr. Slavisa Dobricanin, daß die Pathologen aus Finnland, Weißrußland und Jugoslawien, die die Autopsie an den Leichen von Račak durchgeführt hatten, keinerlei Anzeichen eines Massakers oder Mißbrauchs vorgefunden hätten. Die finnischen Pathologen stimmten damit überein, unterzeichneten den Bericht jedoch nicht, weil sie zunächst noch eine DNA-Analyse durchführen wollten. »Die finnischen Ärzte sind sehr professionell und handeln nach ethischen Prinzipien«, erklärte Dobricanin der Nachrichtenagentur Tanjug: »Zu ihnen gehören die weltweit renommierte Expertin für forensische Medizin, Anti Pantila, und die Pathologin Kari Karkola. Unsere Zusammenarbeit fand auf professionellster Ebene statt.«

Dennoch wurde die Veröffentlichung des finnischen Berichts mehrfach aus unerfindlichen Gründen verschoben. In der Zwischenzeit wurde in der OSZE Kritik laut. Am 13. März berichtete die *Berliner Zeitung*, daß verschiedene Mitgliedsstaaten der OSZE, u. a. Deutschland, Italien und Österreich, die Entlassung Walkers anstrebten. »Hochrangige europäische Vertreter der OSZE verfügen über Informationen, denen zufolge die 45 Albaner, die in Račak, einem Dorf im Kosovo, Mitte

Januar gefunden worden waren, nicht – wie von Walker behauptet – Opfer eines serbischen Massakers an Zivilisten waren«, war der Zeitung zu entnehmen. OSZE-intern sei schon einige Zeit zuvor vermutet worden, daß das Massaker von Račak von »albanischer Seite vorgetäuscht worden war«, hieß es weiter. Zu dieser Schlußfolgerung sei man aufgrund von Informationen gelangt, die in der Zentrale der OSZE-Mission gesammelt worden waren – unabhängig vom finnischen Bericht, dessen Veröffentlichung weiter verschoben wurde. Diesen Informationen zufolge waren die meisten Leichen von umliegenden Gebieten nach Račak getragen und an der Stelle abgelegt worden, an der sie später Walker und den westlichen Medien gezeigt wurden. In Wirklichkeit seien die meisten Albaner im Kampf mit der serbischen Artillerie getötet, und viele der Toten seien für die Präsentation gegenüber den Medien und Walker »nach ihrem Tod in zivile Kleidung gesteckt« worden.

Die Ergebnisse der wissenschaftlichen Untersuchung des finnischen Teams wurden nie veröffentlicht. Eine kurze Stellungnahme wurde erst am Ende des zweiten Rambouillet-Treffens in Paris veröffentlicht – in Form einer persönlichen Erklärung von Dr. Helena Ranta, einer Mitarbeiterin im Team. Als Zahnärztin ist ihre Expertise auf die Untersuchung von Zähnen beschränkt, was bei der Behandlung der Frage, wie die Kosovo-Albaner getötet wurden, keine Rolle gespielt haben dürfte.

Der vollständige, 21 Kilogramm schwere Bericht, dem 3000 Fotoaufnahmen beiliegen, wurde an die Justizbehörden von Priština und an die deutsche Regierung weitergeleitet, weil Deutschland zu diesem Zeitpunkt die EU-Präsidentschaft innehatte. Rantas fünfseitige Zusammenfassung, die auf einer Pressekonferenz in Priština veröffentlicht wurde, konnte die Kontroverse nicht beilegen. »Durch die schier unmögliche Mission der finnischen Pathologen konnte die Wahrheit über die getöteten Albaner in Račak nicht ans Tageslicht gebracht werden«, faßte die *Frankfurter Rundschau* die Diskussion über den lang ersehnten Bericht zusammen.

Auf einer Pressekonferenz in der OSZE-Zentrale in Priština, bemühte sich die finnische Medizinerin nach besten Kräften, hervorzuheben, daß die forensischen Erkenntnisse im vorliegenden Fall begrenzt seien. Weder die Finnen noch das serbische Ermittlerteam hätten die Leichen an der Stelle, an der sie gefunden worden waren, untersuchen können. Die Serben beklagten, daß Walker die gerichtlichen Ermittler nicht an die betreffende Stelle vorgelassen habe, was dazu führe, daß Journalisten und Fotographen alle Spuren zerstörten. Die forensischen Experten aus Serbien und Weißrußland begannen mit ihren Untersuchungen am 19. Januar, das finnische Team erst am 22. Januar. In solchen Fällen, so Ranta in ihrer Zusammenfassung, sei es normalerweise üblich, den vermeintlichen Schauplatz des Verbrechens sofort abzusperren und Maßnahmen zur Beweissicherung einzuleiten. In Račak seien aber keinerlei Schutzmaßnahmen ergriffen worden und daher womöglich wichtige Beweise verloren gegangen, erklärte die finnische Ärztin.

Ranta wies auch darauf hin, daß man sich nur schwerlich sicher darüber sein könne, was mit den Leichen in der Zwischenzeit geschehen war. »In Bezug auf den Ort des Geschehens und den Umständen, die zum Tod geführt hatten, muß sich das Team vollständig auf die Informationen der OSZE-Mission und der europäischen Beobachter, die den Ort am 16. Januar besuchten, bzw. auf Informationen in den Medien, verlassen«, hieß es in ihrer Stellungnahme. Von daher kann man auch nicht behaupten, daß die finnischen Experten »bestätigten«, was Walker und die Medien über die Ereignisse in Račak berichtet hatten. Sie nahmen es statt dessen zur Kenntnis und hatten keine Möglichkeit, die Angaben zu überprüfen. Der Bericht zitiert OSZE- und EU-Beobachter, die erklärten, daß 22 Männer in einem Graben in der Nähe des Dorfes Račak gefunden wurden, die aller Wahrscheinlichkeit nach an diesem Ort erschossen worden waren. Aber diese Vermutungen wurden im Bericht weder bestätigt noch widerlegt.

Einen Tag vor der Pressekonferenz Dr. Rantas in Prìština, meldete die *Washington Post* voreilig, die finnischen Experten hätten die Todesfälle von Račak als »Massaker« der Serben bezeichnet. Immer wieder war in der *Washington Post* ohne nähere Angaben die Rede von »über den Bericht informierten westlichen Quellen«. Auch wurde erklärt, das finnische Team sei »in seinem Abschlußbericht zu der Schlußfolgerung gekommen, daß die Opfer unbewaffnete Zivilisten gewesen seien, die in einem geplanten Massaker hingerichtet wurden. Manche seien gezwungen worden niederzuknien, bevor sie im Kugelhagel zu Tode kamen.«

Die *Washington Post* ist eine Zeitung, die wohl mehr als jede andere Zeitung in den USA Zugang zu CIA-Quellen und offiziellen, aber oft nicht identifizierbaren Quellen hat. Die Zuverlässigkeit dieser anonymen Quellen ist nicht überprüfbar. Die *Berliner Zeitung* vermutete eine Verbindung zwischen dem Artikel in der *Washington Post* und der harten Haltung der US-Regierung während der Kosovo-Verhandlungen in Rambouillet und erinnerte daran, daß die *Washington Post* auch eine wichtige Rolle bei der propagandistischen Vorbereitung des Golfkriegs 1991 gespielt habe. Der Artikel in der *Washington Post* wurde in vielen amerikanischen Zeitungen nachgedruckt und hatte wahrscheinlich eine größere Wirkung als die vorsichtigeren Erklärungen in Prìština am darauffolgenden Tag.

Der Begriff »Massaker« wurde von Helena Ranta bewußt vermieden. In ihrer Zusammenfassung stellt sie fest, daß die Ereignisse in Račak als »Massaker« bezeichnet worden waren, daß jedoch ein solcher Begriff medizinisch ohne Bedeutung sei: »Außerdem gibt die forensische Untersuchung keine abschließende Antwort auf die Frage, ob ein Kampf stattgefunden hat oder ob die Opfer unter anderen Umständen ums Leben gekommen sind.«

Auf der Pressekonferenz in Prìština bestätigte Ranta nach hartnäckigen Rückfragen von Journalisten, daß »ein Verbrechen gegen die Menschheit« verübt worden sei. Rasch fügte sie jedoch hinzu, daß der Tod jedes Menschen ein Verbrechen gegen die Menschheit sei. In vielen Medienberichten wurde aber nur der erste Teil ihrer Erklärung wiedergegeben.

Die wenigen Einzelheiten, die Ranta präsentierte, konnten die serbische Behauptung, daß die Opfer in einem Feuergefecht zwischen UÇK-Rebellen und serbischen Polizisten im Dorf getötet worden waren, weder beweisen noch widerlegen. Die finnische Ärztin stimmte mit dem Abschlußbericht Jugoslawiens und Weißrußlands dahingehend überein, daß die erste Meldung darüber, daß die Leichen »brutal verstümmelt« worden waren, nicht der Wahrheit entsprach – übrigens war dies eine Behauptung, die eine entscheidende Rolle dabei spielte, die Serben als bestialische Mörder zu präsentieren. Man hatte auch darin übereingestimmt, daß die Entstellung der Leichen auf Bißwunden durch Tiere zurückzuführen waren – möglicherweise von streunenden Hunden, die es im Kososo zahlreich gibt. Schließlich hob der Bericht von Ranta hervor, daß die Zusammenarbeit zwischen den finnischen Experten und ihren Kollegen aus Serbien und Weißrußland fruchtbar und professionell gewesen sei. Daß die Finnen den früheren Abschlußbericht von Serbien und Weißrußland nicht unterzeichnet hatten, wurde im Bericht als zeitliches, nicht aber als inhaltliches Problem dargestellt.

Branimir Aleksandric, forensischer Experte an der Universität von Belgrad, bemerkte, daß »die absichtliche medizinische Ungenauigkeit in den Erklärungen von Dr. Ranta die Vermutung nahelege, daß hier ein offener Versuch gemacht wurde, William Walker von den gegen ihn erhobenen Anschuldigungen reinzuwaschen.« Er erklärte gegenüber der Nachrichtenagentur Tanjug: »Der Text, den Dr. Ranta in Prìština an die Journalisten verteilte, spiegelt in keinster Weise die Meinung der finnischen Pathologen unter Leitung der weltweit renommiertesten Expertin für forensische Medizin, Anti Pantila, wider.« Aleksandric erklärte, daß die Dokumente, die über die Leichen aus Račak erstellt worden waren, inhaltlich vollständig mit den Ergebnissen der Experten aus Jugoslawien und Weißrußland übereinstimmten und daß sie eindeutig zeigten, daß die Einschüsse an den Leichen, wie bei solchen Kämpfen üblich, von aus größerer Entfernung abgefeuerten Schußwaffen stammten. Aleksandric erklärte auch, daß bei 37 der 40 Leichen Spuren von Schießpulver an den Händen festgestellt wurde, was darauf hindeute, daß sie selbst Schußwaffen trugen und keine Zivilisten, sondern UÇK-Kämpfer waren.

Doch all dies sollte bald in Vergessenheit geraten. Einen Tag, nachdem Ranta ihre ergebnislose Pressekonferenz in Prìština abgehalten hatte, unterzeichnete die albanische Delegation in Paris unter der Führung des UÇK-Oberbefehlshabers Hashim Thaçi den »Friedensvertrag von Rambouillet«, der der NATO sechs Tage später, am 24. März 1999, den Vorwand für die Bombardierung Jugoslawiens liefern sollte. Eilig brachte Walker die 1381 Mitglieder der zu Unrecht als Beobachtermission bezeichneten OSZE-Gruppe am 20. März 1999 vom Kosovo nach Mazedonien. Viele bedauerten, daß sie gehen mußten. »Die Situation am Boden rechtfertigte am Vorabend der Bombardierung keine militärische Intervention«, erklärte Pascal Neuffer.[20] »Wir hätten sicherlich unsere Arbeit weiterführen können. Erklärungen, die in der Presse verbreitet wurden und behaupteten, die Mission sei durch Drohungen von serbischer Seite gefährdet gewesen, entsprachen nicht dem, was wir sahen. Sagen wir lieber, wir wurden evakuiert, weil die NATO bombardieren wollte«, ergänzte er.

Einige OSZE-Beobachter hatten gehofft, daß sie zum Frieden beitragen könnten. Andere haben während ihrer Anwesenheit eine Reihe von Zielen für NATO-Bombardments auspioniert. Unter der Führung eines Veteranen schmutziger Kriege in Zentralamerika, hat die »Kosovo Verification Mission« der OSZE einen neuen schmutzigen Krieg vorbereitet. Die Kontakte der OSZE-Mitarbeiter unter den Albanern wurden in einer lebensgefährlichen Situation zurückgelassen, um als potentielle »fünfte Kolonne« der NATO helfen zu können, den Angriff auf Jugoslawien gezielt durchzuführen. Der Weg für neue Gewalttaten, Lügen, Mystifizierungen und Massaker, die Račak bei weitem übertreffen sollten, war geebnet.

Aus dem Englischen übersetzt von
Christine Horn

Anmerkungen

1. Ulisse: »Come gli Americani hanno sabotato la missione dell'Osce«, in: *Limes*, supplemento al n.1/99, p.113, L'Espresso, Rome, 1999.
2. »Wehrlose Aufpasser«, in: *Der Spiegel*, 46/1998, 9. November 1998, S.210.
3. *Limes*, a.a.O.
4. *Limes*, a.a.O.
5. Eine französische Übersetzung des Artikels von Sarah d'Adda im *Giornale del Popolo* s. *La Liberté*, Genf, 22. April 1999; s. a. *Balkan-Infos,* Nr.33, Paris, Mai 1999.
6. Über dieses Ereignis berichteten *Limes* und *La Liberté*, a.a.O.
7. *Limes*, S.114.
8. Ebd.
9. »Irony at Račak: Tainted Diplomat«, *The Consortium*, Arlington, Virginia, S.2, 8. Februar 1999.
10. Die Nachrichtenagentur Agence France Presse (AFP) berichtete am 18. Januar 1999, daß einer von Walkers Söhnen bei einer NRO im Kosovo arbeite.
11. Associated Press, 5. Dezember 1989, zit.: North, a.a.O.
12. Don North, a.a.O.
13. *Washington Post*, 6. Mai 1996.
14. Jane Perlez in *The New York Times*, 19. Januar 1999.
15. Don North, a.a.O.
16. Otto Köhler: »Mass Murder Inc.«, *konkret* 3/99, S.32.
17. R.Jeffrey Smith: »Kosovo Attack Called a Massacre«, *The Washington Post*, 17. März 1999, S.1.
18. »Les morts de Račak ont – ils vraiment été massacré froidement?«, *Le Monde*, 21. Januar 1999, S.2.
19. »Kosovo: zones d'ombre sur un massacre«, *Le Figaro*, 20. Januar 1999, S.3.
20. *La Liberté*, a.a.O.

Kanonenboot-Diplomatie in Rambouillet

Jan Øberg

Wäre Frieden ihr Geschäft und ihr Ziel, so hätten die Regierungen der internationalen Staatengemeinschaft bereits 1992 diplomatischen und zivilen Druck auf die Kriegsparteien in Jugoslawien ausgeübt, um einen wirklichen Friedensdialog für das Kosovo in Gang zu setzen. Sie hätten vielleicht fünf bis zehn voneinander getrennte Anlaufstellen und Diskussionsforen eingerichtet: für die Albaner, für die Serben und für die anderen Völker, für Nichtregierungsorganisationen (NROs), Lehrer, Intellektuelle, Journalisten, Ärzte usw. So hätten verschiedene Gruppen die Möglichkeit gehabt, die Probleme in der Region zu diskutieren und Lösungen zu erarbeiten. Ein solches »Brainstorming« zur Entwicklung kreativer Vorschläge und zur Vorbereitung eines komplexen und langwierigen Verhandlungsprozesses hat es aber nicht gegeben. Statt dessen gab es vor Kriegsbeginn nur einen einzigen Plan für das Kosovo: den des US-Botschafters Christopher Hill. Dieser Plan war weder ein Produkt neutraler Konfliktvermittlung, noch enthielt er konstruktive Ansätze. Er war für beide Seiten so wenig attraktiv, daß er nur unter Androhung von Luftangriffen und als »fait accompli« aufgezwungen werden konnte.

Jede wirklich friedensstiftende Maßnahme hätte die grundlegenden Probleme im Kosovo berücksichtigen müssen: die tiefe Armut, die hoffnungslose Wirtschaftslage, die verbreitete Korruption, der Verlust des menschlichen Vertrauens, die manifeste menschliche Entfremdung, das desaströse Schul- und Gesundheitssystem, die schlechte Infrastruktur, die unzufriedenstellende Medienlandschaft – die miserable Politik insgesamt. Wäre all dies bedacht worden, hätte sich die internationale Gemeinschaft tatsächlich auf die Seite der im Kosovo lebenden Bürger stellen können. Man hätte ihnen eine bessere Zukunft aufzeichnen, den politischen Führern der Serben und Albaner eine neue Perspektive eröffnen und alternative politische Kräfte stärken können. Natürlich hätten die Wirtschaftssanktionen gegen Jugoslawien aufgehoben werden müssen, da deren Auswirkungen nur den autoritären Hardlinern auf beiden Seiten nutzen. Nur mit einer solchen Politik hätte man der seit 1989 zusehends zum Tragen kommenden Verzweiflung, dem wachsenden ethnischen Haß und dem Extremismus als Folgen des Teufelskreises aus sozialer Misere und zerstörten Lebensbedingungen begegnen können.

Die internationale Gemeinschaft hat jedoch alle Ansätze für echte Dialoge und Verhandlungen ignoriert. Man versäumte es, die gewaltfreie Linie von Ibrahim Rugova, dem Vorsitzenden der »Demokratischen Liga Kosovo«, sowie die Veränderungen in Belgrad unter Ministerpräsident Milan Panic und Präsident Dobrica Cosic zu unterstützen. Man tat nichts, um Dissidenten zu helfen oder den zahlreichen Menschen, die in Belgrad für Demokratisierung, Entwicklung und eine friedliebende Zivilgesellschaft auf die Straßen gingen.

Die Regierungen der internationalen Gemeinschaft, von denen die meisten eine sogenannte »moralische Außenpolitik« betreiben und dabei grünen und gewaltfreien Werten das Wort reden, taten nichts, bis der Konflikt eskalierte. Danach hofierten sie die politischen Hardliner auf allen Seiten: die serbische Polizei, die Paramilitärs und die Militäreinheiten ebenso wie die Kosovo-Befreiungsarmee UÇK. So trug man zur weiteren Eskalation bei. Es zeigte sich, daß keinerlei Lehren aus dem Dayton-Prozeß gezogen wurden.

Die NATO präsentiert sich heute als Weltfriedensstifter und drängt die Vereinten Nationen an den Rand. Dies geschieht, obwohl bisher einzig die UN Erfahrungen in Peace-Keeping, Peace-Making und Peace-Building gesammelt hat. Durch die Stationierung von NATO-Truppen in Mazedonien und vielleicht schon bald im Kosovo dehnt die Allianz nicht nur ihre Einflußsphäre aus. Mit dem gewachsenen Einfluß der USA und der NATO in der Türkei, in Griechenland, Georgien, Kroatien, Bosnien, Albanien, Ungarn, Mazedonien und Serbien erscheint das Ziel eines Brückenschlags zwischen West-NATO und Ost-NATO näher denn je. Das gilt auch für die avisierte rigide Kontrolle über das »Schreckensdreieck« Balkan / Mittlerer Osten / Kaukasus und, damit verbunden, die endgültige Eindämmung Rußlands. Nicht zuletzt die Absicherung des Zugangs zu den Ölquellen der Region um das Kaspische Meer sind hierbei von Bedeutung.

Das Kosovo ist in diesem Spiel nicht mehr als eine einfache Schachfigur. Eine Kontrolle des Kosovo und Serbiens ist für die NATO viel wichtiger als ein Frieden in der Region. Hieraus erklärt sich auch die enorme Größe der geplanten NATO-Kontingente zur »Befriedung« des Kosovo. Das Schlamassel im Kosovo wird von der internationalen Gemeinschaft überdies dazu genutzt, internationales Recht mit unaufrichtigen Hinweisen auf vermeintlich hohe menschliche Werte und Normen aufzuheben.

Was passierte tatsächlich in Rambouillet? Rambouillet war ein phantastischer Cover-up für den enormen Mangel an Konfliktanalyse sowie für die ebenso ausgeprägte Taub- und Blindheit gegenüber frühen Warnungen und Forderungen nach präventiver Diplomatie. Aber Rambouillet hat eine noch größere Bedeutung: Die internationale Gemeinschaft will uns glauben machen, ihre wahrhaftige Mission sei dem Frieden gewidmet gewesen, und sie selbst sei die einzige zivilisierende Kraft für eine Region, deren primitive Völker alte, überlieferte Konflikte ausfechten. Tatsächlich jedoch ist Rambouillet nichts anderes als ein Stück klassischer Kanonenboot-Diplomatie – Interventionspolitik mit anderen Mitteln.

Der Vertragstext von Rambouillet wurde von seinen früheren Versionen bis hin zur Fassung vom 23. Februar 1999 bemerkenswerten Veränderungen unterzogen. Die Vermutung liegt nahe: das Dokument wurde so weitgehend den Vorstellungen der albanischen Delegierten angepaßt, daß es für die jugoslawische Seite – die zu einem früheren Zeitpunkt bereit war, die politischen Teile des Abkommens zu akzeptieren – in politischer wie militärischer Sicht inakzeptabel wurde. Warum wurde das Dokument in dieser Weise verändert? Weil für die internationale Gemeinschaft eine mögliche Zustimmung Jugoslawiens bei gleichzeitiger Ablehnung der Albaner die schlimmste aller Varianten war. Mit seinen Mitarbeitern formulierte US-Botschafter Hill die Rahmenbedingungen für die Zukunft des Kosovo mit seinen rund 1,5 Millionen Einwohnern und die Zukunft Jugoslawiens mit seinen etwa 10 Millionen Einwohnern. Wie die Menschen ihre eigene Zukunft gestalten wollten, fragte niemand. Zwischen 15 und 20 Prozent der Einwohner des Kosovo sind keine Albaner. Den Serben im Kosovo wurde aber keine Gelegenheit gegeben, ihre Vorstellungen zu äußern. Zynisch gesprochen war dies auch unbedeutend, weil ohnehin niemand, zumindest keiner der »Konfliktmanager«, davon ausging, daß die Serben bereit wären, in einem albanisch regierten Kosovo zu bleiben. Die Serben haben die Gebiete, in denen die UÇK das Sagen hat, längst verlassen.

Es entpuppte sich ebenfalls als fatale Fehleinschätzung, zu glauben, daß die Verhandlungen in Rambouillet Vertrauen aufbauen könnten. Vertrauensbildung muß einsetzen, bevor man sich am Verhandlungstisch trifft. Der in Rambouillet eingeschlagene Weg, Verhandlungen in einem Klima von Mißtrauen und Feindseligkeit durchzuführen, mußte scheitern. Die Kontaktgruppe stellte den Parteien Ultimaten und damit das Prestige der NATO zur Disposition, nach dem Motto:

»Kommt nach Rambouillet, unterzeichnet unser Dokument, oder seht euch unseren Luftangriffen ausgesetzt!«

Natürlich war bekannt, daß die UÇK genau dies im Stillen aus taktischen Gründen erhoffte. Sie selbst verfügt über keine großen Waffendepots, keine Start- und Landebahnen, keine Munitionsfabriken und Luftabwehrsysteme, die als Angriffsziele der NATO in Betracht kommen könnten. Die militärische Drohung betraf somit lediglich die serbische Seite, was diese nicht gerade ermutigte, auch nur irgend etwas zu unterzeichnen. Die Vereinbarung von Rambouillet sah vor, daß NATO-Bodentruppen mit einer Stärke von etwa 28.000 Mann in der souveränen und international anerkannten Bundesrepublik Jugoslawien stationiert werden sollten.

Die Botschaft von Kontaktgruppe und NATO an Belgrad war also unmißverständlich: »Wenn ihr nicht unterzeichnet, bekommt ihr Luftangriffe und NATO-Bodentruppen! Wenn ihr unterzeichnet, bekommt ihr trotzdem NATO-Bodentruppen!« Niemand würde ernsthaft erwarten, daß eine solch autoritäre Umgangsweise zu mehr Vertrauen, Kooperations- und Kompromißbereitschaft führt. Es ist nicht das erste Mal, daß die internationale Staatengemeinschaft eine Partei unter Gewaltandrohung zwingt, ein Abkommen zu unterzeichnen, um sich anschließend scheinheilig über die »fehlende Kompromißbereitschaft« zu beschweren.

Im Vertragstext wird der souveräne und anerkannte Staat Jugoslawien in vielerlei Hinsicht auf gleicher Ebene behandelt wie die von den Albanern selbsternannte, international nicht anerkannte Republik Kosovo. Gleichzeitig richten sich aber 70 bis 80 Prozent aller Forderungen an die Autoritäten in Belgrad, da nur dort die für deren Umsetzung notwendigen Institutionen sowie rechtlichen und zivilen Mittel zur Verfügung stehen. Wenn also in dem Vertragstext von »den Parteien« die Rede ist, ist in den meisten Fällen nur die Bundesrepublik Jugoslawien gemeint.

Im Rambouillet-Vertrag ist wiederholt von der staatlichen Souveränität und Integrität Jugoslawiens die Rede, während diese Prinzipen gleichzeitig in zweierlei Hinsicht untergraben werden. Zum einen werden extrem unausgewogene Einflußbefugnisse und Maßnahmen zugunsten einer zukünftigen Regierung des Kosovo festgehalten. Zum anderen ist, in Anlehnung an den Dayton-Vertrag und der Einrichtung des »Büros des Hohen Repräsentanten« (Office of High Representative, OHR) für Bosnien-Herzegowina, für das Kosovo die Position des »Zivilen Leiters der Implementations-Mission« (Civil Chief of Implementation Mission, CIM) vorgesehen, dem de facto die Herrschaft über die Region erteilt wird.

Die NATO wird darüber hinaus zur höchsten militärischen Autorität im gesamten Jugoslawien ernannt. Die Befugnis des jugoslawischen Staates, die eigenen Grenzen zu bewachen, wird weitreichend ausgehöhlt, und über die Entwaffnung der UÇK gibt es keine konkreten Aussagen. Das Vertragswerk erwähnt nicht mit einem Wort die von Albanien aus gesteuerte UÇK. Statt dessen wird auf den betreffenden Seiten von den »anderen Kräften« (other forces) gesprochen. Daraus ergibt sich die zentrale Frage, wie man eine Organisation, die in einem Vertrag nicht einmal namentlich erwähnt wird, jetzt und später in irgendeiner Art und Weise für ihr Handeln zur Rechenschaft ziehen will.

Als Ausblick wird im Vertrag von Rambouillet formuliert, in drei Jahren ein internationales Treffen einzuberufen, um u.a. »einen Mechanismus für eine endgültige Lösung für das Kosovo, auf Grundlage des Willens der Bevölkerung und der Positionen der betreffenden Autoritäten, festzulegen«. Wer dieses Treffen einberufen und leiten soll, bleibt unklar, ebenso wie die Frage, ob die Kontaktgruppe für den Balkan in ihrer jetzigen Form überhaupt noch existiert. Der Begriff Referendum wird tunlichst vermieden. Es dürfte klar sein, daß bei einem albanischen Bevölkerungsanteil im Kosovo von 85 Prozent die Mehrheit für ein unabhängiges Kosovo plädieren würde. Die mögliche Vereinigung des Kosovo mit Albanien wird nicht erwähnt und somit auch nicht ausgeschlossen. Was mit den Zigtausend Serben aus dem Kosovo geschehen soll, findet keinerlei Erwähnung.

Keine Regierung im Westen – am wenigsten die der Kontaktgruppe – würde jemals auch nur daran denken, einem solchen Vertragswerk seine Zustimmung zu geben. Doch die Hintergründe der Rambouillet-Verhandlungen wurden bewußt verschwiegen, und Politik und Medien ereiferten sich, der jugoslawischen Seite das Scheitern in die Schuhe zu schieben. So wurden in letzter Instanz die NATO-Bombardements legitimiert. Der Rambouillet-Vertrag blieb auch Kern der G8-Erklärung vom 7. Mai 1999. Lediglich kleine »Nachbesserungen«, die primär der Gesichtswahrung der Westmächte dienen sollten, wurden ergänzt.

Fehlendes Gesamtkonzept

Der Rambouillet-Vertrag beinhaltet auch in anderer Hinsicht gravierende Unzulänglichkeiten. Es geht in diesem Dokument auch um die zu schaffenden Regierungsstrukturen, die Verwaltung, die Gerichtsbarkeit, die regionalen Parlamente wie auch die Straßenverkehrsordnung. Einige Vorschläge scheinen fundiert. Jedoch wurden zentrale Bereiche, die ebenso zu regeln wären, völlig ausgespart: Über den wirtschaftlichen Wiederaufbau, die Bekämpfung der Massenarbeitslosigkeit, über notwendige Investitionen, den Aufbau von (besseren) Schulen, Krankenhäusern, Theatern oder die Entwicklung einer neuen Medienlandschaft stand nichts in dem Papier. Örtliche NROs, die Entstehung einer Zivilgesellschaft, das Lindern des soziopsychologischen Leids wurden ebensowenig erwähnt wie die Notwendigkeit gesellschaftlicher Versöhnung, die Einrichtung einer Wahrheitskommission oder die Friedens- und Konfliktlösungserziehung der Jugend. Die örtliche Kultur spiegelt sich nirgendwo in dem Dokument wider. Die Rolle der Frauen als Friedensstifter wurde vergessen. Und auch das spezifische Problem des besonders hohen Anteils von Kindern und Jugendlichen unter 20 Jahren an der Bevölkerung wurde nicht mit einer Silbe erwähnt. Zu Friedenszonen, alternativer Verteidigung und neuen Kooperationsstrukturen auf dem Balkan findet man nichts in dem Vertrag. Es gibt keinerlei Gesamtkonzept und kein Bewußtsein über die Bedeutung der konkreten örtlichen Verhältnisse.

Die serbische Delegation in Rambouillet bestand aus einigen Juristen und Belgrader Parteivertretern sowie gänzlich unbekannten Vertretern zahlreicher kleiner Minderheiten aus der Region. Vertreter der Kosovo-Serben wie Momcilo Trajkovic, Vater Sava, Bischof Artemije und Experten wie Professor Dusan Batakovic, die kreative Vorschläge für eine friedliche Koexistenz im Kosovo unterbreiten wollten, standen in Rambouillet vor verschlossenen Türen. Belgrad lud sie nicht in die Delegation ein.

Die albanische Delegation wurde angeführt von der UÇK, die in einer zukünftigen, unabhängigen und neutralen Republik Kosovo ohne Armee und mit offenen Grenzen über keinerlei Rechtsstatus verfügt. Der Aufbau und die Aktionen der UÇK wurden nie durch das Parlament der Kosovo-Albaner oder den gewählten Präsidenten der sich für unabhängig erklärten Republik Kosovo, Ibrahim Rugova, gebilligt. Nach serbischen Angaben befanden sich unter den Delegierten der UÇK mehrere angeklagte Mörder, die nicht einmal offizielle Papiere für die Reise nach Frankreich besaßen. Zwei Intellektuelle in der albanischen Delegation vertraten niemanden, sondern waren eigens auf Einladung des US-Botschafters Hill und des britischen Außenministers Cook zugegen – ähnliche Einladungen an serbische Vertreter wurden nicht ausgesprochen.

Die westlichen »Vermittler« hatten keine professionelle Ausbildung für ihre Tätigkeit. Es gibt keine Anzeichen dafür, daß einer von ihnen jemals einen Kurs in Konfliktanalyse, kreativer Konfliktlösung und Aussöhnung besucht hatte. Da selbst orthodoxe Priester nicht an den Verhandlungen teilnehmen durften, stellt sich die Frage, ob überhaupt irgendwelche Experten, Anthropologen oder Balkankenner in Rambouillet anwesend waren.

Wer konnte tatsächlich daran glauben, daß derartige Verhandlungen binnen zwei Wochen abgeschlossen werden könnten? Nur jemand, der nichts aus den Dayton-Verhandlungen in Ohio und der Implementierung des erzwungenen Dayton-Vertrages in Bosnien-Herzegowina gelernt hat; jemand, der zudem unfähig ist, die komplizierte Lage im Kosovo zu überblicken, der das Ausmaß der Probleme und des jahrzehntelangen Leids der Menschen ignoriert und überdies ein ganz anderes Ziel verfolgt – beispielsweise den Einsatz von NATO-Bodentruppen zum 50. Geburtstag der Allianz.

Die grundlegenden Bestimmungen und Inhalte des Vertragswerkes standen nicht zur Debatte. Ein offizieller Vertreter des US-State-Departments teilte vor Ankunft der Delegationen mit, nur etwa 20 Prozent zumeist nebensächlicher Fragen könnten diskutiert werden.

Gesetz des Dschungels

Die Frage ist nicht, ob schreckliche Kriege und Völkermord verhindert werden sollen. Die Frage ist vielmehr, *wie* das geschehen kann und ob die Agenda der »Konfliktmanager« tatsächlich »sauber« und neutral ist oder ob vielmehr Konflikte und menschliche Tragödien für zynische Machtspiele genutzt werden und somit der Grundstein für weitere Kriege gelegt wird. Konflikten kann auf vielerlei Art begegnet werden. Die Methoden von Dayton und Rambouillet sind sicherlich nicht die einzigen und wahrlich nicht die richtigen.

Nach dem Ende des Kalten Krieges fehlt es der internationalen Gemeinschaft an Kriterien (und an einer Diskussion darüber), wie gutes Konfliktmanagement von schlechtem zu unterscheiden ist. Die meisten Menschen machen ausschließlich die Kriegsparteien dafür verantwortlich, wenn der Friede keine Chance hat. Wir müssen aber auch fragen: Hat die internationale Gemeinschaft zum Ausbruch der Kriege beigetragen? Wer kommt als Vermittler ohne zweifelhafte Motive und eigene Interessen in Frage? Sind die durchgesetzten Friedenspläne sinnvoll? Was können wir aus früheren Friedensprozessen lernen? Könnte es nachvollziehbare Gründe dafür geben, daß die Serben den Rambouillet-Vertrag am Ende ablehnten und die Albaner ihm zustimmten?

Einige Fakten müssen betont werden: Wenn überhaupt von »ethnischen Säuberungen« gesprochen werden kann, so wurden diese in den letzten 20 Jahren von Albanern und Serben durchgeführt, ohne jegliche internationale Intervention. Von einem Völkermord im Kosovo kann nicht die Rede sein. Die Bundesrepublik Jugoslawien ist ein souveräner und von der internationalen Staatengemeinschaft anerkannter Staat, und das Kosovo ist sein integraler Bestandteil. Jugoslawien hat keinen seiner Nachbarstaaten angegriffen. Eher mußte es sich durch seine Nachbarstaaten Albanien (als Basis der UÇK) und Mazedonien (als NATO-Basis) bedroht fühlen.

Unabhängig davon, was von Präsident Milošević oder von anderen jugoslawischen Führern zu halten ist: es gibt eine Fülle von Fragen und Fakten, die von Interventionisten aller politischen Lager ignoriert werden. Für die modernen »Konfliktmanager« sind Kriege kein Desaster, sondern vielmehr die Chance, unter Verletzung universeller Normen und der UN-Charta eigene Machtpositionen auszubauen. Die besten Verbündeten finden sie in lokalen Extremisten und »Warlords«, deren Agieren wiederum die Legitimation für den neuen »Friedensimperialismus« liefert. Für die Weltordnung und die menschliche Sicherheit im kommenden Jahrtausend läßt dieses sich ausbreitende »Gesetz des Dschungels« in den internationalen Beziehungen wenig Gutes erwarten.

Übersetzt aus dem Englischen von
Matthias Heitmann

Orientalische Fragen
Deutschlands Rolle im Kosovo-Krieg

Wolfgang Michal

Muß die Geschichte des Kosovo-Krieges neu geschrieben werden? Sind plötzlich Erkenntnisse aufgetaucht, die eine klare Sicht auf die Verhältnisse ermöglichen? Die von der *Zeit* am 12. Mai 1999 enthüllten »vertraulichen Unterlagen des Auswärtigen Amtes« wollen dies nahelegen. Nein, es sind keine roten Kladden mit kryptischen Großbuchstaben. Es handelt sich um Arbeitsnotizen und Aktenvermerke, die ein Redakteur der *Zeit* »einsehen« durfte. Und so erschien das renommierte Blatt am Vorabend des »historischen« Kriegs-Parteitags der Grünen mit einer dramatisierenden roten Banderole auf der Titelseite: »Kosovo: Die geheimen Akten ... Wie Deutschland in den Krieg geriet«.[1]

Ein Presse-Scoop? Ein Bravourstück? Investigativer Journalismus? Pustekuchen. Eine Gefälligkeit. Gunter Hofmann, Bonner Korrespondent der *Zeit*, hatte sich vom Auswärtigen Amt (AA) munitionieren lassen. Ohne Distanz zur Quelle, meist im Brustton der Überzeugung, erzählt Hofmann »die geheime Geschichte« des deutschen Kriegseintritts – so, wie sie ein grüner Außenminister grünen Parteitagsdelegierten vermitteln möchte. Niemand in der *Zeit* scheint Gunter Hofmann vor diesem »Scoop« gewarnt zu haben. Kein Historiker im Blatt, der an die Geschichte der psychologischen Kriegsführung erinnerte, kein Außenpolitiker, der an das Einspannen von Intellektuellen für Regierungsziele gemahnte.[2]

Überschrieben ist das *Zeit*-Dossier mit der Schlagzeile: »Wie Deutschland in den Krieg geriet«. Soll heißen: Wie Deutschland hineinschlitterte. Wie es (von anderen) hineingezogen wurde. Von Amerikanern, Franzosen, Briten! »Nur 15 Minuten«, berichtet der grüne Außenminister dem Redakteur, hatte die rotgrüne Regierung Zeit, sich für oder gegen die Bombardements zu entscheiden – und die *Zeit* lacht nicht. Auf verwerfliche Art, klagen die »geheimen Kosovo-Akten«, seien (die Rapallo-Mächte) Deutschland und Rußland aus dem Rambouillet-Prozeß hinausgedrängt worden. Und die *Zeit* lacht nicht. Wie ein roter Faden ziehen sich Selbstmitleid, Vorwurf und Isolationsgefühl durch Fischers »Geheimakten« (ein uraltes

AA-Gefühl). Und die *Zeit* lacht nicht. Brav druckt sie, was ihr vom Auswärtigen Amt angedient worden ist; ironielos erhebt sie das Stammtischgeschwätz Bonner »Experten« in den Rang welthistorischer Mitteilungen: »Daß Milošević kein Engel ist (und schon gar nicht auf dem Amselfeld sein kann), wissen aber auch die Russen.« Hut ab vor so viel Expertenwissen in Vermerken des Auswärtigen Amtes!

Nachgebetet – statt hinterfragt – werden auch alle Rechtfertigungsarien: »26. Juni 1998: Der Flüchtlingsstrom im Kosovo wächst.« Hat nicht das gleiche Amt am 6. Mai, am 8. Juni, am 13. Juli 1998 das Gegenteil behauptet? Daß es »eine Gruppenverfolgung ethnischer Albaner« im Kosovo nicht gibt? Daß nicht einmal »eine regionale Gruppenverfolgung« existiert? Erst im September 1998 kommt es im Zuge des eskalierenden Bürgerkriegs zwischen UÇK und jugoslawischer Miliz zu massiven Vertreibungen der Zivilbevölkerung. Aber noch am 12. Januar 1999 stellt das Auswärtige Amt in seinen Lageberichten fest: »Eine explizit an die albanische Volkszugehörigkeit anknüpfende politische Verfolgung ist auch im Kosovo nicht festzustellen. Der Osten des Kosovo ist von den bewaffneten Konflikten bislang nicht erfaßt, das öffentliche Leben in Städten wie Prìština, Urosevac, Gnjilan usw. verlief im gesamten Konfliktzeitraum in relativ normalen Bahnen«. Das »Vorgehen der Sicherheitskräfte (war) nicht gegen Kosovo-Albaner als ethnisch definierte Gruppe gerichtet, sondern gegen den militärischen Gegner und dessen tatsächliche oder vermutete Unterstützer.«[3]

Womit begründet sich also das öffentliche Bonner Drängen? In den »geheimen Akten«, die der *Zeit* vorliegen, jammern die Außenamtsvertreter mehrmals über die undurchsichtige »terroristische« UÇK, »erschrecken« gar über deren gezielte Aufwertung durch die USA. Doch die *Zeit* unterläßt es, die scheinheiligen Notizen zu hinterfragen und am konkreten Bonner Handeln zu messen. War der *Zeit* die Geschichte der UÇK-Päppelung etwa gänzlich unbekannt?[4] Unterstützte die Bonner Regierung in Rambouillet wissentlich »Terroristen«? Nicht einmal die eitle, in sich widersprüchliche Selbstinszenierung des Amts läßt den *Zeit*-Redakteur aufhorchen. Die Konferenz von Rambouillet – von Fischer im Alleingang erkämpft! Warum durfte der Minister dann nicht mit am Verhandlungstisch sitzen? »Alle Erfahrungen«, so die *Zeit*-Eloge weiter, habe unser Joschka aufbieten müssen, »um der Entente cordiale zwischen Paris und London (sowie Washington) eine Konzession abzuringen. Dreimal interveniert er, bevor erreicht ist, daß für die Europäische Union nur einer verhandelt: Wolfgang Petritsch eben, einer für alle.« Warum die Vertreter der West-

mächte dann ohne Petritsch (und ohne die Deutschen) mit
Milošević verhandeln, geht in der Eloge fast unter. Es ist eben
nicht leicht, eine blamable Vorstellung in ein Heldenepos zu
verwandeln. Hofmanns Bilanz: »Die Deutschen können sich
zugute halten, daß keiner die Kosovo-Frage so früh so ernst
genommen hat wie sie. Es überzeugt, wenn in Bonn gesagt
wird: We walked the extra mile. Oder anders: Nichts haben wir
unversucht gelassen.«

So viel zum *Zeit*-Märchen vom guten Joschka. Selbstlos und
tapfer hat das Schneiderlein für den Frieden gefochten! Daß
die Westmächte nicht mitzogen, dafür kann er nichts. Er hat
getan, was in seiner Kraft stand. So sollten es die Delegierten
des Grünen Parteitags am 13. Mai zu lesen bekommen.

Man kann »Deutschlands Weg in den Krieg« aber auch ganz
anders lesen. Im Mai-Heft der Zeitschrift *konkret* »enthüllte«
Jürgen Elsässer unter der Überschrift »Die Falle von Rambouillet« die »geheimen« Triebkräfte der deutschen Außenpolitik. Elsässers Untertitel: »Wie Deutschland die USA in den
Kosovo-Krieg gezogen hat.«[5] Hatten wir nicht eben gelernt, daß
es genau umgekehrt war? Der *konkret*-Journalist führt an, daß
es schon immer zur deutschen Politik gehörte, die ost- und
südosteuropäischen Separationsbewegungen großzuziehen, um
– durch Zerschlagung widerspenstiger Staaten – freie Bahn für
Deutschlands hegemoniale Interessen zu bekommen. Elsässer
behauptet, Deutschland habe die UÇK von Anfang an unterstützt, während »die auf Ausgleich bedachte Realpolitik der
USA« die Deutschen bremste, wo sie nur konnte. Elsässers
Kronzeuge ist Richard Holbrooke (jener Holbrooke, der vom
Auswärtigen Amt im *Zeit*-Dossier als egoistischer Empor-
kömmling dargestellt wird).

Holbrooke, so Elsässer, habe die deutsche Gefahr gerade
noch rechtzeitig erkannt und im Oktober 1998 einen Waffenstillstand mit Milošević erreicht. Die nachfolgenden Monate
habe der Amerikaner genutzt, die UÇK zu destabilisieren,
indem er sie durch direkte Kontakte im Sinne der USA beein-
flußte.[6] Alles sei prima gelaufen, bis am 15. Januar 1999 das
»Massaker von Račak« die Lage grundlegend verändert habe.
Nun wollte die USA plötzlich bombardieren, während Fischer
auf politische Lösungen im Rahmen einer Balkankonferenz
drängte. Genau hier verheddert sich Elsässer in seiner These.
Er behauptet: »Nicht das State Department, sondern das Auswärtige Amt vertrat nach dem Massaker von Račak die ag-
gressivere Strategie.« Wie kann das möglich sein, wenn die
(umstrittene) Račak-Expertise des amerikanischen OSZE-
Beobachters William Walker zum Kosovo-Krieg führte?

Kurios erscheint Elsässers Behauptung, Fischer habe bewirkt, »daß Albright und Cohen zurückstecken mußten – ein in den atlantischen Gremien außergewöhnlicher Vorgang.« In der Tat! Aber Elsässer setzt noch eins drauf. Fischers Beamte hätten den von Anfang an unannehmbaren Vertragstext von Rambouillet diktiert, und die NATO damit, gegen deren Willen, in den »langdauernden und verheerenden Krieg« bugsiert. Deutschland, die einzige Supermacht?

Hier also Deutschland als Kriegstreiber, in der *Zeit* Deutschland als Opferlamm. Zwei Darstellungen, wie sie gegensätzlicher nicht sein können. Aber vielleicht erfassen Hofmann und Elsässer ja beide einen Zipfel der Wahrheit? Vielleicht hat der Kosovo-Krieg tatsächlich zwei Gesichter. Vieles spricht jedenfalls dafür, daß er nicht nur ein europäischer Einigungskrieg unter deutscher Führung, sondern gleichzeitig auch transatlantischer Konkurrenzkampf zwischen USA und EU ist. Oder ist es ein Zufall, daß die Bundesregierung – mitten im Krieg! – ihren Anspruch anmeldet, den ersten Mr. GASP, den ersten »Hohen Beauftragten für die Gemeinsame Außen- und Sicherheitspolitik« der Europäischen Union zu stellen? Und ist es nur Friedens- oder schon Machtwillen, wenn bombardierungs-kritische Medien ein deutsches Verlangen besonders herausstreichen: daß Europa endlich mit einer Stimme sprechen möge, und sei es die von Günter Verheugen. Der Krieg ist längst zur Schubkraft für Europa geworden. Im Krieg können Schröder, Fischer und Scharping demonstrieren, daß sie in der Lage sind, Europa zu führen. Hätten wir vor zehn Jahren geglaubt, daß der erste Außenminister Europas eine Kriegsfrucht sein würde? Ein Kriegsfrüchtchen?

1993 hat der britische Historiker Robert Bartlett in seiner Studie »Die Geburt Europas aus dem Geist der Gewalt« (Originaltitel: »The Making of Europe«)[7] beschrieben, wie die Einigung Europas an dessen Peripherie zu immer neuen Umbrüchen, zu Flucht, Vertreibung und Dauerkrieg führte. Die damalige Expansion, die Etablierung der lateinischen Christenheit zwischen 950 und 1350, zeitigte ähnliche Folgen wie die Expansion des weströmischen Europas nach 1991. Auch heute herrscht Kreuzzugsmentalität. Nur: Statt des Kreuzes trägt die internationale Streitmacht den Button »I like Menschenrechte«.

Die EU möchte ihr Erfolgsmodell auf all jene Gebiete ausdehnen, die von Rußland nicht mehr gehalten werden können. Der gewaltige innereuropäische Homogenisierungsprozeß – dargestellt im Amsterdamer Vertrag, im Schengener Abkommen, in der Einführung des Euro, im zu verabschiedenden

Abkommen über Investitionen – führt dabei an den Rändern Europas zu Polarisierung und Konflikt. Bildlich gesprochen drückt die EU ihre inneren Widersprüche an den Rand, schiebt die EU ihre Vereinheitlichungsprobleme als Bugwelle vor sich her. Nach der überraschend »friedlichen« Umerziehung Osteuropas ist der Balkan nur das erste Ziel, das mit militärischer Gewalt eingeebnet werden muß. Kroatien und Bosnien sind befriedet, es folgen Jugoslawien, Mazedonien und Albanien, dann Rumänien, Moldawien, die Ukraine und der Transkaukasus.

Eines Tages aber wird es um Ländereien gehen, die Zbigniew Brzezinski, der ehemalige Sicherheitsberater Präsident Carters, den »eurasischen Balkan« nennt; dessen Gebiet er ohne Umschweife als Interessensphäre Amerikas definiert: den islamischen »Krisenbogen« von Bosnien bis China.[8] In dieser Ecke der Welt stoßen EU, Rußland und USA aufeinander. Das Pentagon hat inzwischen begriffen, um was es geht, und sich im Kosovo-Krieg an die Spitze der Bewegung gestellt. Es nimmt den Europäern, sprich: den Sturm-und-Drang-Deutschen, das Heft aus der Hand. Amerika möchte Europa, sein bequemes »Sprungbrett nach Eurasien«, nicht in die Eigenständigkeit entlassen. »Der amerikanische Einfluß soll vergrößert werden, ohne ein politisch so integriertes Europa zuzulassen, daß es Amerika in geopolitisch wichtigen Fragen konkurrenzieren könnte, etwa in Nahost.«[9] Das garantiert die NATO. Und deshalb hängt sie der deutsch dominierten EU im Kosovokrieg ein paar ultraschwere Gewichte ans Bein. In Form von Kosten. Um die überraschend schnelle Entwicklung der EU zur politischen Union zu bremsen.

Der Militäreinsatz im Kosovo, die humanitäre Hilfe, die Kompensationszahlungen an Drittländer, die Stationierungskosten für die NATO-Truppen, die Unterstützung hunderttausender Asylbewerber, die Wiederaufbauhilfe und die Beseitigung der Umweltschäden werden die Euro-Haushalte in den nächsten Jahrzehnten mit zwei- bis dreistelligen Milliardenbeträgen belasten. Schon heute schätzt EU-Kommissar Yves Tilbaut die Wiederaufbaukosten auf 60 Milliarden Mark.[10] Wie teuer der Kosovokrieg die EU vermutlich kommt, kann jeder börsentäglich am Verhältnis von Dow Jones und Euro-Stoxx, von Dollar und Euro ablesen. Lagen die Wall-Street-Kurse und der Euro-Stoxx vor einem halben Jahr noch bei einem Verhältnis von 100:75, so liegen sie heute bei 100:50, bekam man zu Beginn des Jahres für einen Euro 1,18 Dollar, so erlöste man Mitte Mai nur noch 1,06 Dollar. Nimmt Amerika im Kosovo grausame Rache für den Euro?

Es könnte freilich noch einen zweiten Grund geben, warum

die britisch-amerikanisch dominierte NATO im Kosovo so überzogen reagiert. Seit seiner Gründung ist es die vornehmste Aufgabe des Bündnisses, »Rußland draußen und Deutschland unten« zu halten. Deutschland und Rußland, die ewig unberechenbaren, moralisierenden Outlaws, sollen eingedämmt und voneinander ferngehalten werden. Um Annäherungen der beiden Rapallo-Mächte zu verhindern, wird heftig moralisch (Auschwitz!) und militärisch gebombt, wird jede deutsch-russische Verständigung schon im Ansatz zunichte gemacht, wird der direkte Verhandlungsweg mit Milošević (unter Umgehung Deutschlands und Rußlands) gesucht. Während das Auswärtige Amt dieses Spiel »intuitiv« begreift, murmeln die rotgrünen Regierungsmitglieder weiter ihre Mantras von Auschwitz und Genozid. Sicher ist, daß an deutschen Stammtischen schon bald wieder festgestellt werden wird, daß die Deutschen – wie immer – die Zahlmeister sind. Daß die Deutschen auf perfide Weise isoliert werden – von Amerikanern, Briten und Franzosen. Da gibt es nur eine Lösung: Weltmacht oder Niedergang.

Feiert so, durch den von den USA, Großbritannien und Frankreich torpedierten Einigungskrieg, das Großmächtespiel des 19. Jahrhunderts fröhliche Urständ? Kehren Großbritannien und die USA zur alten Norm des »Teile und herrsche« zurück? Übt die französische Regierung wieder feine Zurückhaltung, um Deutschland und NATO gleichzeitig zu schwächen? Will die in Bedrängnis geratene russische Regierung gegenüber Deutschland und den USA bloß das beste herausholen (nämlich weitere Kredite)? Wird am Ende eine Balkankonferenz Gerhard Schröder zum »Schiedsrichter Europas« ausrufen (unter dem Gelächter der Westmächte)? Und wird dort – wie 1878 – die Lunte zum großen Krieg gelegt?

Ökonomisch gesehen könnte es egal sein, wer den »eurasischen Balkan« durchdringt: das europäische oder das amerikanische Kapital. Der militärische »Anhang B« im Rambouillet-Abkommen[11] und die geplanten euroatlantischen Freihandels- und Investitionsabkommen sind aus dem gleichen Geist der Gewalt.[12] Beide laufen auf eine Aushöhlung des Selbstbestimmungsrechts anpassungsunwilliger Nationen hinaus, auf eine Abschaffung der nationalen Parlamente bzw. der von diesen beschlossenen Schutzrechte. Weder Klaus Naumann (oder dessen Nachfolger) noch Wesley Clark wollen sich in Zukunft von irgendwelchen Balkan-Provinzfürsten vorschreiben lassen, wie sich ihre Truppen in Belgrad oder anderswo zu bewegen haben. Weder VW noch Ford wollen fragen müssen, durch was sie zerbombte Auto-Werke in Belgrad oder anderswo ersetzen werden, durch Fiestas oder Lupos. Der Freibrief für Militärs (erstmals getestet im Rambouillet-Vertrag, Annex B) ergänzt den Freibrief für transnationale Konzerne (erstmals getestet im Multilateralen Abkommen über Investitionen) ideal: Erst den Weg freibomben, dann die »Lizenz zum Plündern« nachreichen.[13]

Warum aber die ökonomische Durchdringung des Ostens nicht in transatlantischer Einigkeit vonstatten geht, sondern in zunehmend härter werdender euro-atlantischer Konkurrenz, das weiß am besten der völlig unverdächtige, weil national-sozial-liberale Soziologe Max Weber zu sagen. In einem einzigen Satz (bestehend aus 63 Wörtern!) hat er ausgedrückt, was die rotgrüne Regierung partout nicht wahrhaben will: »Nur völlige politische Verzogenheit und naiver Optimismus können verkennen, daß das unumgängliche handelspolitische Ausdehnungsstreben aller bürgerlich organisierten Kulturvölker, nach einer Zwischenperiode äußerlich friedlichen Konkurrierens, sich jetzt mit völliger Sicherheit dem Zeitpunkt wieder nähert, wo *nur die Macht* über das Maß des Anteils des Einzelnen an der ökonomischen Beherrschung der Erde und damit über den Erwerbsspielraum ihrer Bevölkerung, speziell auch ihrer Arbeiterschaft, entscheiden wird.« Geschrieben 1898, in der Hoch-Zeit der »Modernisierung« und »Globalisierung«.[14]

Sechzehn Jahre später begann der Erste Weltkrieg. Doch statt ihn nach seinem katastrophalen Ende zu analysieren, zerstritten sich die Experten und Publizisten fünfzig Jahre lang über die Frage, ob Deutschland nun in den Krieg hineingezogen wurde oder ob es als Kriegstreiber agierte. Schon immer haben die orientalischen Fragen die Deutschen um den Verstand gebracht.[15]

Anmerkungen

1. *Die Zeit*, 12. Mai 1999, S.17-21.

2. Siehe etwa: Fritz Fischer, »Griff nach der Weltmacht«, Königstein/Taunus 1979; oder: Wolfgang J.Mommsen, »Großmachtstellung und Weltpolitik. Die Außenpolitik des Deutschen Reiches«, Frankfurt am Main 1993.

3. Urteil des Bayerischen Verwaltungsgerichtshofs v. 29.10.1998 u. Auskunft des Auswärtigen Amtes v. 12.1.1999 an das Verwaltungsgericht Trier, beide nachzulesen im Internet unter http://www.refugees.net/kosovo/wiebitte.html

4. Siehe etwa: Die UÇK – eine militärische Karriere, in: *Le Monde Diplomatique*, Mai 1999, S.20/21.

5. *konkret*, Mai 1999, S.52-54.

6. Holbrooke traf sich mit UÇK-Vertretern zwischen November 1998 und Januar 1999 fünf Mal. Vgl.: *Le Monde Diplomatique*, a.a.O., S.21.

7. Robert Bartlett, »Die Geburt Europas aus dem Geist der Gewalt«, München 1998.

8. Zbigniew Brzezinski, »Die einzige Weltmacht. Amerikas Strategie der Vorherrschaft«, Frankfurt am Main 1999.

9. Zitiert nach: Oliver Fahrni, »Wir sind die Macht«, in: *Die Weltwoche*, 15.4.1999, S.5.

10. Alois Berger, »Kassen-Sturz«, in: *Die Woche*, 14.5.99, S.25.

11. Abgedruckt in: *Blätter für deutsche und internationale Politik*, Mai 1999, S.626-629.

12. Christian de Brie, »Das neue MAI ist gekommen«, in: *Le Monde Diplomatique*, 14.5.1999, S.1; sowie: Res Strehle, »Der letzte Monolith«, und: Herbert Schui, »Europa mit dem Rücken zur Wand«, beide in: *Die Weltwoche*, 6.5.1999, S.39-42.

13. Maria Mies, Claudia von Werlhof (Hrsg.), »Lizenz zum Plündern. Das Multilaterale Abkommen über Investitionen«, Hamburg 1998. Nach dem vorläufigen Scheitern des Abkommens wird der gleiche Sachverhalt nun im Rahmen der Welthandelsorganisation (WTO) verhandelt.

14. Max Weber, »Gesammelte Politische Schriften«, Tübingen 1988, S.30.

15. Wolfgang Michal, »Deutschland und der nächste Krieg«, Berlin 1995, S.79-87.

Nach dem Krieg ist vor dem Krieg
Ideologie und Realität der One World

Ernst Lohoff

Schon immer galt: das erste Opfer jedes Krieges ist die Wahrheit. Die NATO indes hat mit dem Konsovo-Konflikt ein neues historisches Kapitel aufgeschlagen und führt im Südosten Europas den ersten lupenreinen Entwirklichungskrieg der Geschichte. Die westliche Kriegspartei zerbombt Restjugoslawien nicht mit dem Ziel, diese Region dem westlichen Imperium einzuverleiben und noch viel weniger in Sorge um das Wohlergehen irgendwelcher albanischer Völkerschaften; sie exekutiert an diesem Land ihr Weltdeutungsmonopol.

In gewisser Weise bildet der Kreuzzug gegen das serbische Menschenrechts-Heidentum damit den logischen Kulminationspunkt der letzten Dekade. Indem die NATO das Reich eines imaginären neuen Hitlers ins Visier nimmt, verschafft sie dem Grundsatz Geltung, an dem sich die westliche Ideologie seit dem Zusammenbruch des Realsozialismus stets orientiert hat: Wenn der Süden und Osten in Elend und Chaos versinken, dann darf das dortige Geschehen nicht von unserer schönen neuen Globalisierungswelt sein. Der »Feindeinsatz« wird zum Mittel der Eskamotierung der Realität.

Die zugrundeliegende Weltsicht hebt sich deutlich von den Interpretationen ab, die in den 70er und 80er Jahren vorherrschend waren. In den Zeiten der Entspannung hatten Sozialwissenschaftler wie Politiker sich daran gewöhnt, gewisse strukturelle Ähnlichkeiten zwischen dem Realsozialismus und dem westlichen Kapitalismus einzuräumen und beide als konkurrierende Versionen von »Industriegesellschaft« zu verstehen. Als die schwächere, nämlich die östliche Abteilung der Weltarbeitsgesellschaft mit dem Übergang zur 3. industriellen Revolution dem Druck der verschärften Weltmarktkonkurrenz erlag und Konkurs anmelden mußte, war jede Ahnung von der inneren Verwandtschaft beider Systeme freilich wie weggeblasen. Angesichts der bedrohlichen Perspektive, daß nach dem Bankrott des Südens und der realsozialistischen Mitwettbewerber in den nächsten Jahrzehnten auch dem verwaisten Sieger das Stündlein schlagen könnte, flüchtete der Westen sich in einen billigen Triumphalismus. Während im Osten und

Süden sämtliche nationalen Modernisierungsprojekte, unabhängig von ihrem politischen Vorzeichen, Schiffbruch erlitten, redeten sich die Krieger der Marktwirtschaft ein, nur die sozialistische Verirrung sei zu Ende gegangen, und ihr Untergang künde von nichts anderem als der kraftstrotzenden Gesundheit des kapitalistischen Modells.

Mit dieser Illusion machten die eingebildeten Sieger sich daran, die Welt umzugestalten. Den Not leidenden Staaten in Ost und Süd wurde gepredigt, sie müßten nur brav ihren Kotau vor den westlichen Prinzipien machen und dem reinen Markt huldigen, um sich einen Weg aus der Stagnation und dem Elend des Sozialismus hin zu Wachstum und allgemeinem Wohlstand im globalen Kapitalismus zu eröffnen. Der IWF konnte dieser Botschaft mit seinen Kreditbedingungen zwar den nötigen Nachdruck verleihen, der gewünschte Erfolg blieb allerdings aus. Für all die Weltregionen, die überhaupt nur dank der staatssozialistischen Entwicklungsregimes mit ihrer partiellen Abschottung vom Weltmarkt wenigstens ansatzweise ins fordistische Zeitalter industrieller Massenarbeit hatten eintreten können, hält die schöne neue High-Tech-Welt verschärfter Konkurrenz einfach kein Plätzchen mehr bereit.

Die Marktreformen setzten denn auch keine Akkumulationsdynamik in Gang, sie beschleunigten vielmehr die Auszehrung der vorhandenen volkswirtschaftlichen Substanz. Länder wie Polen, Tschechien und Slowenien können sich dank Billiglohnoption einstweilen als verlängerte Werkbänke westlicher Betriebe über die Runden retten. In den übrigen Staaten in Ost und Süd bleibt selbst das ein Traum. Unter den Bedingungen von Globalisierung und mikroelektronischer Revolution bedeutet die Entfesselung totaler Konkurrenz für die breite Masse der Bevölkerung das Herausfallen aus der Geldwirtschaft überhaupt, während die Aktivitäten der neuen Schicht von »Businessmen« sich nur mit der Kategorie der Plünderungsökonomie fassen lassen. Zwischen Kamtschatka und Tirana findet die Marktwirtschaft am Ende des 20. Jahrhunderts ihre Avantgarden in der organisierten Kriminalität und in den mit der Mafia verschwisterten Überresten der alten Staatsapparate – und ihren adäquaten Inhalt im Ausschlachten der Modernisierungsruinen.

Vor diesem Hintergrund ist die Neubesetzung ethnischer Grenzen in den multinationalen Staaten Osteuropas, aber auch in Afrika und Asien, zu verstehen. Die Zerfallsnationalismen liefern nicht nur eine billige Pseudoerklärung für die allgemeine Misere. Der Ausschluß der eigenen Nachbarn aus der jeweiligen Gesellschaft und ihre Umdefinition zu Fremden erlauben es, die plünderungsökonomische Fortsetzung der

Marktkonkurrenz mit höheren Weihen auszustatten und sie in den Status eines politischen Programms zu erheben. Insbesondere für die Angehörigen der Repressionsapparate bankrotter Staaten ist der neue Spaltungsnationalismus überaus attraktiv; schließlich bietet er ihnen die Aussicht, gerade ihr spezielles Humankapital durch die Beraubung und Vertreibung ehemaliger Mitbürger zu verwerten. Eine verwildernde Armee, die längst nicht mehr aus Staatseinnahmen unterhalten werden kann, muß eben Beute machen und mit der organisierten Kriminalität fraternisieren – und was bietet dazu eine bessere Gelegenheit als ein nationaler Feldzug im Inneren.

Mindestens genauso vielversprechend ist die nationale Perspektive aber auch für eine ambitionierte lokale Mafia, die in den aus der alten Modernisierungsgemeinschaft exkommunizierten Bevölkerungsteilen verankert ist. Ihr bietet sich die einmalige Chance, als angebliche Befreiungsbewegung, ja als Staatsmacht im Wartestand aufzutreten. Welche ideale Voraussetzung für die Diversifizierung des kriminellen Geschäftsbetriebs.

Der westliche Blick auf Jugoslawien

In keiner anderen Region Europas ist der innere Zusammenhang von ökonomisch suizidalen Marktwirtschaftsreformen, Ethnisierung der Politik und dem Übergang zur Plünderungswirtschaft derart in Reinkultur zu studieren wie im ehemaligen Jugoslawien, während der Westen es traumtänzelnd vermeidet, die Realität seiner glorreichen One World von Demokratie und Marktwirtschaft zur Kenntnis zu nehmen. Hier läßt sich beobachten, wie er mit seiner Leugnungsstrategie seinen Beitrag zu dem Barbarisierungsprozeß leistet, dem er so demonstrativ verständnislos gegenübersteht.

Seit den 60er Jahren erfreute sich Jugoslawien von allen sozialistischen Staaten im Westen sicherlich mit Abstand der größten Beliebtheit. Schuld daran war nicht allein die politische Distanz zur Sowjetunion seit dem Bruch mit Stalin. Belgrad sammelte auch deshalb Pluspunkte, weil es unter dem Fähnchen des Selbstverwaltungssozialismus stets den Part des Vorreiters bei der sukzessiven Aufweichung zentralstaatlicher Planwirtschaft durch die Stärkung »marktwirtschaftlicher Elemente« gespielt hatte. Dieser Avantgarderolle gemäß war Jugoslawien auch das erste sozialistische Land, das – unterstützt durch IWF-Kredite – voll auf den Übergang zur Marktwirtschaft setzte und damit ein völliges Desaster erlebte. Bereits 1989 endete der Traum von der neoliberalen Umgestaltung Jugoslawiens unter dem Präsidenten Markovic mit zahllosen Betriebsschließungen, die das Bruttosozialprodukt drastisch einbrechen ließen, mit einer vierstelligen Inflationsrate und dem Rückgang der Masseneinkommen um 30 Prozent.

Als angesichts dieser verheerenden Bilanz der marktwirtschaftlichen Umgestaltung die zentrifugalen Kräfte überhand nahmen und das von Tito geschaffene Staatswesen zerrissen, log sich der westliche Dr. Eisenbart über das Versagen seiner Wirtschaftskunst hinweg, indem er die Wirkung zur Ursache erklärte. Die gesamte vorhergehende Entwicklung war schlagartig vergessen, um der Legendenbildung Platz zu machen. Die ethno-nationalistischen Wirren, die nicht nur in Ex-Jugoslawien, sondern von Burundi bis Indonesien in allen möglichen vom Weltmarkt für überflüssig erklärten Regionen ausbrechen, wurden als Erscheinungen einer atavistischen Gewalt gedeutet, die eine vielversprechende marktwirtschaftliche Entwicklung leider blockieren würden. Spätestens 1991, als Slowenien und Kroatien ihre Unabhängigkeit durchsetzten, waren die sozialökonomischen Hintergründe des Konflikts und die Misere des »Selbstverwaltungs-Sozialismus« restlos im Pulverdampf verschwunden. Während realiter ein Streit konkurrierender, mit den Insignien staatlicher Macht ausgestatteter Banden um die gesamtjugoslawische Konkursmasse zu toben begann, imaginierte sich der Westen einen Kampf zwischen neu entstehenden, regulären Nationalstaaten zurecht, die noch ihre genauen Grenzen abzustecken hätten.

Staatlichkeitstheater und Gewalt

Mit dieser Wendung ins Phantasmagorische macht sich die westliche Politik schon insofern am postjugoslawischen Elend mitschuldig, als sie kräftig zur Legitimation sämtlicher Kriegsherren beiträgt. Die westliche Staatenwelt findet ausgerechnet in denjenigen ihre natürlichen Ansprechpartner, die ihren Status als politisches Subjekt allein dem Umstand verdanken, daß sie bewaffnete Banden organisieren können und eine Fahne zum Hissen gefunden haben. Politische Öffentlichkeit und zivile Gesellschaft der postjugoslawischen Staaten sind angesichts der desolaten und durch die militärischen Verwicklungen noch weiter verschlimmerten Lage sowieso weitgehend in Agonie verfallen. Das pure individuelle Durchwursteln hat für die große Masse der Bevölkerung alles andere in den Hintergrund treten lassen.

Aber selbst wenn sich eine politische und westlich-»zivilgesellschaftlich« orientierte Opposition einmal ansatzweise zu

Wort meldet, wie etwa bei der über Monate sich hinziehenden Protestbewegung gegen die allzu dreisten Wahlmanipulationen Miloševics im Winter 1996/97, taugt diese dem Westen nicht als Bezugsgröße. Einige freundliche Interviews mit dem hierzulande beliebten, weil gut deutsch sprechenden Djindjic bleiben das Höchste der Gefühle. Für die offizielle Politik hat das alles aber keine Relevanz. Es hätte sicher auch etliche gute Gründe gegeben, der von Rugova geführten albanischen Parallelregierung im Kosovo mit gehöriger Skepsis zu begegnen. Im Westen fiel sie indes gerade und nur deshalb durchs Raster, weil sie auf offene Gewaltanwendung verzichtete. Als werdende Staatsmacht wurde erst die in viel höherem Maße mafiotisch durchsetzte UÇK anerkannt – schließlich hatte diese mit ihrer Schießwut und den Morden an serbischen Polizisten ihre Politikfähigkeit mit aller Deutlichkeit unter Beweis gestellt.

Der Westen hat sich aber nicht nur darauf beschränkt, die poststaatliche Plünderungsordnung anzuerkennen, indem er die amtierenden Abrißunternehmer und Kleptokraten als einzig denkbare Repräsentanten ihrer jeweiligen Gesellschaften behandelt. Der »Unruheherd Balkan« liegt schlicht und einfach den marktwirtschaftlichen Kernländern geographisch zu nahe, und die Auswirkungen, insbesondere die Flüchtlingsströme, treffen sie zu unmittelbar, als daß der Westen das dortige Geschehen genauso desinteressiert zur Kenntnis nehmen könnte wie die ständigen Metzeleien in längst abgeschriebenen Weltregionen wie Afrika. In ihrer anachronistischen Fixierung auf das Ränkespiel souveräner Nationalstaaten ist die einzige Form, in der sich die westliche Außenpolitik in klassisch bürgerlich-politischer Manier auf bewaffnete Konflikte beziehen kann, aber eben die Parteinahme, das heißt: die Bestimmung von Freund und Feind.

Nicht ganz zufällig fiel die Wahl bei der Besetzung der unverzichtbaren Schurkenrolle ausgerechnet auf Serbien. Restjugoslawien ist in den Augen des Westens ein Ärgernis, weil es als einziges Zerfallsprodukt des Titostaates versäumt hat, seinen offiziellen Schwur auf die Marktwirtschaftsherrlichkeiten abzulegen. Die Verbrechen des Milošević-Regimes fallen zwar kaum aus dem üblichen poststaatlichen Rahmen. Daß die restjugoslawische Führung ihre Untaten lieber mit staatssozialistischen Reminiszenzen als mit marktwirtschaftskonformer Ideologie flankiert, macht sie indes in höchstem Maße strafwürdig.

Die Reaktion fällt umso heftiger und unmäßiger aus, als Restjugoslawien nicht nur für seinen eigenen Ungehorsam, sondern auch stellvertretend bombardiert wird. Solange der Westen es lieber nicht riskiert, Rußland gegenüber auf den

Tisch zu hauen und der bankrotte Koloß, nicht zuletzt aufgrund seines atomaren Potentials, trotz der Abkehr von den marktwirtschaftlichen Kahlschlag-Programmen weiterhin mit Notkrediten versorgt werden muß, exekutiert man ersatzweise wenigstens an Belgrad ein Exempel.

Für den Weltpolizisten USA ist das treibende Motiv beim antiserbischen Feldzug sicherlich die Tabuisierung des globalen Kapitalismus und die Verteidigung seiner Position als Interpret der demokratisch-marktwirtschaftlichen Prinzipien. Auch jene Weltregionen, für die in der kapitalistischen Weltwirtschaft eigentlich keine Verwendung mehr vorgesehen ist, sollen sich gefälligst an die zivilisierte Variante kapitalistischer Verkehrsformen halten – zumindest der Form halber und in der unmittelbaren Nachbarschaft der kapitalistischen Zentren.

Beim deutschen Welthilfspolizisten kommt noch eine zweite, davon zu unterscheidende Komponente hinzu: das keineswegs klammheimliche Faible für ethnizistisches Denken, dessen ursprüngliche Heimat hierzulande zu finden ist. Deutschland hat die Begründung des nationalen Gedankens über Blut und Abstammung nicht nur zu Beginn des 19. Jahrhunderts erfunden und einige Jahrzehnte später diese seltsame Errungenschaft an die »geschichtslosen Balkanvölker« (Friedrich Engels) weitergegeben, es hat auch im Rahmen seiner imperialistischen Ambitionen ein ums andere Mal die Ethnokarte ins Spiel gebracht, besonders exzessiv im 2. Weltkrieg. Eine solche tief eingeschliffene Gewohnheit verflüchtigt sich nicht so schnell, nur weil das im Globalisierungsprozeß endgültig denationalisierte deutsche Kapital keine Eroberungsinteressen auf dem Balkan mehr hat. Es läßt sich auch im neuen Kontext recyclen, also bei der polizeilichen, juristischen und ideologischen Absicherung Mitteleuropas gegenüber dem Immigrationsdruck.

Die bundesdeutsche Außenpolitik zeigt sich gegenüber der Vielzahl ethno-nationalistischer Ambitionen offen, weil ihr die eigene ethnizistische Tradition einflüstert, potentielle Zuwanderer ließen sich vom Schweifen in die mitteleuropäische Ferne eher abhalten, wenn ihnen ethnische Homelands zugewiesen werden, die sie für ihre Vaterländer halten können. Daß in den deutschen Medien der Rückkehrwille der geflüchteten Kosovo-Albaner stets an prominenter Stelle positiv herausgestellt wird und daß man – natürlich immer nur zum Wohl der Opfer – entschieden an einer möglichst heimatnahen Unterbringung festhält, macht ziemlich deutlich, woher der Wind weht.

Natürlich werfen sich die regierenden Bandenchefs selbst in die Pose von Staatsmännern und verklären, während sie die Reste des ehemaligen »sozialistischen Eigentums« in ihre eigenen Taschen und in die ihrer Klientel schaufeln, dieses Unternehmen zur Neubegründung regulärer Staatlichkeit. Ihren Erfolg verdankt diese Übung im wesentlichen aber erst der Beziehung zum Westen. Das gilt zunächst natürlich für die zu Verbündeten gemachten ethnizistischen Staatsmarodeure, etwa in Kroatien und insbesondere in Bosnien-Herzegowina. Sie werden nicht nur moralisch aufgewertet, die Kreditgewährung durch den Westen und die Umleitung internationaler Hilfe durch die »staatlichen« Kassen verschaffen ihnen nach dem Zusammenbruch der volkswirtschaftlichen Grundlagen überhaupt erst eine provisorische finanzielle Basis für die Aufrechterhaltung ihrer Pseudostaatlichkeit und für die private Bereicherung.

Der Westen hilft aber auch kräftig, die Politiksimulation auf Seiten des serbischen »Schurkenstaates« abzusichern. Normalerweise dürfte es um ein Regime, unter dessen weiser Führung sich das Bruttosozialprodukt, selbst gemessen am Katastrophenjahr 1989, in der folgenden Dekade noch einmal halbiert hat, nicht sonderlich gut bestellt sein. In einem Land, in dem die offizielle Wirtschaft längst hinter der Schattenwirtschaft verschwunden ist und in dem sich die Bewohner mittlerweile vornehmlich von den Produkten des eigenen privaten Ackers ernähren und von den Zuwendungen im Ausland arbeitender Verwandter, gibt es sicherlich viele Gründe, das Weite zu suchen, aber beim besten Wille keinen mehr zur Identifikation mit der Regierung und ihrem Programm. Indem er Serbien kontrafaktisch als eine niederzuringende Nationalökonomie behandelt, bringt der Westen aber das Kunststück fertig, dem Regime ein Alibi für die Diskrepanz zwischen den angeblich vielversprechenden Zukunftsperspektiven und der realen Misere zu verschaffen.

Indem sie das »serbische Volk« in Kollektivhaftung für das Wüten der paramilitärischen Killerbanden und der herrschenden Kleptokraten nehmen, impfen Westeuropäer und Amerikaner »den Serben« jene hysterisch-verzweifelte Staatsbürgerlichkeit erst ein, vor deren Ethno-Nationalismus sie sich mit heuchlerischem Grauen abwenden. Das restjugoslawische Staatswesen verliert dabei beständig weiter an realer Integrationsfähigkeit; es ist außerstande, seinen Bewohnern eine im Sinne der Arbeitsgesellschaft reguläre Lebensperspektive zu bieten. Solange dies aber als ein dem Land von den Westeuropäern und Amerikanern auferlegter Ausnahmezustand erscheint, wird die Identifikation mit dem »Serbentum« zum Ersatz für die verlorene soziale Existenz. Schon beim Embargo und während der Kämpfe in Bosnien-Herzegowina wurde dies offensichtlich. In den Bombennächten wiederholt sich das Spiel in verschärfter Form. Die Zerstörung der Brücken, Fernsehsender, Eisenbahnlinien und »nebenbei« auch ganzer Wohnviertel, die der Westen als adäquate Antwort auf den ethnonationalen Wahn ausgibt (den er andererseits bei den Kroaten billigend in Kauf nimmt und bei den Albanern sogar fördert) schürt das ideologische Treibhausklima, in dem dieser Wahn prächtig gedeihen und jede andere Regung überwuchern kann.

Nach dem Krieg ist vor dem Krieg

Je perfekter das Mittel, desto verheerender die Wirkung, wenn Mittel und Zweck nicht zusammenpassen. Weil die NATO einen Entwirklichungskrieg führt und hochgerüstet über ein Schlachtfeld irrt, das sie nicht kennt und nicht kennen will, kann dieser Waffengang trotz der haushohen militärischen Überlegenheit für sie bestenfalls als Pyrrhussieg enden. Schon als die Annahme sich als haltlos erwies, die Belgrader Führung würde augenblicklich einknicken, sobald es mit den angekündigten NATO-Luftschlägen ernst wird, war die Blamage besiegelt. Und auch diese eklatante Fehlspekulation war keinesfalls eine zufällig irrige Einschätzung von »Miloševićs Charakter«, sondern dokumentiert die völlige Blindheit des Westens für die Logik poststaatlicher Kriegsführung in den von der Welt-Marktwirtschaft verwüsteten Krisenregionen. Ein Staatsmann, der wirklich ein »nationalrevolutionäres« Entwicklungsregime des alten Typus repräsentieren würde, könnte natürlich nicht ungerührt zusehen, wenn Fabriken, Straßen, Brücken und Bahnhöfe von Angreifern aus der Luft dem Erdboden gleich gemacht werden, ohne daß eine Möglichkeit zur Abwehr oder zum Zurückschlagen besteht. Er müßte wohl oder übel den Forderungen der Herren der Lüfte erst einmal nachgeben. Als zynischer Verwalter einer Modernisierungsruine, der gar nicht mehr den Anspruch hat, die jugoslawische Gesellschaft in irgendeine Zukunft zu führen, kann Milošević viel entspannter mit einer solchen Situation umgehen. Ihm geht es nicht darum, die sogenannte territoriale Integrität Restjugoslawiens zu retten, ja für sein weiteres Überleben als chimärischer Staatsmann wäre es fast schon ideal, wenn das Kosovo ihm gewaltsam von einer Übermacht entrissen würde. Für Milošević ist insofern auch ein Bodeneinsatz der NATO und ein anschließendes Protektorat über den mehrheitlich von Albanern bewohnten Teil des Kosovo keine Bedrohung, sondern ein solches Vorgehen würde ihm nur den Nimbus eines zweiten Fürsten Lazar einbringen und den Fortbestand seiner Macht über die serbische Ruinenlandschaft bis ins nächste Jahrhundert hinein sichern.

Die absehbare weitere Entwicklung in Serbien ist schon unerquicklich genug. Weit verhängnisvoller – und auch das leider nicht nur für die westlichen Staatschefs – dürften aber die anderen langfristigen Folgen des Kosovo-Krieges sein. Aus gutem Grund hat sich der Westen auch nach dem Ende des Staatssozialismus an das im 16. Jahrhundert von Jean Bodin formulierte Prinzip staatlicher Souveränität gehalten und grundsätzlich Grenzverschiebungen oder separatistische Bestrebungen abgelehnt. Selbst bei der Aufteilung Jugoslawiens wurde dieses Axiom insofern noch gewahrt, als an die Stelle des Völkerrechtssubjekts Gesamtjugoslawien die Teilrepubliken in ihren gegebenen Grenzen gesetzt wurden. Die UÇK ist nun dabei, der Welt vorzuführen, wie man den Weltpolizisten dazu bringt, diesen Grundsatz über den Haufen zu werfen. Das Beispiel wird rund um den Globus und vor allem in Südosteuropa genügend Nacheiferer finden.

Indem der Westen sich anmaßt, zwischen legitimer und illegitimer Souveränität zu unterscheiden, hat er die Büchse der Pandora geöffnet. Die Zeichen der Zeit werden damit auf eine weitere »Balkanisierung« nicht nur des Balkan gestellt, mit allen grauenhaften Konsequenzen.

Der Westen wird kaum in der Lage sein, die neuen Brandherde, die er selber mitlegt, mit seinen irrwitzigen Methoden zu löschen. Die kapitalistischen Kernmächte, die in der Rolle der demokratischen Menschenrechtsgemeinschaft auftreten und dabei High-Tech-Massaker sogar bei ihren angeblichen Schützlingen anrichten, können für »Stabilität« gar nicht sorgen. Denn es ist ja ihr eigenes System mit seinem hybriden Weltherrschaftsanspruch, das in stets größerem Umfang die sozialen Sprengsätze legt, aus deren Explosion der ethnische Wahn erzeugt wird. Die Laserbomben der NATO können immer nur vollenden, was der wunderbare Weltmarkt mit seinen mörderischen Wirkungen begonnen hat. Der Widerspruch, daß dem Kapitalismus jetzt zwar die ganze Welt gehört, er aber mit ihrem größten Teil gar nichts anfangen kann, ist auch mit Hilfe von Bombenteppichen nicht wegzudekretieren.

Die NATO als Weltpolizist

Ernst-Otto Czempiel

Zum Streit der Serben und Albaner um das Kosovo hat die westliche Militärallianz eine weitere Gewaltursache beigesteuert: ihr Prestige. Sie mußte Serbien bombardieren, um glaubwürdig zu bleiben. Dieses Motiv muß man sich auf der politischen Zunge zergehen lassen. Die Albaner kämpfen gegen die Serben, um ihre Selbständigkeit zu erzwingen; die Serben gegen die Albaner, um das Kosovo, ihr Stammland, zu behalten. Und die NATO? Sie wirft Bomben deswegen, weil sie sie immer angekündigt hatte.

Unter einen nicht beabsichtigten Handlungszwang zu geraten, zählt zu den bekannten Gewaltursachen im internationalen System. Viele Kriege sind entstanden, obwohl die Gegner sie nicht wollten; sie schlitterten hinein. Die NATO aber hat ihren Handlungszwang selbst erzeugt, indem sie seit Monaten mit ihren Bomben drohte. Dahinter steckte also Methode. Aber welche? Gewiß war die Drohkulisse dazu bestimmt, Serben und Kosovaren unter Kompromißdruck zu setzen. Wer erfolgreiche Diplomatie betreiben will, hatte Präsident Clinton einmal gesagt, muß über Gewaltmittel verfügen, ohne sie einzusetzen. Diese Strategie hatte im Februar 1998 gegenüber dem Irak Erfolg, im Oktober des Jahres auch gegenüber Belgrad. Sie war – und bleibt – ein gewagtes Spiel. Mißlingt es, leiden die Menschen oder das Prestige. Auch das wußte die NATO. Also diente der Zugzwang, den sich die NATO selbst verordnet hatte, noch einem weiteren Ziel. Der Einsatz im Kosovo, sagte ein hoher amerikanischer Politiker schon im Oktober 1998, wird »die NATO als die politische und militärische Organisation herausstellen, die die zentrale Verantwortung für die Sicherheit in Europa hat«.

Es geht der NATO unter Führung der Amerikaner also nicht nur um die Befriedung des Kosovo-Konflikts; es geht ihr auch um ihre Rolle darin. Deswegen hat sie in Rambouillet nicht nur die Autonomie für die Kosovaren gefordert – die in Belgrad gar nicht so strittig war –, sondern vor allem den Einlaß einer Implementationstruppe der NATO. Diese hatte Belgrad immer abgelehnt, weil sie sich nicht mit der Souveränität Jugoslawiens vertrug. Der Westen aber legte beinahe mehr Nachdruck auf seine Friedenstruppe als auf die politische Regelung. Belgrad sollte sich dem kaudinischen Joch einer fremden Militärmacht beugen. Die UÇK mußte dafür auf das von ihr gewünschte Referendum über die Unabhängigkeit des Kosovo verzichten. Nur um diese beiden Punkte ging es in Rambouillet; alles andere war, wie dort immer wieder gesagt wurde, »Konversation«.

Warum hat die Kontaktgruppe die politische Lösung so eng mit der militärischen Durchsetzung verzahnt? Man hätte doch die Autonomieregelung verabschieden und ihre Absicherung zunächst der Politik überlassen können: Die OSZE-Beobachtung, die in den vergangenen Monaten gar keine so schlechte Rolle gespielt hat, verstärken können mit einer begleitenden Kontrollkonferenz, mit der zusätzlichen Anwendung von Anreizen und Sanktionen. Eine stärkere Version hätte darin bestanden, auf der Basis der politischen Einigung den UN-Sicherheitsrat einzuschalten, damit er einer Friedenssicherungstruppe der NATO ein Mandat erteilt. So war es in Bosnien gehandhabt worden, warum hat man im Fall des Kosovo darauf verzichtet? Einem Sicherheitsratsbeschluß nach Kapitel VII der UN-Charta hätte Milošević nicht den Hinweis auf die Souveränität Jugoslawiens und den Schutz seiner inneren Angelegenheiten entgegenhalten können. Dieser Hinweis greift nicht, wenn der Sicherheitsrat sein Gewaltmonopol ausübt.

Wäre der Sicherheitsrat wirklich durch ein Veto lahmgelegt worden, hätte über die »Uniting for Peace«-Resolution von 1950 die Generalversammlung einen Eingriff legitimieren können. Diese Entschließung hatte damals, nachdem die Sowjetunion in der Korea-Krise den Sicherheitsrat blockiert hatte, der Generalversammlung der Vereinten Nationen die Kompetenz zugesprochen, ihre Mitglieder zum Gewalteinsatz aufzufordern. In der heutigen Situation hätte hilfsweise sogar ein Auftrag der OSZE genügt. Alle drei ordnungspolitisch und völkerrechtlich richtigen Lösungen hätten freilich den Glanz der NATO gemindert und ihre Entscheidungsfreiheit beeinträchtigt. Sie wäre dann im Kosovo nur als Ausführungsorgan einer höher gestellten Weltordnungsinstitution aufgetreten. Dazu war sie in Bosnien-Herzegowina noch bereit, seit Kosovo ist es nicht mehr.

Sieht man die Tour de Force der NATO im Kosovo in diesem Zusammenhang, erscheint sie nicht nur als humanitäre Hilfeleistung. Dieser Aspekt ist ihr erst zugewachsen, als nach dem Scheitern der Verhandlungen in Rambouillet der Bürgerkrieg sich wieder verschärfte und neue Wellen von Flüchtlingen auslöste. Die NATO wollte von vornherein in Serbien ihr Gewaltpotential einsetzen – friedlich, wenn möglich, natürlich –, um einer politischen Ordnung Geltung zu verleihen, die nicht mehr von der Zusammenarbeit der Staaten in den Vereinten Nationen oder der OSZE hergestellt, sondern von der Weltführungsmacht USA und ihrer Allianz definiert und durchgesetzt wird. Diese Rückkehr in die Vergangenheit verstößt nicht nur gegen geltendes Völkerrecht – obwohl diese Kritik allein in einer Wertegemeinschaft, wie sie die Atlantische Gemeinschaft darstellt, schon zur Korrektur ausreichen sollte. Die gewaltsame Intervention von außen in einen Bürgerkrieg ist unter den modernen Bedingungen zum Mißerfolg verurteilt: Vietnam, Afghanistan, Somalia zeigen es. Warum in aller Welt will die NATO diese Erfahrung noch einmal machen? Und: Wer hat eigentlich die Allianz ermächtigt, jenseits der Verteidigung und der Ausführung eines UN-Mandats Gewaltpolitik auf eigene Rechnung auszuüben und eine Tür zu öffnen, durch die auch andere Staaten gehen könnten: China in Taiwan, Rußland im Baltikum oder die Türkei in Syrien?

Ist in einem Bürgerkrieg die Gewalt erst ausgebrochen, vermehrt ihr zusätzlicher Einsatz von außen die Anzahl der Opfer. Abgesehen davon, daß ein solcher Gewaltakt immer nur die Falschen trifft – auch die Soldaten sind die Falschen –, übersieht diese Politik, daß sie es im Bürgerkrieg mit einem Konflikt zu tun hat, der nicht nur von den Regierungen, sondern von den Gesellschaften getragen wird. Darauf muß sich die Strategie einstellen. Sie muß versuchen, den Konsens der Gesellschaften umzusteuern.

Dazu ist die Gewalt völlig ungeeignet. Auch das diplomatische Verfahren des Bilateralismus ist ergänzungsbedürftig. Es hatte von Anfang an wenig Sinn gemacht, daß sich seit Oktober 1998 westliche Minister, Botschafter und Sonderbeauftragte unentwegt die Klinke bei Milošević in die Hand gaben. Man muß auf derlei Diplomatie nicht verzichten, sie beeinflußt aber nicht die Konfliktwahrnehmungen der Gesellschaften. Das kann nicht im stillen Kämmerlein der Kabinette geschehen, sondern nur in einer Öffentlichkeit, die den Gesellschaften auch zugänglich ist.

In Rambouillet fand eine gewisse Öffnung statt. Die Kontaktgruppe der sechs Länder traf mit den Vertretern Serbiens und der verschiedenen Gruppen der Kosovaren zusammen. Deren Gesellschaften aber haben nur das wenige erfahren, was diese Emissäre ihnen zu vermitteln für geeignet hielten. Hätte man in Rambouillet eine große internationale Konferenz einberufen, auf der auch die maßgebenden gesellschaftlichen Gruppen beider Seiten und darüber hinaus die Nachbarn Serbiens teilgenommen hätten, wäre ein ganz anderer Kontext entstanden. Die Konfliktparteien hätten ihre Positionen nicht nur gegenüber ihren Anhängern, sondern gerade auch gegenüber ihren Gegnern und ihren Nachbarn vertreten und verteidigen müssen. Tricks und Kniffe lassen sich dann nicht mehr so leicht anwenden. Vor allem bekommen die Gesellschaften die Gelegenheit, ihr Konfliktbild zu erweitern und zu verändern. Die Umwelt kann diesen Prozeß beeinflussen, indem sie die kompromißbereiten Gruppen stärkt und fördert. Der Multilateralismus lockert das Informationsmonopol der Diktatoren, eröffnet die direkte Kommunikation zwischen und mit denjenigen, die den Bürgerkrieg auszutragen haben. Gelingt es, auch nur eine ihrer Positionen zu verändern, ist schon viel gewonnen.

Multilateralismus als Strategie ist nicht einfach zu handhaben. Öffentlichkeit kann auch dazu führen, daß sich die Positionen verhärten, Kompromisse schwieriger werden. Da aber die meisten gesellschaftlichen Gruppen, gerade die heute so wichtige Wirtschaft, gewaltabgeneigt sind, können mit ihnen diejenigen Kräfte informiert und mobilisiert werden, die an einem Kompromiß interessiert sind. Sie müssen ja nicht nur unter den Serben, sondern auch bei den Kosovo-Albanern gefunden werden, deren bewaffneter Widerstand gegen Belgrad die Sezession zum Ziel hat. In der Mischung von Zuckerbrot und Peitsche, Sanktionen und Belohnungen läßt sich die Kompromißbereitschaft steigern. Ob dies gelingt, ist nicht gewiß. Aber die Aussichten sind größer als die einer Gewaltaktion. Sie hat Folgen – aber hat sie auch Erfolg?

Die Konferenz von Rambouillet hätte sich leicht um die Nachbarn und, vor allem, die großen gesellschaftlichen Gruppierungen in Rest-Jugoslawien erweitern lassen. Freilich hat solcher Multilateralismus einen Haken: Er erzeugt keinen Sieger, sondern nur Gewinner. Jeder muß etwas geben, damit er etwas bekommt. Wenn man um diesen Preis einen Bürgerkrieg befrieden kann, ist er nicht zu hoch.

Es bleibt das große aktuelle Leid der Bevölkerung, die aus ihrer Heimat flieht. Sie braucht wirklich die humanitäre Hilfeleistung. Aber die internationalen Hilfsorganisationen haben aus Furcht vor dem NATO-Angriff das Land verlassen. Also sollten die in Mazedonien stationierten westlichen Truppen sich um die Flüchtlinge kümmern, so daß sie eingelassen und versorgt werden. Dann würde die NATO hier eine humanitäre Leistung erbringen, die diesen Namen auch verdient.

Kosovo-Krieg und Interesse
Einseitige Anmerkungen zur Geopolitik

Erich Schmidt-Eenboom

Nach gängiger Lesart führen die NATO-Staaten den Kosovo-Krieg gänzlich frei von egoistischen Interessen. Landauf, landab beteuern die Kommentatoren, daß es in diesem Falle nicht um die »Befriedung« einer Erdölförderregion gehe und daß – anders als in Afghanistan, Somalia, dem Irak oder Zaire – der Verdacht leicht von der Hand zu weisen sei, den ethnischen Säuberungen im Kosovo Einhalt zu gebieten, sei ein nur sekundäres Kriegsziel der Allianz. Doch die erleichtert vorgetragene Erklärung, die Menschenrechtscharta der Vereinten Nationen sei das einzige Wertpapier, dessen Bonität hier durch Bomben gestärkt werden solle, greift zu kurz, läßt geopolitische Momente vollkommen außer acht.

Wohltuend hob sich von dieser seichten Bequemlichkeit der Kommentar »Krieg und Interesse« in der *Frankfurter Allgemeinen Zeitung* vom 15. April 1999 ab: »Bei den deutschen Stellungnahmen zum Kosovo-Krieg fällt die mutwillige Naivität auf, mit der viele und zumal solche, die man früher für ›links‹ gehalten hätte, sich die regierungsamtliche Rhetorik zu eigen machen, die NATO sei ein gewissermaßen interesseloses Medium der Moral, eine Art Menschenrechtsorganisation mit anderen Mitteln. Bei den Intellektuellen ebenso wie bei den Politikern konzentriert sich die Rechtfertigung der Militäraktion fast ausschließlich auf deren ›humanitäre‹ Aspekte. Man schreckt vor Formulierungen zurück, die auch nur entfernt an ein nationales oder westliches ›Interesse‹ denken lassen – so, als wäre es unanständig, daß es einem militärischen Apparat auch um Einflußsphären gehen könnte.«

Ist diese Katze erst aus dem Sack, öffnet sich die ganze Palette inkriminierender Fragen nach Ursache und gewünschter Wirkung der blutigen Luft-Kampagne, die gängiges Völkerrecht schwerwiegend verletzt.

Folgt man den Fragen nach den eigentlichen, den strategischen Zielen dieses Krieges, in den die USA – wie Rudolf Augstein mit wachsender Schärfe kommentiert – ihre Verbündeten hineingezwungen haben, stößt man auf den National Security Strategy Report vom 30. Oktober 1998 mit der Zielvorgabe:

»Kern der amerikanischen Strategie ist es, unsere Sicherheit zu erhöhen, unseren Wohlstand zu mehren und Demokratie und Frieden überall in der Welt zu fördern. Wesentlich zur Erreichung dieser Ziele ist amerikanisches Engagement und die Vorherrschaft in der Weltpolitik. Und für die Ausübung dieser Vorherrschaft setzen die USA in der nördlichen Hemisphäre auf die NATO, ihre ›Schlacht- und Schießgesellschaft‹.« (Erwin Chargoff).

Aus amerikanischer Sicht war es geboten, die Vereinten Nationen von ihrer vornehmsten Rolle der Friedenssicherung zu beurlauben, weil nach der Verschiebung der Machtbalance nach dem Kalten Krieg Rußland und China ein der neuen Kräftekonstellation unziemlich widersprechendes Veto-Recht im Weltsicherheitsrat behielten. Der Super-Macht schien nur eine globale Breschnew-Doktrin geeignet, ihren weltpolitischen Monopolanspruch durchzusetzen. In deutschem Interesse liegt dies sowenig wie im japanischen, denn beide Wirtschaftsmächte streben mit absehbarem Erfolg einen ständigen Sitz im Weltsicherheitsrat an. Nur, was sollte es Tokio oder Berlin bringen, wenn dieses Gremium in die Rolle des Zuschauers und Statisten abgedrängt worden ist.

Nach dem Washingtoner NATO-Geburtstagsgipfel wurde der deutschen Öffentlichkeit dann als von Bonn erstrittener Kompromiß verkauft, was Clinton bereits 1993 in einem geheimen Regierungsdokument vorgezeichnet hatte: Wenn möglich mit der UNO, wenn nötig ohne sie.

Michael Klare, Professor am Hampshire College in Massachusetts und Kenner der amerikanischen Militärpolitik, führte im WDR-Fernsehmagazin »Monitor« aus: »Präsident Clinton war entschlossen, den Kosovo-Krieg unter amerikanischer und unter NATO-Führung durchzuführen. Vor dem 50. Jahrestag der NATO wollte er Macht demonstrieren und einen militärischen Erfolg vorführen. Er wollte zeigen, daß die NATO nun in der internationalen Sicherheitspolitik die Führungsrolle hat – und nicht die Vereinten Nationen ... Das Thema Kosovo kam in dem Moment auf die Tagesordnung, als Mister Clinton eine große Demonstration in Sachen neuer NATO-Strategie suchte. Das hätte sonstwo stattfinden können.«

Diese Verkürzung der Kriegsgründe auf einen quasi beliebigen Probelauf der neuen Stragie läßt jedoch geopolitische Zielsetzungen außer acht. In diesem Fall ist es zunächst der häufig ausgesprochene Verdacht, die bereits mehr als halbierte Bundesrepublik Jugoslawien sei deshalb ins Visier geraten, weil sie der letzte Verbündete Rußlands in Mittelost- und Südosteuropa ist – nicht nur zeitweise abhängig von politischen Konjunkturen und wechselnden Regierungen, sondern historisch und religiös bedingt auf lange Dauer. Aus Sicht der USA ist sie damit ein NATO-resistenter Störfaktor auf dem Balkan, tendenziell unheilbar und zur Aufspaltung freigegeben.

Das Selbstbestimmungsrecht der Kosovaren mit militärischen Mitteln durchzusetzen, wohl wissend, daß es über kurz oder lang zu einem Ausscheiden aus dem jugoslawischen Staatsverband führt, war nur der erste Schritt zur weiteren Parzellierung Restjugoslawiens. Im innenpolitischen Konflikt in Montenegro und zwischen Serbien und Montenegro verlor die prowestliche Seite, die Opposotion gegen Milošević, kriegsbedingt an Boden. Dennoch werden westliche Politiker nicht müde, die Andersartigkeit der Teilrepublik zu betonen, und die sichtlich geringere Zerstörung ziviler Ziele dort untermauert die auf Abtrennung gerichtete Zielplanung. Beim »United States European Command« EUCOM in Stuttgart-Vaihingen ist der künftige Einflußbereich der USA auf einer Karte umrissen worden, die »Monitor« kürzlich veröffentlichte. Die weitere Aufteilung Jugoslawiens ist hier beschlossene Sache, weil die jugoslawische Teilrepublik Montenegro bereits als eigenständiger Staat eingezeichnet ist.

Die Zielplanung für die Woiwodina, bei der die serbische Hochburg Novi Sad und die Brückenverbindungen nach Serbien so weit vom Kosovo entfernte Schwerpunkte der Bombenangriffe sind, während die ungarische Minderheit in ihren Städten und Dörfern weitgehend verschont bleibt, weckt den Verdacht, daß auch hier neuer Separatismus herbeigebombt werden soll.

Der bayerische Ministerpräsident Edmund Stoiber hat in der dritten Kriegswoche in Moskau betont, die deutsch-russischen Beziehungen seien ein »kostbares Gut«, und er wählte die russische Hauptstadt zum Ort der Verkündigung dafür, daß CSU und CDU die rote Linie nicht überschreiten wollen, die vor der Beteiligung deutscher Streitkräfte an einem Bodenkrieg gezogen ist. In zwei ganz wesentlichen Punkten hat er mit seiner Haltung recht: Ohne eine die Interessengegensätze friedlich ausgleichende Politik zwischen Berlin und ganz Westeuropa einerseits und Moskau und den GUS-Staaten andererseits wird es erstens keine auf Dauer angelegte Friedensordnung in Europa geben, allenfalls eine neue Blockgrenze am Westrand des slawisch-orthodoxen Raums, zweitens keinen halbwegs ausgeglichenen Wohlstandsraum, der politischem Abenteurertum den Nährboden entzieht. Die Perspektive auf einen gesamteuropäischen Friedensraum hat durch den Kosovo-Krieg einen schweren Schaden genommen, nicht nur materiell, sondern vor allem im Bewußtsein der Menschen und politischen Eliten in Rußland. Für die USA jedoch gelten mittel- und langfristig andere Interessen, als daß die europäische Kontinentalmasse zu einem politischen und ökonomischen Großraum gleichen oder höheren Gewichts zusammenwächst.

Auch die internationalen Finanzmärkte beantworten das cui bono dieses Krieges eindeutig: In dem seit Januar 1999 ausgerufenen Wettlauf zwischen EURO und US-Dollar verliert die EU-Währung. Der Chefökonom der Deutschen Bank warnte nach dem ersten Kriegsmonat, daß mit dem Andauern der Angriffe eine Parität von Dollar und EURO ins europäische Haus stehe. Die von der EU-Außenministerkonferenz am 7. April beschlossenen Aufwendungen in Höhe von 500 Millionen DM – während die Kriegskosten des ersten Monats bereits zwischen drei und neun Milliarden Dollar liegen[1] – sind einerseits ein Armutszeugnis gegenüber den Militärausgaben, andererseits sind sie nur eine kleine Anzahlung auf die kommenden Mindestaufwendungen. Bill Clinton führt den Marschall-Plan im Munde und hat den Morgenthau-Plan im Tornister, wohl wissend, daß es weitgehend die westeuropäischen Mitbewerber am Weltmarkt sind, die die Zeche für die Beseitigung der Kriegstrümmer zahlen werden.

Um die in der Region selbst wurzelnden geopolitischen Probleme zu diskutieren, ist ein historischer Rückblick erforderlich, nicht jener auf das Amselfeld im Jahre 1389, sondern der kurze auf das Albanien in den ausgehenden 80er Jahren. Mit dem Austritt aus der jahrzehntelangen Selbstisolation Albaniens nach dem Tode Envar Hodschas im April 1985 öffnete sich in dem kaum entwickelten Land zugleich ein Machtvakuum, in das zwei Mächte vorstießen. Die Türkei sandte Militär- und Geheimdienstberater und lieferte den Glaubensbrüdern Militärgerät. Der Besuch von Franz Josef Strauß 1987 in Albanien, in dessen Gefolge Wirtschaftsverträge abgeschlossen wurden, und die anschließende Visite von Außenminister Hans-Dietrich Genscher markieren eine westdeutsche Gegenoffensive. Seither genießen die Regierungen in Tirana die militärische und nachrichtendienstliche Unterstützung der Bundesrepublik Deutschland.

Der Staatssekretär des Auswärtigen Amtes erläuterte dem grünen Abgeordneten Manfred Such im April 1997, seit 1990 seien militärische und dual-use-Güter im Wert von nur ca. zwei Millionen DM nach Albanien gegangen, darunter 1995 mit Billigung des Bundessicherheitsrats 20 Triebwerke MiG 21. Dem SPD-Abgeordneten Norbert Gansel war seitens der Regierung vorher mitgeteilt worden, allein zwischen dem 1. Januar 1994 und Ende Mai 1996 seien Ausfuhrgenehmigungen nach Albanien nur für Rüstungsgüter in Höhe von 2,6 Millionen DM erteilt worden.[2] Was der Bundesnachrichtendienst zusätzlich in Richtung Tirana auf den Weg gebracht hatte, ließ die Regierung unbeantwortet.

Die zur Inlandsüberwachung des DDR-Telefonnetzes eingesetzten MfS-Geräte älterer Bauart fielen der Bundeswehr ebenso wie Funkgeräte bei der Übernahme der Liegenschaften in großen Mengen in die Hände und landeten in westdeutschen Depots. Das MAD-Amt in Köln hat 1991 einen Teil der MfS-Technik an den albanischen Geheimdienst geliefert. Gemanagt wurde dieser Deal durch den BND-Residenten in Tirana. Während Helmut Kohl nicht müde wurde, die DDR wegen der Lauschangriffe auf ihre Bürger als Unrechtsstaat zu klassifizieren, lieferten seine Nachrichtendienste BND und MAD Funk- und Abhörgeräte zur Telefonüberwachung aus den Beständen des Ministeriums für Staatssicherheit und Observationstechnik aus den Altbeständen der Nachrichtenschule der Bundeswehr nach Tirana und bildeten Angehörige des albanischen Geheimdienstes SIKH daran aus.

Der BND war seit Ende der 80er Jahre sichtlich bemüht, den wachsenden türkischen Einfluß in Tirana auszupendeln, und dürfte auch bei der Kooperation mit der UÇK maßgeblich von dem Motiv geleitet worden sein, den Einfluß der 1912/13 von dort ausgesperrten Türkei auf dem Balkan möglichst gering zu halten.

Die Pullacher mußten von Anfang an merken, daß sie dabei zugleich einen Paten des kosovarischen Separatismus unterstützten. Albanien hatte im September 1990 eine Kosovo-Republik anerkannt, ihr Unterstützung zugesagt und spätestens mit der Erklärung von Sali Berisha gegenüber *El Pais* am 26. März 1992, Albanien werde Heimat aller Albaner, den Anschluß-Separatismus auch offen unterstützt.

Einen fruchtbaren Nährboden für militante Separatisten im Kosovo hatte die fatale Entscheidung von Slobodan Milošević bereitet, der Provinz im Januar 1989 ihre Autonomie zu rauben und an die Stelle der strukturellen Benachteiligung eine massive Repression zu setzen. So bildeten sich zu Anfang der 90er Jahre zunächst regionale Widerstandsgruppen, die jedoch erst mit einem Bekennerschreiben zu einem terroristischen Anschlag im Februar 1996 als UÇK die Medienbühne der Weltöffentlichkeit betraten. Einer niederländischen Tageszeitung offenbarte ein wichtiger UÇK-Kommandant im Juli 1998, der bis zum März 1998 vier Jahre in Deutschland verbracht hatte, die Organisation des bewaffneten Kampfes habe 1991 und weitgehend im Ausland begonnen. In den USA und in Westeuropa hätten die organisierte Beschaffung von Geld und die politischen Bemühungen zur Schaffung eines vereinten

Albanien eingesetzt.[3] Zunächst und bis 1997 bestand die UÇK nur aus einem kleinen Kern von etwa 2.000 professionellen Kämpfern – darunter etwa 250 ehemalige Offiziere der jugoslawischen Bundesarmee – auf der einen und den zahlenmäßig dominierenden Dorfmilizen auf der anderen Seite, die aus den traditionellen tribalen Clanstrukturen gebildet wurden.

Die militärische Taktik der Terror-Gruppen bestand von vornherein darin, mit ihren Kernverbänden serbische Polizeistationen und -konvois aus dem Hinterhalt anzugreifen und sich anschließend in die Berge zurückzuziehen,[4] so daß die schlecht bewaffneten Dorfmilizen anschließend den brutalen Counter-Guerilla-Operationen der serbischen Sicherheitskräfte hilflos ausgeliefert waren. Bei ihren militärischen »Nadelstichen« gegen Regierungstruppen und Sonderpolizei setzte die UÇK ab dem Frühsommer 1998 zunehmend auch auf Angriffe gegen die serbische Minderheit im Kosovo, um sie von dort zu vertreiben.[5] Am Frieden wenig interessiert eskalierte die rapide anwachsende UÇK den Bürgerkrieg und kontrollierte im September 1998 40 Prozent des Kosovo. Die jugoslawischen Streitkräfte schlugen zurück und massakrierten dabei vielfach unbewaffnete Zivilisten. Die Drohung mit Luftschlägen führte im Oktober 1998 zu einer Waffenstillstandsvereinbarung, aber die hielt nur bis zum Januar 1999.

Die UÇK selbst bezifferte im Vorfeld von Rambouillet die Zahl der Toten in dem bis dahin elfmonatigen Kampf im Februar 1999 auf 2.000,[6] und bestätigt so eindrucksvoll, daß der NATO-Krieg ein beträchtlicher Multiplikator ist, was die Zahl der Kriegsopfer betrifft. CIA-Chef George Tenet warnte zu dieser Zeit, daß es beim Ausbleiben einer Friedenslösung nach dem Winter zu einer massiven Verschärfung der militärischen Auseinandersetzungen im Kosovo käme, da die UÇK inzwischen weit besser ausgebildet und ausgerüstet sei als zuvor. Die Lage sei auch deshalb viel gefährlicher als im Bosnien-Krieg, weil die Kriegsparteien hier nicht erschöpft seien.[7] Dem Armed Services Committee des Senats erklärte der CIA-Chef Anfang Februar 1999, Belgrad werde versuchen, die UÇK einfür allemal auszuschalten, während die Rebellen die Fähigkeit gewonnen hätten, den serbischen Streitkräften größere Verluste zuzufügen. Beide Seiten würden voraussichtlich die Zivilbevölkerung angreifen, und es würde weit mehr als die 250.000 Flüchtlinge der vergangenen Jahre geben.[8]

Bevor die US-Streitkräfte im Zweiten Weltkrieg in Sizilien landeten, vergewisserten sie sich der Unterstützung der Mafia bei der Invasion. Als langanhaltende Spätfolge bestimmte die unheilige Allianz aus der »ehrenwerten Gesellschaft«, der Polit-Clique um Giulio Andreotti und der amerikanischen

Einflußpolitik in Rom die Geschicke des Landes und hielt Italien gegen die KPI fest in der westlichen Militärallianz. Die amerikanische Hinwendung zur UÇK ist die Neuauflage der damals so erfolgreichen Strategie, sich mit einer Mafia gegen einen Diktator zu verbünden. Finanziert wurde die UÇK seit Anfang der 90er Jahre durch Millionenbeträge, die sie vor allem von Exilalbanern aus den Vereinigten Staaten, der Schweiz und der Bundesrepublik Deutschland erhielt. Serbische Schätzungen beziffern die Gesamteinnahmen bis März 1999 auf etwa 900 Millionen DM, der BND geht von ca. 500 Millionen aus.

Neben den »Spenden« erhielt die UÇK auch zwangseingetriebene »Kriegssteuern« und – ausweislich der Ermittlungen von Europol – große Summen aus dem von Kosovaren kontrollierten Bereich der organisierten Kriminalität, zumal sich das »Mutterland« seit Mitte der 90er Jahre zu einem Eldorado für Großkriminelle entwickelt hatte. Europaweit wissen Polizeibehörden und Nachrichtendienste um die zentrale Rolle, die Kosovaren und Albaner im Organisierten Verbrechen, vornehmlich beim Schmuggel harter Drogen, spielen. Im Bericht des Bundeskriminalamtes über die Lage des organisierten Verbrechens 1997 wird konstatiert, daß sich die Guerilla der UÇK auch aus Profiten des Verbrechens finanziert.[9] Im Juli 1998 berichtete das norwegische Fernsehen über zahlreiche Fälle von Heroinschmuggel durch Kosovo-Albaner. Der norwegische und schwedische Sicherheitsdienst schätzt, daß der Heroinschmuggel nach Skandinavien zu 80 Prozent in den Händen ethnischer Albaner liegt, und Walter Kege, Leiter der Drogenbekämpfung bei der schwedischen Polizei, gab sich im Interview sicher, daß die Gewinne von mehreren hundert Millionen Kronen in den »sogenannten Befreiungskampf« im Kosovo gesteckt werden. Pierre Duc, Leiter der Drogenbekämpfung in Lausanne, erklärte im Juli 1998, auch in der Schweiz würden 90 Prozent des Heroinhandels von albanischen Schmugglerringen umgeschlagen, die über dieselben Kanäle in die Gegenrichtung auch Waffen schleusten.[10] Im Januar 1999 wurde Agim Gaschi, ein 35jähriger Mafiaboss aus Prìština, der den Mailänder Drogenmarkt beherrschte, vom Anti-Mafia-Direktorat und einer Spezialeinheit der Carabinieri festgenommen. In ihrer Operation »Afrika« hatten die italienischen Sicherheitsbehörden ermittelt, daß der Drogenhändler für einige Milliarden Lire Kalaschnikow, Panzerfäuste und Granaten in Rumänien, Bulgarien und Albanien für die UÇK hatte erwerben lassen.[11]

Die Schweizer Behörden froren im Sommer 1998 eine Reihe von Konten ein, über die illegale Gelder für die UÇK gesammelt wurden.[12] In den USA hielt sich James Rubin, Sprecher des State Department, in einer Pressekonferenz am 28. Juli 1998 bedeckt. Schweizer Aktionen mißbilligte er nicht, der Frage nach einem Nachziehen der Vereinigten Staaten wich er aus.[13] In der Bundesrepublik Deutschland hatte das Bundesaufsichtsamt für das Kreditwesen im Oktober 1998 – offensichtlich aufgrund von anonymen Hinweisen des serbischen Geheimdienstes – 180 Verfahren gegen Unternehmen eingeleitet, die entgegen der Neuregelung des Kreditwesengesetzes Millionenbeträge für Waffenkäufe zur UÇK transferiert hatten. In der Folge schalteten die Exilanten auf klassische Kurierwege um.[14] Das Bundesaufsichtsamt beklagte in seinem Bericht an die Bundesregierung ausdrücklich, daß »andere Bundesbehörden« diese kriminellen Aktivitäten tatenlos hinnehmen, und zielte damit vor allem auf den Bundesnachrichtendienst, der mit der UÇK in Albanien und im Kosovo kooperiert.

Vom Bundesamt für Verfassungsschutz wurde die UÇK als terroristische Vereinigung eingeschätzt und entsprechend überwacht. Der BND nahm zur militanten Opposition in der Bundesrepublik etwa 1992 erste Kontakte auf und entwickelte schnell gute Beziehungen zu ihr. Sein Startvorteil gegenüber den anderen westeuropäischen Nachrichtendiensten lag darin, daß ein zahlenmäßig und politisch gewichtiger Teil der UÇK-Führer in Deutschland agierte und sich die Bundesrepublik zur europäischen Drehscheibe erkoren hatte. Die serbische Seite hat in einem ausführlichen Dossier vom 8. März 1999 ihre Sicht der deutschen Unterstützung für die terroristische Vereinigung dargelegt. Die Palette der Vorwürfe ist breit. Sie reicht von der »Gastfreundschaft für Separatisten und Terroristen« – beispielsweise für Bujar Bukoschi, dem Exil-Ministerpräsidenten, oder für Sali Xhelcaji, dem Organisator der militärischen Ausbildung in Albanien –, über die Unterstützung bei der Rekrutierung in albanischen Clubs wie »Jusuf Grvala« in Hannover oder »Emil Duraku« in Düsseldorf bis hin zu illegalen Lieferungen von Waffen und Fernmeldemitteln, die von deutschen Nachrichtendiensten gesteuert worden seien.

Die militärische Stärke der UÇK betrug 1997 etwa 15.000 Mann, im Sommer 1998 nach eigenen Angaben 30.000. Durch Rekrutierungen im Ausland aufgrund ihres Mobilmachungsbefehls vom März 1998 im Kosovo und in Flüchtlingslagern wuchs sie 1998 deutlich an und konnte insbesondere ihren Bestand an »hard core fighters« bis 1999 auf 12.000 steigern.[15] Nach serbischen Angaben gehören dazu etwa 1.000 Söldner aus Albanien, Saudi-Arabien, dem Jemen, Bosnien-Herzegowina und Kroatien. Instrukteure und Ausbilder kämen aus den

USA, Großbritannien, Frankreich, Italien, Albanien und nicht zuletzt Deutschland. Die Ausbildung erfolge in Camps in Albanien nahe der jugoslawischen Grenze, eine Vorausbildung auch in Deutschland, Österreich und der Schweiz. Ein spezielles Ausbildungslager für Kommandoeinheiten verortet das Belgrader »Weißbuch« in einer Kaserne bei Cekmeze in der Türkei.[16] Seinen Familienbesitz bei Tropoja hat Sali Berisha als größte Basis der UÇK bereitgestellt.[17]

Nach einem Kriegsmonat des NATO-Luftkriegs reklamierte der UÇK-Sprecher am 20. April 1999 in der Tageszeitung *Die Welt* eine Armee von 50.000 bewaffneten Kämpfern sowie weiteren 50.000 Rekruten, die noch bewaffnet und ausgebildet werden müßten. Das Gebiet, das die Untergrundarmee kontrolliere, beherberge 700.000 Kosovaren. Diese Angaben mögen übertriebene Propaganda sein. Doch während die NATO das Kriegsgeschehen im Kosovo auf die Darstellung einer serbischen Vertreibungs- und Vernichtungskampagne gegenüber einer wehr- und schutzlosen Zivilbevölkerung verkürzt, findet zugleich ein blutiger Bürgerkrieg zwischen UÇK und serbischen bewaffneten Kräften statt. Als Grund für ihren Teilabzug aus dem Kosovo gab die serbische Generalität Mitte Mai an, die UÇK sei besiegt, allenfalls war sie jedoch aus einigen Gebieten verdrängt, in anderen stärker geworden, doch die NATO ließ die Zwecklüge Belgrads diesmal gerne unwidersprochen.

Zur Bewaffnung der kosovarischen Untergrundarmee zählen überwiegend moderne Handfeuerwaffen vom Typ Kalaschnikow. Darüber hinaus verfügt sie über Gewehrgranaten und wenige panzerbrechende Waffen, beispielsweise über die Panzerfaust Armbrust, die in deutscher Lizenz in Singapur gefertigt wird und in Expertenkreisen als »special gift« des BND gilt. Quelle des militärischen Rüstzeugs sind in Albanien seit dem Lotterieaufstand vom März 1997 vagabundierende Waffen deutscher und türkischer, aber auch amerikanischer und israelischer Herkunft.[18] Bei den Plünderungen von Kasernen und Depots wurden 1997 etwa 650.000 Feuerwaffen, 20.000 Tonnen Sprengstoff und 1,5 Milliarden Schuß Munition in Umlauf gesetzt, von denen etwa ein Viertel als solidarische Hilfe – zumeist jedoch gegen harte Währung – zur UÇK gelangten.

Die zweite Bezugsadresse für die Kampf- und Kommunikationstechnik sind von NATO-Geheimdiensten unterstützte Rüstungskäufe. Die aus dem Ausland aufgebrachten Mittel zur Aufrüstung der UÇK sind für die Erstausstattung der Untergrundarmee mit Tarnanzügen, Handfeuerwaffen und Fernmeldemitteln weitgehend verbraucht worden. Seit dem Frühjahr

1999 bemüht sich die UÇK auf dem internationalen Waffenmarkt um den Ankauf schwerer Waffen, die ihr ein Vorgehen gegen gepanzerte serbische Einheiten erlaubt, bekommt aber von den »unabhängigen« Waffenhändlern offensichtlich nicht das angeboten, was sie sich an großen Kalibern wünscht.[19]

Nachdem Pandeja Majko im Oktober 1998 Regierungschef in Tirana geworden war, setzte Albanien weiterhin alles daran, aus den konkurrierenden und zerstrittenen Fraktionen des albanischen Widerstandes eine Einheitsfront zu schmieden, die den serbischen Streitkräften durch ihre Geschlossenheit Paroli bieten könnte.[20] Unter den Fittichen der Regierung in Tirana wurde die UÇK im Norden des Landes zu einer modernen Streitmacht mit politischer Komponente aufgebaut – assistiert vom albanischen Geheimdienst SIKH und dessen Partner, dem türkischen Militärnachrichtendienst MIT.

Ihre höheren Weihen als gleich- oder sogar übergewichtiger Partner neben Ibrahim Rugova am Verhandlungstisch von Rambouilett verdankt die UÇK wesentlich den deutschen Aufbauleistungen, dem albanischen Patronat und der massiven Parteinahme zu ihren Gunsten seitens der Vereinigten Staaten in den ersten Monaten des Jahres 1999. Die nachrichtendienstliche Hauptrolle in Albanien spielt unter Majko die Central Intelligence Agency, die die UÇK unter ihre Fittiche genommen hat, sie politisch aufwertet und als Reservoir für Agententätigkeiten und die Zielaufklärung im Kosovo einsetzt.

Der US-Sonderbeauftragte für das frühere Jugoslawien, Robert Gelbard, hatte die UÇK im Februar 1998 noch als terroristische Organisation eingestuft. Nachdem US-Vertreter Ende Juni 1998 mit UÇK-Angehörigen zusammengetroffen waren, zogen sich Sprecher des Pentagon und des State Department auf die Position zurück, es habe terroristische Akte von einzelnen, irgendwie mit der UÇK verbundenen Menschen gegeben, das förmliche Verfahren, durch das in den USA eine Vereinigung als terroristisch eingestuft wird, sei jedoch nie eingeleitet worden.

Zur Waffenbrüderschaft der NATO mit der UÇK zählt seit mindestens März 1999 auch, daß in Zwei-Mann-Teams operierende französische Fernaufklärer, die etwa 80 im Kosovo eingesetzten Briten des Special Air Service und US-Spezialeinheiten wie die Delta Force Scout-Dienste der UÇK in Anspruch nehmen, sich bei der Zielsuche und -markierung auf die Rebellen stützen.[21]

Offiziell hat US-Außenministerin Madeleine Albright die an sie herangetragenen Wünsche, der UÇK schwere Waffen aus den USA zu liefern, am 13. April 1999 abgelehnt, um das UN-Waffenembargo nicht zu verletzen.[22] Am 22. April 1999 berichtete *Newsday*, daß die Clinton-Administration ernsthaft die Möglichkeiten zur verdeckten Bewaffnung und Ausbildung der UÇK prüfe. Auf Weisung des Nationalen Sicherheitsberaters Sandy Berger hatte die CIA bereits vor Monaten mit der Ausarbeitung von Plänen begonnen, wie die UÇK zu einem ernsthaften Gegner der jugoslawischen Armee aufgerüstet werden könne. Das bereits entwickelte Konzept des US-Auslandsnachrichtendienstes war im April 1999 zwischen CIA und Nationalem Sicherheitsrat umstritten und wurde mehrfach überarbeitet. Fraglich war offensichtlich, wer die UÇK ausbilden sollte und ob sie die geforderten panzerbrechenden Waffen bekäme.

Der amerikanische Senator James A. Traficant hat im April 1999 einen Gesetzesvorschlag, den »Kosova Independence and Justice Act 1999«, unterbreitet, die UÇK in einem Umfang von zunächst 25 Mio. Dollar zu rüsten, und seinen Vorstoß hemdsärmelig damit begründet, die Untergrundarmee bekämpfe schließlich denselben Gegner wie die US-Luftstreitkräfte.[23] Mit dem »Kosova-Self-Defense Act«, der 25 Millionen US-Dollar zur Ausbildung und Aufrüstung von 10.000 UÇK-Kämpfern in zehn Bataillonen vorsieht, stießen die Senatoren Mitch McConnell und Joseph Liebermann nach, die sich auf eine breite Lobbyarbeit des Direktors der AACL (Albanian-American Civil League) stützen können.[24]

Auf den ersten Blick sind die UÇK-Rebellen ideologisch wenig festgelegt. Doch die *New York Times* wies in einem Kommentar vom 28. März 1999 darauf hin, daß es sich neben großalbanischem Nationalismus und einem noch auf Hodscha fußenden Marxismus-Leninismus beim ideologischen Hintergrund der UÇK auch um Abkömmlinge faschistischer Milizen aus dem Zweiten Weltkrieg handelt. »Skanderbeg« heißt der Albanerclub in Ludwigshafen, und der Name dieses im 15. Jahrhundert gegen das Osmanische Reich kämpfenden Freiheitshelden war auch der Ehrenname der im April 1944 von Heinrich Himmler aufgestellten, in weiten Teilen mit Kosovaren aufgefüllten 21. Division der Waffen-SS, die bei ihren »Einsätzen im örtlichen Partisanenkampf« zahlreiche Kriegsverbrechen an Juden und Serben beging.[25] Italien hatte 1941 den Kosovo weitgehend aus Jugoslawien gelöst und Albanien zugeschlagen und damit die Voraussetzung für den Völkermord an den Serben im Kosovo geschaffen.[26]

Auf den ersten Blick handelt es sich bei dieser Traditionslinie der UÇK um eine deutsch-italienische Erblast. Doch Hasan Dosti, Justizminister der Quisling-Regierung in Albanien, Xhafer Deva, Innenminister des italienischen Besatzungsregimes, und Midhat Frascheri, Chef der mit den Nazis kollaborierenden Organisation Balli Kombetar, gingen 1949 in

die USA, um dort das Nationalkommitee für ein freies Albanien aufzubauen, nachdem Frascheri 1947 mit dem US-Botschafter in Rom übereingekommen war, 50 führende Albaner
zum Kampf gegen den Kommunismus in ihrer Heimat in die
USA zu schicken. »Sobald sich Frasheri, Deva, Dosti und noch
einige seiner Mitarbeiter in den USA befanden, gründeten sie
das Nationale Komitee für ein freies Albanien, das von der CIA
großzügig finanziert wurde ... Sie alle waren als hohe Funktio-
näre im Nationalen Komitee für ein freies Albanien sowie in
zahlreichen albanischen Vereinen in den Vereinigten Staaten
tätig«,[27] hatte der US-Geheimdienstexperte Christopher Simpson 1988 recherchiert. Und diese Albaner- und Kosovaren-
Vereinigungen mit faschistischen Wurzeln sahen ab Ende der
80er Jahre die Chance, nun zu erreichen, was den dilettan-
tischen Kommandounternehmen der CIA in den 50er Jahren
versagt blieb, die Befreiung Großalbaniens.

Die *Österreichische Militärische Zeitschrift ÖMZ* rubriziert
die Parzellierung der alten Bundesrepublik Jugoslawien seit
Jahren als »Neuordnung des südslawischen Raumes«. Die ord-
nende Hand Washingtons folgt dabei – bewußt oder unbewußt
– im Kern den territorialen Mustern, die in Hitlers Reichs-
kanzlei für die Zeit nach dem »Endsieg« in den Schubladen
ruhten: Ein im Nordwesten dominierendes, aber abhängiges
Kroatien und im Südosten ein großalbanisches Gegenstück.

Im August 1998 ging der albanische Premier Fato Nano mit
dem Problem der militanten Fundamentalisten, die als Mit-
streiter der UÇK nach Albanien geströmt waren, an die Öffentlichkeit, nachdem er zuvor von der US-Botschafterin Lyno
über die Cruise-Missile-Schläge gegen eine Fabrik in Sudan
und das Hauptquartier Ibn Ladens in Afghanistan unterrich-
tet worden war. Seit Juli gab es in Albanien bereits eine stren-
ge Kontrolle einreisender Araber und einige Verhaftungen von
Fundamentalisten. In Sarajewo hatten die USA erst nach dem
Kriege nachhaltigen Druck ausgeübt, um Izetbegović zur Vertreibung seiner aus Teheran entsandten nachrichtendienstlichen und militärischen Helfer zu zwingen, in Tirana ist offensichtlich in dieser Hinsicht Vorsorge getroffen worden. Daß
sich bei der UÇK weiterhin Moslem-Kämpfer befinden, steht
dazu nicht im Widerspruch. Vielmehr schickt die CIA wieder
ihre Afghanen ins Rennen und setzt bei der UÇK auf eine
Waffenbrüderschaft mit europäischen Mudschahedin.

Der Bundesnachrichtendienst ist 1999 von den Berufskolle-
gen aus Langley – wie es neudeutsch heißt – getopt worden.
Mit zunehmender Wichtigkeit der Rebellenarmee hat die CIA
den BND entmachtet. Kontakte bestehen zwar weiterhin zwischen UÇK-Führern und ihren Ziehvätern in Pullach, aber

seinen Einfluß hat der Bundesnachrichtendienst auch deshalb verloren, weil die Bundesrepublik Deutschland ernsthaft und zuletzt mit den G-8-Beschlüssen an der Entwaffnung der UÇK festhält, während sich die USA – nachrichtendienstlich allemal – die Option offenhalten, die Rebellenarmee zu ihrer Bodentruppe zu machen.

Nachdem der »Fehltreffer« amerikanischer Kampfflugzeuge auf die chinesische Botschaft in Tirana zunächst in völlig unglaubwürdiger Weise auf veraltete Stadtpläne der CIA geschoben wurde, machte anschließend die Version die Runde, ein UÇK-Kämpfer habe vorsätzlich eine Lasermarkierung für die NATO-Bomber auf die Vertretung Pekings gesetzt.[28] Ganz sicher war dieser Luftangriff ein Anschlag auf die G-8-Entscheidung zur bestimmenden Rolle des Weltsicherheitsrats bei der Einsetzung einer Übergangsverwaltung für die Provinz Kosovo und gegen die beschlossene Demilitarisierung der UÇK. Da ist nur noch die Frage offen, wo der angelsächsische Führungsoffizier des UÇK-Manns sich aufhielt, als die Lasermarke gesetzt wurde.

Das auf dem Bielefelder Sonderparteitag am 13. Mai 1999 von Joseph Fischer vorgebrachte Argument, der rot-grüne Kriegskurs sei auch eine Folge zehnjähriger verfehlter Politik der Kohl-Regierung, ist insofern nicht unbegründet, als die alte Bundesregierung durch ihre Geopolitik in Albanien und dem Kosovo die Bürgerkriegssituation dort seit 1996 mitzuverantworten hat. Er blendet jedoch völlig aus, daß die Union der Selbstmandatierung der NATO wohl nicht zugestimmt hätte. Das zeichnete sich bereits im Juni 1998 ab, als Volker Rühe und Klaus Kinkel auf einem UN-Mandat für jeden Militäreinsatz beharrten, während Gerhard Schröder als Kanzlerkandidat auch Optionen ohne UN-Mandat in Betracht ziehen wollte.[29]

In welcher Weise die frischgebackene und in so vielen Politikfeldern ungefestigte rot-grüne Bundesregierung seit Oktober 1998 und vor allem in Rambouillet sich ohne nachhaltige Widerrede auf US-Kurs zwingen ließ, hat das *Zeit*-Dossier »Wie Deutschland in den Krieg geriet« vom 12. Mai 1999 vor Augen geführt. Eine, für manche und manchen aus der Friedensbewegung bittere Erkenntnis daraus lautet: Ein für eine letzte halbe Amtszeit als Kanzler wiedergewählter Helmut Kohl hätte sich nicht von Bill Clinton in 15 Minuten zur Entscheidung über Krieg und Frieden drängen und als Scheinselbständiger behandeln lassen. Er hätte alles getan, um Europa diesen Krieg zu ersparen.

Die französische Regierung hatte vor Beginn der NATO-Luftangriffe davor gewarnt, daß die westliche Allianz mit dem

Beginn des Bombardements in die Rolle der schweren Artillerie und der Luftstreitkräfte schlüpfen würde. Im Umkehrschluß bedeutet dies, daß die UÇK als leichte Infanterie der NATO – sei es in einem angelsächsisch geführten Bodenkrieg, oder auf sich gestellt – in die Großoffensive gehen könnte. Vordergründig hat dies den militärischen Vorteil, daß die ortskundigen und teilweise im Partisanenkampf erfahrenen UÇK-Kämpfer entsprechend munitioniert dem serbischen Militär schwerere Schäden zufügen können, als es die Luftschläge der NATO vermögen. Überdies würde ein hoher Blutzoll bei der UÇK als »Kanonenfutter« der NATO in keinem westlichen Land zu innenpolitischen Turbulenzen führen.

Diese Option birgt jedoch zwei dramatische Gefahren: Einerseits würde die UÇK grausame Rache an den serbischen Zivilisten im Kosovo nehmen und die NATO damit zum Schirmherrn neuer Greueltaten machen. Andererseits würde die UÇK aus ihrem militärischen Engagement den politischen Anspruch ableiten, bei den Verhandlungen zur Nachkriegsstruktur des Kosovo mit einem Monopolanspruch auf der kosovarischen Seite des Verhandlungstisches zu sitzen. Ibrahim Rugova wurde von zahlreichen UÇK-Sprechern bereits als Verräter gebrandmarkt[30], und seine nach der Freilassung in Rom bekräftigten gemäßigten Positionen werden die USA veranlassen, der Rebellenarmee auch das politische Feld ganz zu überlassen.

Für die Nachkriegsordnung auf dem Balkan entsteht durch die amerikanische Komplizenschaft mit der UÇK neues Konfliktpotential, das sich an mindestens drei Gefahrenpunkten festmachen läßt: Erstens hat der israelische Außenminister Sharon am 7. April 1999 nachdrücklich vor einem Großalbanien als einem Hort des internationalen Terrorismus gewarnt[31] und damit die Parallelen aufgezeigt, die zwischen der CIA-gestützten Schaffung von europäischen Mudschahedin und dem Desaster der amerikanischen Politik in Afghanistan bestehen. Dabei geht es einerseits um die der israelischen Staatsräson folgende Unterstützung Belgrads gegen die »Muslim«-Staaten Bosnien-Herzegowina und Albanien, andererseits um die wehrtechnische Geschäftstüchtigkeit des Mossad.[32]

Zum zweiten verweist Makedonien aus gutem Grunde darauf, daß der Machtanspruch der UÇK und ihres Paten in Tirana auch einen beträchtlichen Teil seines Staatsgebiets in das angestrebte Großalbanien einbezieht. Mit großer Sorge sieht die Regierung in Skopje, wie die UÇK geheime Waffenlager im Lande anlegte, in den Flüchtlingslagern und rund um Tetovo bereits ihre Fahne aufgepflanzt hat und in welchem Umfang sie unter den makedonischen Albanern Propaganda für den

Separatismus entfaltet. Jede Gewährung von vollständiger Selbständigkeit des Kosovo würde bei den Separatisten in Makedonien als Ermutigung angesehen, dem Vorbild der UÇK mit Terrorakten gegen staatliche Einrichtungen nachzueifern. Wessen Partei soll eigentlich »die« NATO bei einem solchen vierten Balkankrieg ergreifen? Etwa nur Albanien und Bulgarien bei der Aufteilung der Beute mäßigen?

Zum dritten fürchtet die Regierung in Athen, daß ihr in dem latenten Dauerkonflikt mit dem »Erzfeind« Türkei nunmehr nicht nur die Front in der Ägäis droht, sondern daß Griechenland über ein von der Türkei mit amerikanischer Rückendeckung nachhaltig unterstütztes Großalbanien geostrategisch in die Zange genommen würde. Der nicht ganz so kalte Krieg zwischen den NATO-Partnern könnte nach einem endgültigen Sieg der türkischen Sicherheitskräfte über die Kurden lauwarm werden. Daß diese Befürchtung nicht aus der Luft gegriffen ist, zeigt die Gründung einer Schwesterorganisation der UÇK im Frühjahr 1999, die sich die »Befreiung« der Albaner im Nordzipfel Griechenlands auf die Fahne geschrieben hat.

Naturgemäß weiß ein Bundesaußenminister aus diplomatischen und nachrichtendienstlichen Quellen um diese Sachverhalte. Nach serbischer Darstellung hat Joseph Fischer bei seinem Besuch in Belgrad von Slobodan Miliosevic ein auf den 8. März 1999 datiertes Papier zur Unterstützung der UÇK durch die Bundesrepublik persönlich überreicht bekommen. Ein grünes Parteivolk in solche Hintergründe und die Komplexität der Machtspiele im Kosovokrieg einzuweihen, und dabei in aller Offenheit den Schritt zu einer »normalen« Partei zu vollziehen, wäre für den Außenminister einem politischen Selbstmord gleichgekommen. So konzentrierte sich der profilierteste Realpolitiker darauf, die grüne Seele mit der Magermilch der frommen Denkungsart abzuspeisen. Rächen könnte sich die Fixierung auf den kategorischen Imperativ eines um jeden Preis Menschlichkeitherbeibombens, wenn die klandestinen Manöver der Beteiligten klarere Konturen bekommen und unterdrückte Fakten sich Bahn in die Öffentlichkeit brechen. Die Anwürfe aus den Reihen von Bündnis 90/Die Grünen gegen Fischer würden wohl – je nach eigener Realitätsnähe – vom Vorwurf der vorsätzlichen Unterschlagung der ganzen Wahrheit bis zum Verdacht des Realitätsverlustes reichen.

Anmerkungen

1. Vgl. *SZ* vom 14.4.1999.
2. Vgl. Antwort des Parl. Staatssekretärs Lammert auf die Frage des Abgeordneten Gansel (Drucksache 13/4828).
3. Vgl. *Haagsche Courant* vom 27.6.1998.
4. Der »Volksbund des Kosovo«, 1993 gegründet, verlautbarte im März 1995 in Tirana, er habe 130 Überfälle auf serbische Behörden verübt. Die »erste Schlacht« habe am 25./26. November 1997 in den Dörfern Lausa und Vojnik stattgefunden.
5. Vgl. *New York Times* vom 24.6.1998, der zufolge in wenigen Tagen fünf serbische Dörfer um Klina eingenommen und etwa 900 Serben vertrieben wurden.
6. Vgl. *Chicago Tribune* vom 5.2.1999.
7. Vgl. *Sacramento Bee* vom 4.2.1999.
8. Vgl. *Chicago Tribune* vom 4.2.1999.
9. Vgl. *Focus* vom 27.7.1998.
10. Vgl. *Washington Post* vom 27.7.1998.
11. Vgl. *Corriere de la Sera* vom 19.1.1999.
12. Vgl. ap vom 27.7.1998.
13. Vgl. Reuters vom 28.7.1998.
14. Vgl. *Der Spiegel* 51/1998.
15. Vgl. *Newsday* vom 22.4.1999.
16. Vgl. Weißbuch »Der Terrorismus in Kosovo und Metohija und Albanien«, Belgrad September 1998, S. 221ff.
17. Vgl. *New York Times* vom 10.6.1998.
18. Vgl. u.a. *Washington Times* vom 8.4.1998 oder *Balkan infos*, Paris 5/1998.
19. Vgl. *Newsday* vom 22.4.1999.
20. Vgl. *FAZ* vom 18.1.1999.
21. Vgl. auch *SZ* vom 12.4.1999, wo UÇK-Auslandssprecher Kicmari die UÇK-Aufklärung zugunsten der NATO hervorhob.
22. Vgl. *Los Angeles Times* vom 13.4.1999.
23. Vgl. *Washington Times* vom 20.4.1999.
24. Vgl. *The New American* vom 24.5.1999.
25. Vgl. Stamm, Christoph, »Zur deutschen Besetzung Albaniens 1943-1944«, in: *Militärgeschichtliche Mitteilungen* 2/1981, S. 99ff.
26. Vgl. *St. Lois Post-Dispatch* vom 21.2.1999.
27. Simpson, Christopher, »Der amerikanische Bumerang«, Wien 1988, S. 156f.
28. Vgl. die Agentur agi vom 14.5.1995
29. Vgl. *FR* vom 10.6.1998
30. Vgl. u.a. *taz* vom 3.5.199
31. Vgl. *FAZ* vom 8.4.1999
32. So sollen die großen Flugüberwachungsradare in der Bundesrepublik Jugoslawien nicht – wie oft verlautbart – russische Systeme vom Typ Tamara sein, sondern von Israel geliefert.

Krieg auf dem Balkan
Die USA und das Völkerrecht

Noam Chomsky

Es gibt ein für alle Staaten verbindliches Reglement internationaler Ordnung, das auf der UNO-Charta, UNO-Resolutionen und den Entscheidungen des Internationalen Gerichtshofes basiert. Danach sind Androhung oder Einsatz von Gewalt ohne ausdrückliche Zustimmung des Sicherheitsrats untersagt (erlaubt ist der Einsatz von Gewalt nur zur Selbstverteidigung gegen »bewaffnete Angriffe«, und auch das nur, bis der Sicherheitsrat handelt).

Es gibt jedoch Spannungen, wenn nicht gar offene Widersprüche zwischen diesen Regeln und den Rechten, die in der Allgemeinen Erklärung der Menschenrechte festgehalten worden sind. Sie bilden den zweiten Pfeiler der Weltordnung, die nach dem Zweiten Weltkrieg auf Initiative der USA etabliert wurde. Die Charta ächtet Gewalt, die staatliche Souveränität verletzt; die Allgemeine Erklärung der Menschenrechte garantiert die Rechte von Personen gegen unterdrückerische Staaten. Das Konzept einer »humanitären Intervention« entsteht aus dieser Spannung. Die USA beziehungsweise die NATO nehmen im Kosovo das Recht auf »humanitäre Intervention« in Anspruch – und werden dabei von den Medien unterstützt.

So hat etwa die *New York Times* am 27. März unter dem Titel »Rechtsexperten bejahen das Recht auf den Einsatz von Gewaltmitteln« für die Legalität der Kosovo-Mission argumentiert. Dabei wird allerdings nur eine bejahende Stimme zitiert, die einem ehemaligen Berater der UN-Botschaft der USA gehört. Ein anderer Experte bestreitet dagegen rundweg ein Recht auf Intervention. Ein dritter, Jack Goldsmith von der Universität Chicago, bescheinigt den Kritikern der NATO-Angriffe »ziemlich gute juristische Argumente«, meint dann aber, viele Leute würden von diesem Vorbehalt die »humanitäre Intervention« ausnehmen, und zwar auf der Grundlage von »Gewohnheitsrecht und herrschender Praxis«.

So weit das Material, das die *New York Times* zur Rechtfertigung ihrer im Titel bejahten Schlußfolgerung anbietet. Das Recht auf humanitäre Intervention, so es denn existiert, basiert auf den »guten Absichten« der Intervenierenden. Diese sollten nicht an ihrer Rhetorik, sondern an den Fakten gemessen werden, insbesondere an ihrem bisherigen Verhalten gegenüber den Prinzipien internationalen Rechts, den Entscheidungen des Internationalen Gerichtshofes und so weiter. Als der Iran in Bosnien intervenieren wollte, um Massaker zu verhindern (zu einem Zeitpunkt, als der Westen dies noch ablehnte), wurde sein Angebot mit Spott übergangen, unter anderem weil beim Iran »gute Absichten« nicht angenommen werden konnten. Aber ist die iranische Bilanz in bezug auf Intervention und Terror schlimmer als die der USA? Und wie sollen wir die »guten Absichten« des einzigen Landes bewerten, das ein Veto einlegte gegen eine Resolution des Sicherheitsrates, nach der alle Staaten aufgerufen werden sollten, sich an internationales Recht zu halten? Wie also sieht die historische Bilanz dieses Staates aus? 1998 kam es im Kosovo zu einer humanitären Katastrophe, die in überwältigendem Maße den jugoslawischen Streitkräften anzulasten ist. Hauptopfer ist die albanische Bevölkerung. Nach allgemeiner Schätzung hat es zweitausend Tote und mehrere hunderttausend Flüchtlinge gegeben. In Fällen wie diesem haben Außenstehende drei Möglichkeiten:

I. sie versuchen, die Katastrophe zu verschärfen,
II. sie tun nichts,
III. sie versuchen, die Katastrophe zu lindern.

Nehmen wir zur Illustration einige aktuelle Beispiele mit vergleichbarer Größenordnung.

Kolumbien: Nach Schätzungen des US-Außenministeriums entspricht die Zahl der politischen Morde, die von der Regierung und paramilitärischen Verbänden pro Jahr begangen werden, ungefähr der im Kosovo, und die Zahl der Flüchtlinge, die vor diesen Grausamkeiten fliehen, liegt bei weit über einer Million. Während die Gewalt zunahm, hat Kolumbien mehr Waffen und Ausbildung aus den USA erhalten als jedes andere Land in der westlichen Hemisphäre; diese Unterstützung nimmt unter dem Vorwand der Drogenbekämpfung weiter zu. In diesem Fall also haben die USA zur Methode I gegriffen: Ausweitung der Greueltaten.

Türkei: Nach vorsichtigen Schätzungen hat die Repression des türkischen Staates gegen die kurdische Bevölkerung mindestens das Ausmaß derjenigen im Kosovo. Allein zwischen 1990 und 1994 flohen über eine Million Kurden vom Land in die inoffizielle kurdische Hauptstadt Diyarbakir, weil die türkische Armee die Dörfer systematisch zerstörte. Das Jahr 1994 war das Jahr der schlimmsten Repression in den kurdischen Provinzen; es war auch das Jahr, in dem die Türkei zum größten Importeur US-amerikanischer Rüstungsprodukte und damit zum größten Waffenkäufer der Welt wurde. Während Menschenrechtsgruppen den Einsatz von US-Flugzeugen bei der Bombardierung von Dörfern aufdeckten, fand die Clinton-Regierung Wege, die in solchen Fällen gesetzlich vorgeschriebene Aussetzung von Waffenlieferungen zu umgehen.

Kolumbien und die Türkei begründen ihre (durch die USA unterstützten) Greueltaten damit, daß sie ihre Länder gegen die Bedrohung durch terroristische Guerillas verteidigen müßten. Wie die jugoslawische Regierung. Auch das Beispiel Türkei zeigt die Methode I.

Laos: Die Ebene von Jars im Norden von Laos ist der Ort der massivsten und wohl grausamsten Bombardierungen ziviler Ziele in der Geschichte. Washingtons wilder Angriff auf eine arme bäuerliche Gesellschaft begann 1968, nachdem die US-Regierung auf Druck der Bevölkerung und der Geschäftswelt Verhandlungen aufgenommen hatte, die zum Ende des ständigen Bombardements Nordvietnams führten. Danach schickten Henry Kissinger und Richard Nixon die Bomber nach Laos und Kambodscha. Die Todesfälle werden von den »Bombies« verursacht, kleinen Antipersonenwaffen, die weitaus schlimmer sind als Bodenminen. Sie sind zum Töten und Verstümmeln konstruiert und haben keine Auswirkungen auf Lastwagen oder Gebäude. Mehrere hundert Millionen dieser kriminellen Sprengsätze wurden über der Hochebene abgeworfen; sie haben nach Angaben des Herstellers Honeywell eine Fehlzündungsrate von 20 bis 30 Prozent. Diese Zahlen deuten entweder auf eine bemerkenswert schlechte Qualitätskontrolle hin oder aber auf eine beabsichtigte Langzeitwirkung. Derzeit werden (die Angaben schwanken) jährlich zwischen einigen hundert und zwanzigtausend Menschen durch »Bombies« verstümmelt oder getötet. Der langjährige Asien-Journalist des *Wall Street Journal* Barry Wein schätzt, daß rund die Hälfte der 20000 Explosionen im Jahr zum Tode führen. Nach Berichten des Mennonite Central Committee, das seit 1977 das anhaltende Gemetzel lindern hilft, sind vor allem Kinder die Opfer.

Es gab Versuche, über diese humanitäre Katastrophe zu informieren und sie zu bewältigen. Eine britische Mine Advisory Group (MAG) will die weiterhin tödlichen Waffen entfernen, stößt aber – wie die britische Presse verärgert berichtete

– auf die Weigerung der USA, ihr Unterlagen zum Vorgehen bei der Entschärfung auszuhändigen; dies würde ihre Arbeit »erheblich schneller und sicherer« machen. Die Handhabung der »Bombies« bleibt ein Staatsgeheimnis. In diesem Fall haben sich die USA für Methode II entschieden: Nichtstun.

Ich verzichte auf weitere Beispiele für die Varianten I und II – wie etwa das große Abschlachten irakischer Zivilisten durch eine besonders bösartige Form biologischer Kriegführung [erzwungene Unterernährung, Zerstörung der Trinkwasserversorgung usw., d. Hg.]. Es sei »eine sehr schwere Entscheidung« gewesen, sagte die amerikanische Außenministerin Madeleine Albright 1996 im US-Fernsehen, als sie befragt wurde, wie sie auf die Ermordung einer halben Million irakischer Kinder innerhalb von fünf Jahren reagiert habe, aber »es ist der Preis wert«. Nach Schätzungen sterben immer noch monatlich fünftausend Kinder, es ist den Preis immer noch »wert«. An dieses und andere Beispiele sollte man sich erinnern, wenn man vom »moralischen Kompaß« liest, der die Clinton-Regierung im Falle Kosovo leitet.

Die Basis des Völkerrechts wird bombardiert

Was genau aber zeigt dieser Fall? Die Androhung der NATO-Bombardierung führte zu einer scharfen Eskalation der Übergriffe der serbischen Armee beziehungsweise der paramilitärischen Einheiten und zum Abzug internationaler Beobachter. Der Oberkommandierende, General Wesley Clark, erklärte, daß die Zunahme des serbischen Terrors »völlig vorhersehbar« gewesen sei – sie wußten also, was kommen würde. Es gibt glaubwürdige Berichte über die großflächige Zerstörung von Dörfern und über Morde, die den Flüchtlingsstrom anschwellen ließen – all dies eine »völlig vorhersehbare« Folge der Drohung mit und der anschließenden Ausübung von Gewalt, wie General Clark richtig bemerkt.

Kosovo ist damit ein weiteres Beispiel für die Möglichkeit I, also den Versuch einer Eskalation der Gewalt, mit erwarteten Folgen. Auch Beispiele zur Illustration der Möglichkeit III lassen sich ohne weiteres finden, zumindest wenn man die offizielle Rhetorik beiseite läßt. Die bedeutendste neueste Studie zum Thema »humanitäre Intervention« hat Sean Murphy verfaßt. Er zieht zunächst die Bilanz für die Zeit nach Verabschiedung des Kellogg-Briand-Pakts von 1928, der eine Ächtung des Krieges beinhaltete, und anschließend für die Epoche seit Verabschiedung der UN-Charta, die diese Bestimmungen verstärkt und genauer ausformuliert hat. In der ersten Phase, schreibt Murphy, gab es drei herausragende Beispiele für »humanitäre Interventionen«: den Angriff Japans auf die Mandschurei, die Invasion Mussolinis in Äthiopien und Hitlers Besetzung eines Teils der Tschechoslowakei.

All diese Unternehmungen waren begleitet von wohltönender humanitärer Rhetorik, aber auch von faktengestützten Rechtfertigungen. Japan wollte die Mandschurei gegen die »chinesischen Banditen« verteidigen, um ein »Paradies auf Erden« zu errichten. Dabei konnten die Japaner auf die Unterstützung durch einen führenden chinesischen Nationalisten verweisen, der eine weitaus glaubwürdigere Figur war als alle Typen, die Washington beim Angriff auf Vietnam aufbieten konnte. Mussolini wollte angeblich Tausende von Sklaven befreien und damit die »zivilisatorische Mission« des Westens vorantreiben. Hitler sprach von der Absicht, ethnische Spannungen und Gewalt zu beenden, und »das nationale Eigenleben des deutschen und des tschechischen Volkes sicherzustellen«, und bekannte sich »erfüllt von dem ernsten Wunsch, den wahren Interessen der in diesem Lebensraum wohnenden Völker zu dienen [und] dem Frieden und der sozialen Wohlfahrt aller zu nutzen«. Und der Ministerpräsident der Slowakei schickte Hitler ein Telegramm, mit dem er seinen Staat dem Schutz des Großdeutschen Reiches unterstellte.

Eine weitere nützliche intellektuelle Übung wäre der Vergleich solch obszöner Rechtfertigungen mit denen, die in der zweiten Periode, nach Verabschiedung der UN-Charta, für Interventionen, einschließlich »humanitärer«, angeboten wurden. In dieser Periode war das wohl zwingendste Beispiel einer humanitären Intervention die vietnamesische Invasion in Kambodscha (Dezember 1978), die Pol Pots Metzeleien zu einem Zeitpunkt stoppte, als diese auf ihrem Höhepunkt waren. Vietnam nahm dabei für sich das Recht auf Selbstverteidigung in Anspruch.

Es war einer der wenigen glaubwürdigen Fälle jener Zeit: Das Regime der Roten Khmer im »Demokratischen Kampuchea« führte in den Grenzregionen mörderische Angriffe gegen Vietnam aus. Die Reaktion der USA auf die vietnamesische Intervention ist sehr erhellend. Die Medien verurteilten die »asiatischen Preußen« für diesen ungeheuerlichen Bruch internationalen Rechts. Diese wurden für ihr Verbrechen – die Massaker Pol Pots beendet zu haben – hart bestraft: erst durch eine (von den USA unterstützte) chinesische Invasion, dann durch extrem harte Sanktionen der USA. Und die USA erkannten die vertriebenen Roten Khmer als offizielle kambodschanische Regierung an, weil sie die »Kontinuität« zum Pol-Pot-Regime repräsentierten, wie das US-Außenministerium damals erklärte. Dieses Beispiel sagt uns alles über die »herrschende Praxis«, die den »sich herausbildenden Rechtsnormen der humanitären Intervention« zugrundeliegt.

Es gibt keine ernstzunehmenden Zweifel daran, daß die NATO-Bombardierungen alles, was von der fragilen Struktur des Völkerrechts übrigbleibt, weiter unterminieren. Die USA haben das auch in den Diskussionen, die zur NATO-Entscheidung führten, völlig klar gemacht. Außer Großbritannien (das mittlerweile von den USA so unabhängig ist wie das UNO-Gründungsmitglied Ukraine von der damaligen Sowjetunion) standen die NATO-Länder der US-Politik skeptisch gegenüber und waren besonders über Albrights »Säbelrasseln« (*Boston Globe*) verärgert. Je näher die Länder (auch NATO-Länder wie Italien und Griechenland) an der Konfliktregion liegen, desto größer war und ist ihre Opposition gegen den Einsatz von Gewalt. Frankreich verlangte eine Resolution des UNO-Sicherheitsrates – der müsse die Stationierung von friedenssichernden NATO-Truppen autorisieren. Die USA lehnten dies rundweg ab. Die NATO müsse auch »unabhängig von den Vereinten Nationen agieren können«, sagten Beamte des US-Außenministeriums.

Die USA verhinderten auch (so die *New York Times* vom 11. Februar), daß der Begriff »autorisieren« in der abschließenden NATO-Stellungnahme vorkam – der UNO-Charta und dem internationalen Recht sollte keine Autorität zugestanden werden. Die gleichzeitig stattfindende Bombardierung des Irak war ja ebenfalls eine unverschämte Mißachtung der UNO – die Botschaft war klar. Nur wenige Monate zuvor hatten die USA die Hälfte der Produktionskapazitäten zur Erzeugung von Arzneimitteln in einem kleinen afrikanischen Land zerstört [gemeint ist der Sudan, d. Hg.].

Nun könnte man sagen, daß eine weitere Demontage internationaler Regeln eigentlich irrelevant ist (so wie Ende der dreißiger Jahre der Völkerbund seine Bedeutung verloren hatte), daß die Verachtung der Führungsmacht gegenüber dem Regelwerk internationaler Ordnung mittlerweile so groß ist, daß es nichts mehr zu diskutieren gibt. Die Mißachtung internationalen Rechts reicht schließlich weit zurück, wurde unter John F. Kennedy erstmals offen ausgesprochen und geht – das war neu – unter Ronald Reagan und Clinton ganz offen vor sich. Der Internationale Gerichtshof, die UNO und andere Institutionen seien unerheblich geworden, erklärten die obersten US-Behörden unumwunden, weil sie nicht länger den US-Vorgaben folgen würden, wie dies noch in den ersten Nachkriegsjahren der Fall war.

Unter Clinton hat die Mißachtung der Weltordnung so zugenommen, daß selbst den Falken zuzurechnende Fachleute besorgt sind (in der letzten Ausgabe von *Foreign Affairs*, dem führenden Journal der herrschenden Elite, warnt Samuel Huntington davor, daß die USA dabei seien, »zur verbrecherischen Großmacht zu werden«, die von vielen als »größte einzelne äußere Bedrohung ihrer Gesellschaften« angesehen würde). Die USA haben im Fall Kosovo einen Kurs gewählt, der die Gewalt »vorhersehbar« eskalieren ließ und der zugleich einen weiteren Schlag darstellen sollte gegen die internationale Ordnung, die den Schwachen wenigstens ein Minimum an Schutz vor räuberischen Staaten bietet. Das Recht auf »humanitäre Intervention« wird in den kommenden Jahren wahrscheinlich regelmäßig in Anspruch genommen – vielleicht berechtigterweise, vielleicht auch nicht. In einer solchen Zeit lohnt es sich, der Meinung hoch angesehener Fachleute Beachtung zu schenken.

Leon Henkin etwa gehört zu den hervorragendsten Experten für internationales Recht. In einem Standardwerk zur Weltordnung schreibt Henkin: »Verletzungen der Menschenrechte kommen nur allzu häufig vor, und wenn es erlaubt wäre, ihre Verletzung durch den Einsatz äußerer Gewalt zu ahnden, könnte kein Gesetz den Einsatz von Gewalt irgendeines Staates gegen irgendeinen anderen Staat verhindern. Die Menschenrechte müssen meiner Meinung nach durch andere, friedliche Maßnahmen geschützt werden, und nicht dadurch, daß man der Aggression Tür und Tor öffnet und so alle Fortschritte im internationalen Recht, bei der Ächtung des Krieges und beim Verbot des Einsatzes von Gewalt vernichtet.«

Anerkannte internationale Rechtsgrundsätze, verbindliche Verträge, Entscheidungen des Internationalen Gerichtshofs, Ansichten anerkannter Experten – all das löst nicht automatisch Probleme. Jeder Sachverhalt muß für sich betrachtet werden. Wer sich nicht den Standard von Saddam Hussein zu eigen machen will, muß beweisen können, warum mit Gewalt gedroht oder sie gar (unter Verletzung der Prinzipien der internationalen Ordnung) eingesetzt wurde. Vielleicht kann der Beweis ja erbracht werden, aber das muß gezeigt werden – leidenschaftliche Rhetorik allein reicht da nicht aus. Die Konsequenzen müssen sorgfältig abgewogen werden – unter Berücksichtigung insbesondere dessen, was »vorhersehbar« ist. Und wer auch nur ein bißchen ernsthaft ist, wird die Handlungsgründe genau abwägen, und sich nicht allein mit der Vergötterung unserer Führer und deren »Moral« begnügen.

Aus dem Amerikanischen von
Pit Wuhrer

Chronik eines angeordneten Verbrechens

Mira Beham

24. März 1999, 19.56 Uhr: Die Brüsseler ZFD-Korrespondentin Karin Storch ist weltweit die erste Journalistin, die »eine traurige Mitteilung« zu machen hat: Die NATO-Luftangriffe gegen Jugoslawien haben begonnen. Neunzehn hochgerüstete Staaten im Bündnis gegen einen einzelnen Machthaber. Nachdrückliche Beteuerungen und Beschwichtigungen aus Washington, Brüssel und Bonn, die Operation »Allied Force« zur »Abwendung einer humanitären Katastrophe« richte sich ausschließlich gegen den jugoslawischen Diktator Slobodan Milošević und seinen Militärapparat, nicht jedoch gegen das serbische Volk. Eine Art Strafaktion gegen einen ungehorsamen Führer also. Die Menschen in Belgrad und anderen serbischen Städten, die zum ersten Mal in ihre Keller flüchten müssen, denken schon an diesem Abend anders.

»Lassen Sie mich noch einmal betonen, wir haben keinen Konflikt mit dem jugoslawischen Volk. Unsere Aktionen richten sich gegen die repressive Politik der jugoslawischen Regierung, die sich weigert, am Ende des 20. Jahrhunderts in diesem Europa zivilisierte Verhaltensnormen zu respektieren. Die Verantwortung für die gegenwärtige Krise trägt Slobodan Milošević«, erläutert NATO-Generalsekretär Javier Solana kurz nach Kriegsbeginn die zivilisatorische Zielsetzung der Bomben und Raketen. Am zwanzigsten Kriegstag wird er sagen: »Das Recht und die Gerechtigkeit sind auf seiten der NATO.«

In Solanas Worten, die er und die Regierungsvertreter der führenden NATO-Mitgliedsstaaten so oder so ähnlich während der Kriegsmonate nicht müde werden zu wiederholen, lassen sich alle semantischen Elemente finden, die die Friedens- und Konfliktforschung als Merkmale von Kriegsregierungen definiert: ein positives Selbstbild, die Gerechtigkeit eigener Ziele, eine Delegitimierung des Gegners durch eine Dehumanisierung und das Zuschreiben der Kriegsschuld etc. So gesehen hat sich die Kriegspartei NATO, die stetig betont, ebendies nicht zu sein, und deshalb ihren Angriffskrieg gegen Jugoslawien in saubere Begriffe wie »Luftschläge« oder ähnliches verpackt, durch ihre Sprache und Wortwahl selbst entlarvt.

Propaganda pflegt man eine solche Sprachregelung zu nennen, die mit den Mitteln der Täuschung und Manipulation für eine Sache wirbt. Aber Propaganda beginnt und entsteht nicht erst im Krieg, sie ist vielmehr ein wesentlicher Bestandteil der Kriegsvorbereitung, gesteuerte Sprache und Bilder erst lassen den Krieg in den Köpfen der Menschen zu einem plausiblen und unausweichlichen Weg der Lösung von Krisen werden.

Um serbische Städte bombardieren zu können und dies nicht als Krieg oder gar Aggression bezeichnen zu müssen, trafen auch die NATO und ihre Mitgliedstaaten beizeiten entsprechende Vorkehrungen.

Rückblende: Am 16. Januar 1999 läßt sich ein scheinbar entsetzter William Walker, Amerikaner und Leiter der Kosovo-Überwachungsmission der OSZE, in Begleitung von UÇK-Kämpfern und ausländischen Journalisten, vor einer mit Leichen gefüllten Grube im Kosovo-Dorf Račak filmen und macht alsgleich die serbische Polizei für diese, wie er sagt, »unaussprechliche Grausamkeit« verantwortlich. Noch vor der Durchführung jeglicher unabhängigen Untersuchungen des Vorfalls ist das »Massaker von Račak« geboren, ein »grauenvolles Blutbad« (*Der Spiegel*), das die Serben tags zuvor an 45 unbewaffneten albanischen Zivilisten angerichtet haben sollen. Fünf Tage später rekonstruieren französische Reporter von *Le Figaro* und *Le Monde* mit Hilfe von Filmaufnahmen eines Kamerateams von *Associated Press,* daß es am 15. Januar in Račak zu Kämpfen zwischen der UÇK und Einheiten der serbischen Sonderpolizei gekommen sein muß, bei denen es zahlreiche Opfer unter den albanischen Kämpfern gegeben hat. Ungeachtet der bestehenden Ungereimtheiten hinsichtlich der tatsächlichen Ereignisse und ungeachtet des Umstands, daß William Walker den Spitznamen »Mr. Massacre« trägt, weil er als Falke im Dienste der amerikanischen Regierung nicht opportune Greueltaten in El Salvador und Nicaragua vertuschte, wird das »Massaker von Račak« zu einem solchen deklariert, das weltweit Empörung auslöst und als Anlaß für eine dramatische Zuspitzung der Kosovo-Krise durch die westliche Staatengemeinschaft dient.

»Račak«, so wird Joschka Fischer zitiert, »war für mich der Wendepunkt.« »Wir sind moralisch verpflichtet«, sagt er am Tag eins des Kriegsbeginns gegen Jugoslawien, »daß sich Gewalttaten wie in Račak nicht wiederholen«. Da weiß er schon, daß die – im übrigen lange zurückgehaltenen – Ergebnisse der pathologischen Untersuchungen finnischer, serbischer und ukrainischer forensischer Experten nur einen Schluß zulassen, nämlich den, daß es kein Massaker in Račak gegeben hat, auch wenn die finnische Pathologin Helena Ranta – von wem auch immer – dazu angehalten wird, Račak wachsweich als »Verbrechen gegen die Menschlichkeit« in einer Pressekonferenz öffentlich zu verurteilen, was William Walker und seine Auftraggeber dazu veranlaßt, sich bestätigt zu sehen.

Daß hinter den Vorgängen in und um Račak von Anfang an die Absicht steht, eine bestimmte politische und militärische NATO-Strategie für das Kosovo durchzusetzen, wird nicht nur daran erkennbar, daß die Kontaktgruppe zwei Wochen nach Račak in London ein Ultimatum beschließt, welches die Kriegsparteien an den Verhandlungstisch zwingen soll, sondern auch an einem anderen Umstand: Man braucht ein serbisches »Massaker«, um Druck auf die Serben ausüben zu können, andernfalls hätte man ja auch schon bei anderen Massakern reagieren können, wie etwa bei jenen, die die UÇK an der serbischen Zivilbevölkerung in Klečka oder Glodjane begangen hat und die im Kosovo-Bericht des UN-Generalsekretärs vom Herbst 1998 dokumentiert sind.

Račak jedenfalls führt nachgerade gezielt zu Rambouillet. Und Rambouillet ist, so Kritiker der Politik der internationalen Gemeinschaft, »eine Kriegserklärung, verpackt in ein Friedensabkommen«.

Ausgehend von falschen oder zumindest schiefen Voraussetzungen wird der jugoslawisch-serbischen Seite in Rambouillet ein Vertrag vorgelegt, der nicht nur in seinem viel später erst heftig diskutierten Annex B über die militärische Implementierung die Aufgabe der Souveränität der Bundesrepublik Jugoslawien zugunsten der im Kosovo zu stationierenden NATO-Truppen bedeutet, sondern in seiner Terminologie schon die Niederlage der Jugoslawen impliziert: Der jugoslawische souveräne und anerkannte Staat wird sprachlich wie auch bezüglich der vertraglichen Bestimmungen auf die gleiche Stufe gestellt wie die sezessionistische, selbsternannte und nicht anerkannte politische Führung der Kosovo-Albaner sowie deren militärischer Arm, die UÇK. Unter dem Druck der amerikanischen Außenministerin Madeleine Albright unterschreibt die albanische Seite den Vertrag, wohl wissend, daß die jugoslawische Partei ihn niemals annehmen wird.

So entsteht ein Ultimatum an Jugoslawien, das dem Ultimatum Österreich-Ungarns an Serbien aus dem Jahre 1914 sehr ähnlich ist, über welches wiederum der ehemalige Diplomat Ralph Hartmann schreibt: »Seine Annahme hätte den serbischen Verzicht auf die eigene Souveränität bedeutet, seine Ablehnung – Krieg.«

Nach der Substanz des Vertrags von Rambouillet und nach den Gründen, warum die jugoslawische Seite ihn nicht unterzeichnen will, wird zu diesem Zeitpunkt nicht gefragt. Auch nicht danach, warum von 82 Seiten des unterschriftsreifen Abkommens über Nacht 60 Seiten geändert werden. Dazu Predrag Simić, Professor am Belgrader Institut für Internationale Politik, in Rambouillet Berater des damaligen jugoslawischen Vizepremiers Vuk Drašković:»Die neuen Seiten betrafen vor allem die Umsetzung des Vertrags. Die Amerikaner hatten wieder Prioritäten umgedreht: zuerst Umsetzung und dann ein Abkommen. Aus unserer Delegation hörte ich, daß die Amerikaner ziemlich brutal sagten: ›Akzeptieren Sie 28.000 NATO-Soldaten im Kosovo. Alles andere ist uns egal.‹ Es gab eine dreiwöchige Unterbrechung. Wir waren zu der Überzeugung gelangt, daß es den Amerikanern nur um die Militärpräsenz ging und sonst um nichts. Wir waren bereit, den Teil, der ausgehandelt worden war, zu unterschreiben, nicht aber den ganzen Vertrag. Es ist also nicht richtig, zu sagen, daß die Serben nicht unterschreiben wollten. Nach der Verhandlungsunterbrechung wiederholten wir wieder unser Argument: Zuerst einigen wir uns über den politischen Inhalt, dann reden wir über die Umsetzung. Aber die Amerikaner wollten das nicht hören. Die Kosovo-Albaner unterschrieben den Vertrag. Albright hatte ihre erste Option durchgesetzt: Die Albaner sagen ja, die Serben sagen nein. Und die Serben werden bombardiert.«

Die internationale Gemeinschaft samt ihrer Medienvertreter und Meinungsführer schiebt Belgrad den Schwarzen Peter zu und droht mit NATO-Luftangriffen. Während die OSZE ihre Beobachter aus dem Kosovo abzieht, um sich vor den bevorstehenden NATO-Bomben in Sicherheit zu bringen, dringen jugoslawisches Militär und serbische Sonderpolizei in den frei werdenden Raum, um ihn nicht der UÇK zu überlassen. Die Eskalation nimmt ihren Lauf.

In Artikel 52 der Wiener Konvention über Vertragsrecht, unterzeichnet am 23. Mai 1969 und in Kraft getreten am 27. Januar 1980, heißt es:»Ein Vertrag ist hinfällig, wenn seine Unterzeichnung durch die Androhung oder Verwendung von Gewalt unter Verletzung der Prinzipien internationalen Rechts, verkörpert in der Charta der Vereinten Nationen, erzwungen wird.« Dem völkerrechtlichen Gewaltverbot des Artikels 2, Ziff. 4 der UN-Charta unterfällt »jede« Art der Anwendung militärischer Gewalt. Das Recht zur »humanitären Intervention« steht nach geltendem Völkerrecht nur den Organen der UN zu. Der militärische Angriff gegen die Bundesrepublik Jugoslawien verstößt in mehrfacher und eklatanter Weise gegen die UN-Charta und geltendes Völker- und Verfassungsrecht. Man kann Fakten nicht unterschlagen, nur weil sie der falschen Seite dienen könnten.

26. März: Schon nach drei Tagen der NATO-Bombardements läßt sich das zu erwartende Ausmaß der »humanitären Aktion« gegen Jugoslawien erahnen:

- Im südserbischen Ort Kuršumlija, auf halber Strecke zwischen Niš und Priština, wird das Zentrum für serbische Bürgerkriegsflüchtlinge aus Bosnien und Kroatien bombardiert. Dabei kommen elf Menschen ums Leben, 24 werden verletzt.
- Eine andere Unterkunft für serbische Flüchtlinge bei Novi Sad wird von Raketen getroffen. Die Zahl der Opfer ist nicht bekannt.
- In Pančevo werden die Fabrik Utva, das Unternehmen Mintel, die Landwirtschaftschule sowie mehrere Dutzend Geschäfte und Wohnungen von Bomben getroffen.
- Ein Marschflugkörper trifft das landwirtschaftliche Gut Mijakovci bei Čačak.
- Im Belgrader Stadtteil Rakovica werden die Wasserversorgungseinrichtungen sowie zwei Grundschulen beschädigt.
- Nach der Bombardierung weiterer Teile Belgrads gibt es den ersten Giftgasalarm: Schwer getroffen werden die Arzneimittelfabrik Galenika und ein Treibstofflager im Südwesten der Stadt.
- In Priština werden die Landwirtschaftsschule, die Landwirtschaftsfakultät, eine Stoßdämpferfabrik und die Maschinenbaufakultät beschädigt. Eine Kunststoffabrik verbrennt komplett.
- Die Dörfer Lukare und Gračanica im Kosovo werden bombardiert. In diesem Teil des Kosovo leben ausschließlich Serben. Das weltberühmte serbisch-orthodoxe Kloster Gračanica aus dem 14. Jahrhundert wird beschädigt.
- In Kosovska Mitrovica explodieren zwei Marschflugkörper und mehrere Bomben.
- Ein Marschfulgkörper trifft die Altstadt von Djakovica im Kosovo.

Die Liste der NATO-Treffer von zivilen Zielen nach nur 72 Stunden Bombardement ließe sich fortsetzen. Die Panik aber, die unter der Bevölkerung herrscht, läßt sich kaum beschreiben.

1. April: Walther Stützle, Staatssekretär im Bundesministerium für Verteidigung: »Ich würde sehr herzlich darum bitten, nicht von NATO-Bombardierungen zu sprechen, weil mir das ein Schlagwort zu sein scheint, daß in dieser Situation gar nicht angemessen ist.«

2. April: Unter der einpeitschenden Regie von Brüssel und Washington sowie der Kriegsminister Rudolf Scharping und Joschka Fischer drängt die Berichterstattung über den Massenexodus der Kosovo-Albaner in den westlichen und bundes-

deutschen Medien seit einer Woche alle anderen Nachrichten in den Hintergrund. Während Scharping und Fischer von Massakern, Greueltaten, Völkermord und einem »von langer Hand geplanten ethnischen Vertreibungskrieg« sprechen und dabei den Vergleich mit dem Holocaust nicht scheuen, setzen die Journalisten noch eins drauf. Ulrich Wickert interviewt in den »Tagesthemen« den UÇK-Führer Hashim Thaçi, der unwidersprochen von »20.000 Menschen in einem Konzentrationslager« berichten darf, und Sondersendungen auf allen Fernsehkanälen befassen sich mit Massakern, vorzugsweise aus dem Bosnienkrieg, weil es zu aktuellen Informationen über Greueltaten keine Bilder gibt. Zerstörungen durch NATO-Bomben, die das serbische Fernsehen dokumentiert, werden jedoch als Propaganda abgetan (Scharping: »Diese Bilder sind nachweislich zwei Jahre alt!«).

Aus Belgrad trifft eine E-mail der serbischen Grünen ein: »Die NATO-Offiziellen nehmen für sich in Anspruch, im Namen der höchsten zivilisatorischen Werte zu handeln und die Menschenrechte sowie das Leben albanischer Zivilisten zu verteidigen. Gleichzeitig übersehen sie die Tatsache, daß die Rechte und das Leben aller Zivilisten durch ihre Aktion bedroht sind, die ein humanitäres Desaster großen Ausmaßes hervorgerufen hat, einschließlich der humanitären Krise der albanischen Flüchtlinge.«

Die humanitäre Krise der albanischen Flüchtlinge hat mehr als eine Ursache: a) Eine große Anzahl von Menschen flüchtet aus Gebieten, die vom Massenbombardement der NATO betroffen sind. b) Ein Teil der Flüchtlinge weicht unter dem Druck der UÇK zurück, damit die NATO-Intervention durch den Flüchtlingsstrom gerechtfertigt werden kann. c) Ein anderer Teil flieht vor den Aktionen der jugoslawischen Armee, d) während wiederum andere Opfer der Einschüchterung paramilitärischer Einheiten werden.

Auf der anderen Seite sind die Flüchtlinge, die Richtung Serbien fliehen (Serben, Albaner, Zigeuner, Muslime), Opfer des Massenbombardements der NATO sowie der Aktionen der UÇK, der größten paramilitärischen Einheit in Jugoslawien, die grausame Verbrechen begangen hat.

Die Massenvertreibung von insgesamt 600.000 Serben aus Kroatien und ebensovielen aus Zentralbosnien wurde von den westlichen Medien totgeschwiegen und von den Regierungen der internationelan Gemeinschaft als unumgänglich hingenommen. Als 250.000 Serben in nur drei Tagen in einem brutalen Blitzkrieg durch die kroatische Armee aus der Krajina vertrieben wurden, sagte Bill Clinton, er habe »ein gewisses Verständnis« dafür.

3. April: Pressekonferenz des Trio Infernale Schröder/ Scharping/Fischer: »Ausrottung, Deportation, Vergewaltigungen, schlimmstes Kriegsverbrechen. Serbische Mörderbanden!«

Am Abend stellt Gabi Bauer in den »Tagesthemen« die bange Frage: »Was passiert eigentlich im Kosovo?« Als Zeugen der Ereignisse befragt sie telefonisch und direkt aus Drenica, der Hochburg der kosovo-albanischen Untergrundarmee, einen der UÇK-Führer, nämlich Naim Bardiqi, »der in Deutschland studiert hat und sich seit einem Jahr im Kosovo aufhält«. Bardiqi berichtet von unsäglichen Greueltaten der Serben, von der Einkesselung von Zivilisten, vom Niederbrennen von Häusern, in denen ganze Familien ums Leben kommen.

Waren lange vor dem NATO-Bombenkrieg gegen Jugoslawien in der Presse hier und da noch kritische Töne hinsichtlich der Rolle der UÇK in der Auseinandersetzung mit der jugoslawischen Armee und der serbischen Sonderpolizei zu lesen und hören gewesen, so wird die paramilitärische Formation der Kosovo-Albaner von der Masse der Medien inzwischen wie eine Art Heilsarmee behandelt. Einer solchen Einschätzung widersprechen ganz vereinzelte Presseberichte oder abgelegene Veröffentlichungen heftig. Michel Chossudovsky, Professor für Ökonomie an der Universität Ottawa, meint: »Von den Medien weltweit als humanitäre Friedensmission angekündigt, übersteigt das unbarmherzige Bombardement von Belgrad und Prìština durch die NATO bei weitem den Bruch internationalen Rechts. Während man Slobodan Milošević dämonisiert und als hartherzigen Diktator porträtiert, wird die UÇK als eine geachtete, nationalistische Bewegung hochgehalten, die für die Rechte der Albaner kämpft. Die Wahrheit ist, daß die UÇK mit stillschweigender Billigung der Vereinigten Staaten und ihrer Verbündeten vom organisierten Verbrechen ausgehalten wird. Indem man dem Muster folgt, das während des Bosnienkrieges geschaffen wurde, ist die öffentliche Meinung sorgfältig in die Irre geführt worden. Der mehrere Milliarden Dollar schwere Drogenhandel hat im Einklang mit den westlichen wirtschaftlichen, strategischen und militärischen Zielen bei der Finanzierung des Kosovo-Konflikts eine Schlüsselrolle gespielt. Ausführlich dokumentiert durch europäische Polizeiakten, belegt in zahlreichen Studien, sind die Verbindungen der UÇK zu den kriminellen Kartellen in Albanien, in der Türkei und in der Europäischen Union den westlichen Regierungen und Geheimdiensten bereits seit Mitte der neunziger Jahre bekannt.«

Nicht nur die Finanzierung der UÇK durch das »Balkan-Medellín« (*Jane's Intelligence Review*) ist den westlichen Staaten bekannt, vielmehr ist man im Westen auch über die guten

Verbindungen der kosovo-albanischen Untergrundarmee zu islamischen terroristischen Vereinigungen im Bilde. So lautet etwa die Überschrift zu einem Bericht des »Republican Policy Committee«, einer Einrichtung der amerikanischen Republikanischen Partei, vom April 1999 über die entsprechenden Kontakte: »Die UÇK – von Terroristen zu Partnern«. Die Analyse führt aus, daß es die Strategie der UÇK gewesen ist, »die Gewalt so weit zu eskalieren, daß sich eine Intervention von außen als klare Möglichkeit anbieten würde« und daß diese Eskalation in albanischen Trainingslagern vorbereitet wurde, die bekannt sind als Zentren von islamischen Terroristen aus dem Umfeld des amerikanischen Erzfeindes Osama bin Laden.

6. April: Jahrestag der Nazi-Luftangriffe von 1941 auf Belgrad.

7. April: Nach offiziellen Angaben der jugoslawischen Behörden befinden sich auf dem Territorium der Bundesrepublik Jugoslawien 2787 registrierte Kulturdenkmäler, davon 1300 – überwiegend serbisch-orthodoxe Kirchen und Klöster – allein im Kosovo. Daneben gibt es im ganzen Land 1700 besonders wertvolle Naturdenkmäler.

Zu den bisherigen Zielen der NATO zählen Belgrad, Novi Sad, Priština, Pančevo, Smederevo, Kuršumlija, Aleksinac, Sombor, Niš, Užice, Podgorica, Čačak, Vranje, Djakovica, Leskovac, Peć, Kraljevo, Orahovac, Kosovska Mitrovica, Kruševac etc. Alles Städte, in denen bei den letzten Kommunalwahlen von 1996 überwiegend die serbische Opposition siegte.

Unter den Serben machen sich schwarzer Humor und Trotz breit: »Wenn du in Belgrad über die Straße gehst, dann schaust du nach rechts, nach links und nach oben.« Oder: »Weißt du, wie sich ein Serbe fühlt, wenn er morgens aufwacht? Wie ein verfehltes Ziel.«

8. April: In einer Studie der amerikanischen Journalisten-Organisation FAIR (»Fairneß und Genauigkeit in der Berichterstattung«) über die Nachrichtensendungen der US-Fernsehsender ABC und PBS wird festgehalten, daß »von 291 Quellen, die vom 25. März bis 8. April in den Nachrichten auftauchten, nur 24 – oder acht Prozent – kritische Stellungnahmen zu den NATO-Luftangriffen waren«.

Die amerikanische PR-Firma Ruder Finn arbeitet seit 1992 für die »Republik von Kosova«. Sie hat beste Beziehungen zur amerikanischen Administration und zu den Medien weltweit.

15. April: Gerhard Schröder, Bundeskanzler: »Wir wollen die humanitäre Katastrophe und die schweren Menschenrechtsverletzungen im Kosovo möglichst schnell beenden.«

22. April: Professor Michael Klare, Militärwissenschaftler und Professor am international renommierten Hampshire

College in Massachusettes: »Präsident Clinton war entschlossen, den Kosovo-Krieg unter amerikanischer und unter NATO-Führung durchzuführen. Vor dem 50. Jahrestag der NATO wollte er Macht demonstrieren und einen militärischen Erfolg vorführen. Er wollte zeigen, daß die NATO nun in der internationalen Sicherheitspolitik die Führungsrolle hat – und nicht die Vereinten Nationen. Und so setzte er, an den Vereinten Nationen vorbei, die Entscheidung für den NATO-Einsatz durch. Das Kosovo ist Opfer all dieser amerikanischen Anstrengungen, die stattgefunden haben. Das heißt: Das Thema Kosovo kam in dem Moment auf die Tagesordung, als Mister Clinton eine große Demonstration in Sachen neuer NATO-Strategie suchte. Das hätte sonstwo stattfinden können.«

24. April: Vier Wochen Krieg gegen Jugoslawien. Die NATO-Allianz hat 10.000 Angriffe mit 530 Kampfflugzeugen und 203 Hubschraubern durchgeführt, die von 30 Stützpunkten in fünf Staaten und sechs Kriegsschiffen in der Adria gestartet sind. Mehr als 2500 Marschflugkörper wurden abgefeuert und über 7000 Tonnen Sprengstoff abgeworfen.

Offizielle, aber geschönte Angaben des jugoslawischen Außenministeriums sprechen von bisher mehr als 1000 Toten und über 4500 Verletzten:

Pančevo: zwei Tote, vier Verletzte. Čačak: ein Toter, sieben Verletzte. Kragujevac: über 120 Verletzte der Autofabrik »Zastava«. Vranje: zwei Tote, 23 Verletzte. Aleksinac: 12 Tote, über 40 Verletzte. Nagavac: elf Tote, fünf Verletzte. Priština: zehn Tote, acht Verletzte. Grdelička Klisura: 55 Tote, 16 Verletzte. Angriff auf den Flüchtlingskonvoi zwischen Djakovica und Prizren: 75 Tote, 100 Verletzte, davon 26 schwer. Srbica: zehn Tote, darunter sieben Kinder. Batajnica: ein dreijähriges Mädchen wird getötet, fünf weitere Zivilisten verletzt.

Beim Angriff auf das serbische Fernsehen RTS in Belgrad werden nach offiziellen Informationen 16 Menschen getötet und 17 verletzt. Behandelnde Ärzte vor Ort und in den Krankenhäusern sprechen jedoch von 40 Toten. Die Mediziner sind es, die das wahre Ausmaß des Schreckens kennen, ihr Wissen bis auf weiteres aber nicht verbreiten können oder dürfen. Auch die Propaganda des Belgrader Regimes arbeitet mit dem Mittel der Manipualtion und Lüge, um die Moral der Bevölkerung und der Soldaten aufrechtzuerhalten und den Feind zu täuschen.

27. April: In der südserbischen Kleinstadt Surdulica werden bei einem Angriff 25 Zivilisten getötet, darunter zwölf Kinder, und mehr als 100 verletzt, davon 24 schwer. 300 Häuser werden zerstört. Das war nur einer von über 500 NATO-Einsätzen an diesem Tag.

4. Mai: Professor Miroslav Miličević, Chefchirurg der Belgrader Universitätsklinik, schreibt seinem Freund und Kollegen in England, mit dem er zwei Jahre am Imperial College in London zusammengearbeitet hat. Er war nie ein Anhänger von Slobodan Milošević und gehörte keiner Partei an: »Es herrschen nur Depression und Zorn. Niemand kann etwas Vernünftiges tun – wir existieren einfach nur. (...) Ich bin froh, wenn ich operieren kann – das lenkt mich von den Gedanken an meine Familie und an die unfaßbare Realität ab. Kannst Du Dir vorstellen, daß 500 Millionen der reichsten und mächtigsten Menschen der Welt (die größte Streitmacht der Geschichte) zehn Millionen Menschen angegriffen haben, die durch Sanktionen ohnehin schon am Boden lagen, und daß eine europäische Hauptstadt am Ende des zweiten Jahrtausends bombardiert wird? Die Menschen lachen nicht mehr, das Überleben ist ihre einzige Beschäftigung. (...) Ich habe aufgehört, mir die Nachrichten über Satelliten anzusehen. Ich kann diese Propaganda nicht mehr ertragen, die mir dauernd vorhält, daß ich zu einer Nation gehöre, die es nicht verdient hat, zu existieren. Glaube mir, was Du in den Nachrichten siehst, hat nichts mit dem wirklichen Schrecken hier zu tun. Über 80 Prozent der Brücken sind zerstört, die meisten Eisenbahnstrecken und Straßen. Beide Ölraffinerien sind zerbombt, es gibt kein Benzin mehr, und wir können praktisch nicht mehr mit dem Auto fahren. Mehr als 300 Schulen und Universitätsgebäude sind beschädigt. Mehr als eine Million Kinder und Studenten können nicht mehr unterrichet werden. (...) In Belgrad schläft nachts praktisch niemand mehr, weil hauptsächlich zwischen 22.30 Uhr und 4.30 Uhr gebombt wird. Es reicht, die feindlichen Flieger über Deiner Stadt zu hören, die Marschflugkörper (sie fliegen tief und langsam), die Explosionen zu hören und zu spüren. Wenn die Bomber nicht mehr fliegen, glaubst Du sie immer noch zu hören. Es ist schwer, nicht verrückt zu werden. (...) Das alles muß ein Alptraum sein, es kann nicht wahr sein. Wenn die Zahl der Toten einmal bekannt werden wird, bin ich sicher, daß kommende Generationen ihr Gesicht aus Scham verbergen werden. Sie werden dieses Kapitel der Geschichte überspringen wollen.«

7. Mai: Ein Wohnviertel im Zentrum der Stadt Niš wird mit Streubomben angegriffen. 15 Menschen werden getötet, mehr als 60 verletzt. Die chinesische Botschaft wird von Raketen schwer getroffen – vier Tote, über 50 Verletzte. Zwei von ein paar hundert Einsätzen allein an diesem Tag.

US-Verteidigungsminister Cohen hat sich beim deutschen Verteidigungsminister Scharping für seine »Meinungsführerschaft in der deutschen Öffentlichkeit« bedankt. »Public Opinion wins war.« – »Öffentliche Meinung gewinnt den Krieg«, sagte schon General Eisenhower während des Zweiten Weltkriegs und betrachtete alle bei ihm akkreditierten Journalisten quasi als Offiziere. NATO-Sprecher Jamie Shea erläutert seinen Auftrag:»Meine Aufgabe ist es, daß die Medien korrekt über uns und unsere Ziele und Absichten berichten. Das müssen wir sicherstellen.« Scharping, regelmäßig beraten von der PR-Firma Hunzinger Information AG aus Frankfurt, hat endlich Macht und Einfluß.

Der »gerechte und edle« Krieg der NATO gegen die Serben wird von ehemaligen Blumenkindern und Pazifisten geführt, von Sozialdemokraten und Grünen: Clinton, Blair, Solana, Schröder, Scharping, Fischer. Sie setzen international geächtete Vernichtungswaffen wie etwa Streubomben oder Sprengkörper mit angereichertem Uran ein und sprechen von Menschenrechten, für deren Wahrung sie einen brutalen Krieg führen. Sie bemühen Auschwitz und die Geschichte, »die sich am Ende des 20. Jahrhunderts nicht wiederholen darf«, und bombardieren Brücken, Straßen, Fabriken, Heizkraftwerke, Wohnhäuser, Eisenbahnstrecken, Züge, Busse, Schulen, Klöster, Universitäten, Krankenhäuser, Museen, Theater, Bauernhöfe, Elektrizitätswerke, Raffinerien, Treibstoffdepots, Bibliotheken, Kindergärten, Hotels, Fernsehsender, historische Denkmäler, Flüchtlingsunterkünfte, die chemische Industrie, die Wasserversorgung... Sie vernichten systematisch die Lebensgrundlagen von zehn Millionen Menschen. Der Kollateralschaden sind nicht nur tote Serben und Albaner, der Kollateralschaden, das sind allein nach sechs Wochen Krieg 500.000 zerstörte Arbeitsplätze und eine Arbeitslosenquote von mehr als 50 Prozent, eine ökologische Katastrophe für die ganze Balkan-Region, deren Ausmaß noch lange nicht greifbar sein wird, Hunderttausende von traumatisierten Kindern und ein Gesamtschaden, der größer ist als das Ausmaß der Zerstörung während des Zweiten Weltkriegs, so die Berechnungen des Belgrader Wirtschaftswissenschaftlers Mladan Dinkić von der reformorientierten »Gruppe der Siebzehn«.

Das Serbische Rote Kreuz zählt an diesem Tag, dem 7. Mai, in Serbien 41.236 Flüchtlinge aus dem Kosovo, zusätzlich zu den 750.000 vom Staat unversorgten serbischen Flüchtlingen aus Kroatien und Bosnien, und entsendet einen dramatischen Appell an die Weltgemeinschaft, da außer dem Internationalen Roten Kreuz praktisch alle Hilfsorganisationen das Land verlassen haben. Der Appell ist den westlichen Politikern und Medien nicht einmal eine Nachricht wert, geschweige denn eine Pressekonferenz oder Sondersendung.

11. Mai: Tag 50 der NATO Bombardements. Deutsche, eng-

lische, amerikanische und kanadische Juristenvereinigungen sammeln seit Wochen Material, um ihre jeweiligen Regierungen vor Gericht zu bringen. Im Statut des Internationalen Kriegsverbrechertribunals für das ehemalige Jugoslawien heißt es:»Das Internationale Tribunal wird ermächtigt, Personen anzuklagen, die verantwortlich sind für schwere Verletzungen internationalen humanitären Rechts, die seit 1991 auf dem Territorium des ehemaligen Jugoslawien begangen werden ....« (Artikel 1).

»Für Staatsoberhäupter oder andere Personen, die sich in einer anderen verantwortlichen Position befinden, gibt es keine Immunität vor dem Tribunal«, sagt die Vorsitzende des Kriegsverbrechertribunals in Den Haag Louise Arbour und meint damit Slobodan Milošević, der dann auch folgerichtig auf die internationale Fahndungsliste gesetzt wird.

Tag X: Der NATO-Krieg gegen Jugoslawien und Serbien ist beendet, das Land zerschlagen und zerstört. Noch Jahrzehnte nach dem Ende der Bombardierungen wird man die schweren Folgen des Krieges spüren, und viele Generationen europäischer Bürger werden betroffen und verantwortlich sein.

Die Grünen, die NATO und der Krieg

Christian Y. Schmidt

Am 12. Oktober 1998 fällt die endgültige Entscheidung für die Beteiligung Deutschlands am NATO-Krieg gegen Jugoslawien. Die US-Regierung, die beim Sondierungsbesuch des designierten deutschen Bundeskanzlers Gerhard Schröder und seines zukünftigen Außenministers Joschka Fischer am 9. Oktober in Washington noch Verständnis dafür geäußert hatte, daß die beiden Novizen ihre Entscheidung über den Krieg zurückstellen, bis sie vereidigt sind, hat es sich anders überlegt. »Fünfzehn Minuten«, so zitiert die *Zeit* später Joschka Fischer, »blieben uns, um eine Frage von Krieg und Frieden zu entscheiden.«[1] Nach Ablauf der Frist sagen beide zum Krieg entschieden »Ja«.

Das hat speziell im Falle Joschka Fischers so manchen gewundert, der in den letzten Jahren nicht richtig aufgepaßt hat. Gilt Fischer doch als der heimliche Parteichef einer pazifistischen Partei, die sich zur Gewaltfreiheit bekennt sowie in ihrem Programm militärische Interventionen im Ausland generell ausschließt. Wie konnte sich, so fragten viele, ausgerechnet dieser Joschka Fischer so schnell für einen Krieg entscheiden, der zudem noch gegen das Völkerrecht, die UN-Charta, das Grundgesetz und gleich etliche internationale Verträge verstößt? Wer jedoch weiß, wie lange Fischers »Ja zum Krieg« vorbereitet wurde, dem stellt sich eine ganz andere Frage: Wieso hat er eigentlich eine geschlagene Viertelstunde gebraucht, um diesem Krieg zuzustimmen?

Wie Joschka Fischer die Grünen zur NATO bekehren wollte

Auch wenn es Fischer heute vehement leugnet:[2] Natürlich war auch er einmal ein tapferer NATO-Raus-Kämpfer, es sei denn, er erklärte sich im Nachhinein zu einem Befürworter der Folter. »Es ist erwiesen«, sagte Joschka Fischer z.B. am 12. März 1974 im Frankfurter Volksbildungsheim, »daß in NATO-Manövern, daß bei den NATO-Truppen, auch bei der Bundeswehr und teilweise auch beim Grenzschutz, systematisch geübt wird, was zum 1x1 des Militärs im Kapitalismus gehört...:

133

Folter.«[3] Diesen Satz aber sprach er zu Zeiten, als er als führendes Mitglied der militanten Gruppe »Revolutionärer Kampf« noch all seine Hoffnung auf eine revolutionäre Umwälzung der kapitalistischen Gesellschaftsordnung setzte. Und soll hier aus keinem anderen Grund erwähnt werden, als weiteren Legendenbildungen Fischers vorzubeugen.

Die grundsätzliche Entscheidung, aus der das »Ja zum Krieg« vom Oktober 1998 einmal logisch folgen wird, fällte Fischer nahezu ein Jahrzehnt später, und zwar genau am 26. September 1982. An diesem Tag, an dem die Grünen in Hessen sensationelle 8 % bei der Landtagswahl gewannen, sprach Willy Brandt in der »Bonner Runde« seinen berühmten Satz von der »Mehrheit links von der Union«. Diese Sentenz wurde für Joschka Fischer zur zweiten politischen Initialzündung. Wie Zeitzeugen berichten, beschloß er, mit Hilfe der grünen Partei erneut in die Politik einzusteigen. Dabei strebte der ehemalige Revolutionär von Anfang an eine Regierungsbeteiligung an, wobei er selbst auf ein Ministeramt spekulierte.[4]

Fischer war zu diesem Zeitpunkt bereits klar, daß es für eine Regierungsbeteiligung in Deutschland eine unabdingbare Voraussetzung gibt: Die Mitgliedschaft in der NATO. Wer diese nicht akzeptierte, konnte die Teilhabe an der Macht – Demokratie hin, Demokratie her – getrost vergessen. Und so setzten Fischer und seine realpolitischen Kumpane seit dem Herbst 1982 nicht nur alles daran, wichtige grüne Posten zu erobern, sondern kämpften genauso entschlossen dafür, die Grünen von ihrer harten Anti-NATO-Haltung abzubringen.

Dieses Vorhaben verfolgte Fischer sicher nicht als einziger, weshalb es manchem unstatthaft erscheinen mag, die nun folgenden Positionsverschiebungen der Grünen auf seinen Einfluß zu reduzieren. Doch ohne Zweifel bildeten Fischer und seine Gang die Avantgarde im Kampf gegen die linke, antimilitaristische Programmatik der Grünen – für mich rechtfertigt das den bewußt verengten Blick. Ob die Entwicklung der Partei ohne Fischer & Co nicht ähnlich verlaufen wäre, ist eine andere Frage.

Die Voraussetzungen, unter denen der spätere Außenminister seinen Pro-NATO-Kampf startete, waren 1982 ff., auf dem Höhepunkt des Widerstandes der Friedensbewegung gegen die NATO-Mittelstreckenraketen, denkbar schlecht. Damals wäre es politischer Selbstmord gewesen, sich als Grüner auch nur ansatzweise positiv zur NATO zu äußern. Und deshalb gerierte sich auch Fischer als etwas, was er, wie er heute richtig sagt, niemals war: als Pazifist. So griff denn dieser Friedens-Joschka z.B. noch Mitte 1984 André Glucksmann für dessen natoverherrlichende Kampfschrift »Philosophie der Abschreckung«

in einem *Spiegel*-Essay an: »Was Wunder«, schrieb Fischer, »wenn sich bei solcher Art des Philosophierens als Quintessenz die tumbe Torheit eines Helmut Kohl ergibt, der in der NATO die ›größte Friedensbewegung‹ geortet hat.«[5]

Erst als der Einfluß der realen Friedensbewegung zu schwinden begann, wurde Fischer etwas mutiger. Schon im Dezember 1984, auf einer grünen Bundesversammlung in Bremen, stellte die damalige realpolitische Minderheit in der Partei (sie bestand zu diesem Zeitpunkt hauptsächlich aus hessischen Fischer-Gang-Mitgliedern sowie einigen Bremer Delegierten) einen Antrag, der kurz als »Ehmke/Fischer«-Antrag bezeichnet wurde. Der strotzte zwar vor der damals obligatorischen antiamerikanischen Rhetorik, zielte aber in erster Linie darauf, die Grünen von ihrer Forderung »Raus aus der NATO« abzubringen. Ihr Fernziel sahen die Antragsteller allerdings auch »in der Erosion und späteren Auflösung der Militärblöcke und in der schrittweisen Durchsetzung einer europäischen Friedensordnung, in äußerer und innerer Entmilitarisierung.«[6] Das aber war der Mehrheit der Grünen zu nebulös. Der Antrag wurde abgelehnt.

Auch auf den folgenden grünen Parteitagen blieben die Pro-NATO-Aktivisten innerhalb der grünen Bundespartei eine verschwindende Minderheit. Auf Landesebene aber konnte sich Fischer bald durchsetzen. 1985 wurde er Umweltminister in einer rot-grünen Koalition, die im Februar 1987 am SPD-Ministerpräsidenten Holger Börner scheitert. Im nächsten hessischen Landtag wurde Fischer dann zum Führer der nunmehr oppositionellen grünen Fraktion gewählt. Er war allerdings keineswegs gewillt, sich mit dieser Rolle abzufinden. Die nächsten Bundestagswahlen standen 1991 an, und bis dahin wollte er das wichtigste strukturelle Hindernis auf dem Weg zur Regierungsbeteiligung, den grünen »Raus aus der NATO-Beschluß«, beseitigt haben.

Wie wichtig dieses Vorhaben war, darauf wies ihn seiner Zeit der SPD-Bundestagsabgeordnete Karsten Voigt hin. Voigt hatte schon in den siebziger Jahren den ihm persönlich gut bekannten Frankfurter Spontis SPD-Realpolitik gepredigt. Nach der Bundesversammlung der Grünen im Mai 1986 in Hannover, auf dem noch einmal der Anti-NATO-Beschluß bekräftigt wurde, schrieb derselbe Mann den grünen Realos ins Aufgabenbuch: »Erst wenn die GRÜNEN ihr bisheriges prinzipielles NEIN zu einer jeden auch militärisch abgestützten Sicherheitspolitik, ihre Ablehnung von Abrüstungsverhandlungen, ihre Strategie der einseitigen Abrüstung und ihre Forderung nach einem NATO-Austritt aufzugeben bereit sind, kann es für Sozialdemokraten wirklich interessant werden, die

Kompromißfähigkeit der GRÜNEN auf Bundesebene im einzelnen auszuloten.«[7]

Joschka Fischer griff Voigts Anregung im August 1987 auf. »Was jetzt ansteht«, erklärte er im Frankfurter Zentralorgan der Realos, dem *PflasterStrand*, »ist ein Prozeß programmatischer Klärung ... Das heißt, Politik denken unter dem Gesichtspunkt der Regierungsmacht.«[8] Dazu schwebte Fischer ein politischer Tauschhandel vor. Die »Rechten« sollten ihre »heilige Illusion«,[9] die Wiedervereinigung, aufgeben. »Das heißt, selbst wenn eine Wiedervereinigung angeboten würde, müßte man sie ablehnen, aus eigenem Interesse heraus ... Im Gegenzug aber müßten wir, die Linken und Alternativen, die Westbindung der Bundesrepublik als Faktum anerkennen.«[10]

Fischer hielt diesen Plan für so genial, daß er mit ihm die nächsten zwei Jahre bei allen irgendwie greifbaren Medien hausieren ging. Noch im April 1989 schrieb er in der *Zeit*: »Wer die deutsche Frage als Territorial-, als Grenz- und damit als Wiedervereinigungsfrage noch als offen bezeichnet, der lügt entweder oder träumt schlecht. Die deutsche Frage ist seit dem 8. Mai 1945 nicht mehr offen ... Ähnliches gilt jedoch auch für ›linke‹ Revisionsillusionen der Ergebnisse des 8. Mai 1945, wie sie etwa in der Forderung nach dem Austritt der Bundesrepublik aus der NATO zum Ausdruck kommen. Der Realitätsgehalt der NATO-Austrittsforderung gerät in gefährliche Nähe zur Wiedervereinigungsillusion.«[11] Ein gutes halbes Jahr später aber wurde Joschkas schlechter Traum ganz realpolitische Wirklichkeit. Mit dem Fall der Mauer war Fischers Plan Makulatur. Und auch das Scheitern der Westgrünen bei der Bundestagswahl 1990 machte ein definitives Bekenntnis der Partei zur NATO für die nächste Zeit entbehrlich.

Wie Grüne im jugoslawischen Bürgerkrieg Partei ergriffen

Seit Mitte der Achtziger Jahre verschärfte sich in Jugoslawien die ökonomische Krise. Als unmittelbare Folge verstärkten sich auch nationalistische Tendenzen unter den verschiedenen Völkern des Landes. Die reicheren Republiken des Nordens, Slowenien und Kroatien, wollten ihre Felle ins Trockene bringen, indem sie sich vom ärmeren Süden abkoppelten. Und in Serbien versuchte ein bis dato unbekannter Apparatschik namens Slobodan Milošević die Unzufriedenheit seiner Landsleute zu kompensieren, indem er den serbischen Nationalismus schürte.

Als dann Anfang der Neunziger nach dem Zusammenbruch des »realsozialistischen« Lagers auch die Grenzen in Europa wieder verschiebbar wurden, erklärten im Juni 1991 Slowenien und Kroatien ihre Unabhängigkeit. Prompt intervenierte die jugoslawische Armee, es kam zum Krieg. Der dauerte in Slowenien nur zehn Tage, dann zog sich die Armee zurück. Anders in Kroatien, wo eine starke serbische Minderheit zu Hause war, die sich nicht damit abfinden wollte, künftig in einem von kroatischen Nationalisten dominierten Staat zu leben.

Um dem neuen Nationalismus in den jugoslawischen Republiken nicht Vorschub zu leisten, beschlossen im Dezember 1991 die Außenminister der EU in Maastricht, keinen neuen Staat anzuerkennen, der seine Unabhängigkeit gegen die auf seinem Territorium lebenden Minderheiten proklamierte. Dennoch erkannten Deutschland und der Vatikan zwei Wochen später Slowenien und Kroatien als selbständige Staaten an. Diese Anerkennung erfolgte, obwohl sich Kroatien in seiner Verfassung ausschließlich als Staat der Kroaten definierte, der serbischen Minderheit keinerlei Rechte einräumte und somit eindeutig gegen die Maastrichtkriterien verstieß. Auf deutschen Druck zogen die restlichen EU-Staaten im Januar 1992 mit der Anerkennung der zwei neuen Staaten nach. Damit wurden sämtliche Nationalisten auf dem Balkan zur »ethnischen Säuberung« ihrer Staatsgebiete ausdrücklich ermuntert.

Das Schicksal der multiethnischen Republik Bosnien-Herzegowina war als erstes besiegelt. Dort wurde Ende Februar 1992 ein Referendum über die Unabhängigkeit veranstaltet, das die serbische Minderheit boykottierte. Wenig später erkannten die EU-Staaten die Unabhängigkeit Bosnien-Herzegowinas an, im April 1992 begann auch hier der Bürgerkrieg.

Jetzt schlug erstmals die Stunde der grünen Menschenrechtsaktivisten. Zunächst waren es das Bundesvorstandsmitglied Helmut Lippelt und die Europaabgeordnete Claudia Roth, die sich zu Wort meldeten. Nach Gesprächen mit jugoslawischen Bürgerrechtlern in Belgrad forderten sie eine Intervention der EU-Staaten, um Internierungslager in Serbien militärisch zu befreien. Ihre Begründung: Das Milošević-Regime trage faschistische Züge. Faschismus aber müsse bekämpft werden – »notfalls mit Gewalt«.[12]

Das war das Signal für Joschka Fischers alten revolutionären Kampfgenossen Daniel Cohn-Bendit. Als sich Anfang 1993 der Bürgerkrieg in Bosnien verschärfte, unterzeichnete der damalige Frankfurter Stadtrat für Multikulturelles zusammen mit dem ähnlich überdrehten CDU-Bundestagsabgeordneten Stefan Schwarz, dem SPD-Abgeordneten Freimut Duve, dem notorischen Tilman Zülch von der »Gesellschaft für bedrohte

Völker« sowie dem ehemaligen Frankfurter KBW-Chef Gerd Koenen und anderen einen Appell, der die Überschrift »Mit Bosnien stirbt Europa« trug. Die Unterzeichner forderten darin u.a. die sofortige Aufhebung des Waffenembargos gegen Bosnien-Herzegowina,[13] militärische Maßnahmen gegen Nachschubwege, Waffendepots und Luftbasen der Serben sowie die »sofortige Erkämpfung des Zugangs zu allen Konzentrations- und Internierungslagern auf dem Territorium Bosnien-Herzegowinas durch internationale Streitkräfte«.[14]

Mit dem Krieg in Bosnien sollte Cohn-Bendit für die nächsten Jahre sein Thema gefunden haben. Nachdem die Stationierung von UN-Blauhelmen in Bosnien nicht den gewünschten Erfolg gebracht hatte, setzte er am 20.4.1994 in der *taz* auf seine Forderungen noch einen drauf und schlug nunmehr vor: »Bombardiert Pale«! Dabei brachte er auch erstmals ganz konkret die NATO mit ins Spiel: »Denken [wir] das Undenkbare, erinnern uns, daß Zivilisation einen Preis hat, und stellen Karadzic und Milošević ein Ultimatum. Die UNO-Truppen werden aus Bosnien abgezogen, das Waffenembargo für Bosnien wird aufgehoben, und die NATO übernimmt die militärische Aufgabe, per Luftangriff die Serben zu zwingen, einen Teil der eroberten Gebiete zurückzugeben. Unsere Superdiplomaten setzen sich an einen Tisch mit den Russen, vereinbaren verbindlich als Diktat eine neue Landkarte in Bosnien, teilen diese Karte den Kriegsparteien mit und führen nach 48 Stunden, wenn es notwendig ist, diesen Plan militärisch aus.«[15]

Tatsächlich flogen NATO-Flugzeuge Ende August 1994 erste, kleinere Luftangriffe auf serbische Panzer bei Sarajewo, denen weitere Luftangriffe in den nächsten Monaten folgten. Dem Hobbystrategen Cohn-Bendit aber reichte das nicht: Er wollte auch Deutsche an der Front sehen. Nachdem er im Frühjahr 1994 noch aus Gründen der »historischen Sensibilität« erklärt hatte: »Nach Jugoslawien würde ich [!] keine Deutschen schikken«,[16] fand er es im Dezember des selben Jahres »geradezu lachhaft, wenn wir die deutsche Geschichte zur Legitimation dafür heranziehen, daß wir Menschen in Not nicht retten wollten.«[17] Denn sterben könnten doch auch deutsche Helden gut: »Wenn eine Militärintervention in Bosnien notwendig ist, dann sollten alle daran teilnehmen. Warum sollten die Franzosen die Toten haben, und die Deutschen sagen: ›Wißt ihr was, vor 60 Jahren waren wir Schweine, jetzt sollen andere sterben‹.«[18]

Wie Daniel Cohn-Bendit und Joschka Fischer
das grüne »Tabu« brachen

Während Daniel Cohn-Bendit immer heftiger die Kriegstrommel rührte, war Joschka Fischer anderweitig beschäftigt. Bei der hessischen Landtagswahl im Januar 1991 konnten die Grünen einen großen Erfolg feiern. Rot-Grün stellte ab sofort wieder die Regierung, und Fischer wurde zum zweiten Mal Umweltminister sowie erstmals stellvertretender hessischer Ministerpräsident. Da es nach der kurz zuvor verlorenen Bundestagswahl keine grüne Bundestagsfraktion mehr gab, war Fischer nunmehr auch der wichtigste Funktionsträger der Grünen im Bund. Das bedeutete, daß die Partei von nun an einen immer schärferen Realo-Kurs verfolgte, der die letzten Linksradikalen im April 1991 schließlich dazu zwang, die Grünen zu verlassen. Damit hatte sich die Position von Fischers Realo-Clan noch einmal verbessert, Fischer selbst stieg zum, wie es der *stern* ausdrückte, »unangefochtenen König der Grünen auf.«[19] Die Forderung nach Auflösung der NATO allerdings blieb ein sog. grünes »Essential«. Nach der faktischen Auflösung des Warschauer Paktes im März 1991 forderte man verstärkt gleiches von der NATO, da diese nunmehr überflüssig sei.

Aus mehreren Gründen hatte sich Fischer zunächst aus der Bosnien-Debatte eher rausgehalten. Erstens war es noch gar nicht so lange her, daß sich der große Stratege mit seinem NATO-Deal gründlich blamiert hatte. Zweitens galt es, nach der verlorenen Bundestagswahl die Partei im Realosinne zu konsolidieren und nicht zu verschrecken. Und drittens gab es ja noch Daniel Cohn-Bendit. Der hatte schon öfter als Fischers Minenhund fungiert. In der Praxis sah das jedes Mal so aus: Während Fischer angesichts eines zu lösenden Problems in der Versenkung verschwand, brach Cohn-Bendit in der grünen Partei die Tabus, forderte das »Unvorstellbare«. Fischer wartete sodann den empörten Aufschrei in der Partei ab, um sich danach als Mann des Ausgleichs zu präsentieren. Diese Aufgabenteilung hatten die beiden Ex-Revolutionäre schon in Hessen, ja bereits zu Sponti-Zeiten, als man zusammen eine Wohnung bewohnte, erfolgreich praktiziert, und auch auf Bundesebene behielt man dieses taktische Erfolgsrezept bei.

So inszenierte sich Fischer, als er sich zu Bosnien zu Wort meldete, fürs erste als strenger Interventionsgegner. Forderungen nach einem militärischen Eingreifen lehnte er harsch ab. Bei dieser Haltung blieb er im großen und ganzen auch die folgenden zwei Jahre. Besonders entschieden wandte er sich gegen Cohn-Bendits Argument, um Kriegsverbrechen zu stoppen und Menschenleben zu retten, müßten auch deutsche Truppen eingreifen. »Wir sollten uns sehr davor hüten«, sagte er im Juni 1994 der Zeitschrift *Tempo,* »nachdem unsere Väter mit Glanz und Gloria unter dem Zeichen eines irren Nationalismus in die Kriege gezogen sind, das gleiche jetzt unter dem Vorzeichen der Menschenrechte in Bosnien zu tun ... Man kann sehr schnell da enden, wo es, wie etwa in Somalia, nicht um Menschenrechte, sondern um Macht geht.«[20] Deutsche Soldaten hätten im ehemaligen Jugoslawien weder als UN-Blauhelme noch unter einem NATO-Kommando etwas zu suchen.

Auch als zum Jahreswechsel 1994/95 ein großer, in der *tageszeitung* dokumentierter Schlagabtausch zwischen den Hauptakteuren dieser Aufführung stattfand, blieb Fischer noch bei seiner Position. Eine Beteiligung deutscher Einheiten an militärischen Operationen im Ausland, erklärte er geduldig »dem Dany«, sei eben deshalb so überaus riskant, weil dadurch die »rechtlichen und historischen Barrieren abgeräumt werden zugunsten einer völligen Optionsfreiheit der deutschen Außenpolitik mit militärischen Mitteln«.[21] Gleichzeitig trat Fischer in der *Woche* Cohn-Bendits hysterischer These entgegen, in Serbien wüte ein faschistisches Regime, in dessen Internierungslagern das gleiche geschehe wie einst in deutschen Nazi-Konzentrationslagern: »Wir haben es mit einer inneren Sezession zu tun, wobei man sich auf völkerrechtlich anerkannte Grenzen bezieht, die von den beteiligten Völkern selbst nicht anerkannt wurden ... Mit Auschwitz kann man das überhaupt nicht vergleichen.«[22]

Das war alles vollkommen richtig, doch wer wissen wollte, worauf das ganze Theater hinauslaufen sollte, der konnte das schon auf dem Bosnien-Sonderparteitag der Grünen im Oktober 1993 erfahren. Hier forderte Daniel Cohn-Bendit (zusammen mit Marianne Birthler und Gerd Poppe) einmal mehr eine Intervention. Als Begründung schrie er in den Saal, die bosnischen Muslime seien »Menschen von unserem Blut«.[23] Die Mehrheit der Delegierten reagierte darauf mit empörten Pfiffen und Buhrufen. Danach trat Fischer mit einem Kompromiß auf den Plan. Er schloß sich dem von Ludger Volmer formulierten anti-interventionistischen Antrag an, für den offensichtlich die große Mehrheit des Parteitags stimmen würde. Gleichzeitig bat Fischer aber darum, eine Klausel mitaufzunehmen, die Interventionen im Falle von »Völkermord« nicht ausschloß. Die aber sollte, so beteuerte Fischer »wirklich keine Hintertür« für eine »militärisch gestützte Außenpolitik«[24] sein. Damals lehnte die Mehrheit noch dankend ab.

Von nun aber sollte die sog. »Völkermord-Klausel« der Hebel

sein, um im zweiten Anlauf den Grünen ihren prinzipiellen Pazifismus auszutreiben und sie so regierungsfähig zu machen. Denn daß Fischer sich auch nicht mit dem Part eines hessischen Umweltministers zufriedengeben wollte, war von Anfang an klar. Schon für 1994 erhoffte er sich eine rot-grüne Regierung, in der er am liebsten Außenminister werden wollte, auch wenn er das wie üblich dementierte. Um für den Bundestag kandidieren zu können, trat Fischer kurz vor der Bundestagswahl als hessischer Minister zurück. Die Wahl wurde für die Grünen mit 7,2% der Stimmen ein voller Erfolg; im Oktober 1994 zogen sie erneut in den Bundestag ein. Auf den Außenministerposten mußte Fischer jedoch verzichten, denn diesmal gab es noch keine Mehrheit für Rot-Grün. Er wurde aber wie selbstverständlich zu (einem der beiden) Sprecher der grünen Fraktion gewählt.

Ab sofort konnte sich Fischer verstärkt darum kümmern, den Grünen ihre anti-interventionistischen Flausen auszutreiben. So zynisch es klingen mag: Dazu fehlte ihm nur noch ein veritabler Völkermord. Der wurde geliefert, als serbische Truppen im August 1995 die UN-Schutzzonen Srebrenica und Zepa überrannten. Schnell war von einem großen Massaker die Rede, obwohl das, was in Srebrenica geschah, bis heute nicht völlig geklärt ist.[25] Joschka Fischer jedoch reichten die vagen Angaben, um seine Position radikal zu ändern. Mit einem Male war all das hinfällig, was er zwei Jahre lang nicht müde geworden war zu betonen. In einem Brief an die grüne Bundestagsfraktion schrieb Fischer mit dem ihm eigenen Pathos: »Läuft die deutsche Linke jetzt nicht massiv Gefahr, ihre moralische Seele zu verlieren, wenn sie sich, egal mit welchen Ausflüchten, vor diesem neuen Faschismus und seiner Politik der Gewalt wegduckt?«[26] Jetzt plädierte auch der bisherige Bedenkenträger für eine militärische Intervention in Bosnien zur Verteidigung der verbliebenen UN-Schutzzonen.

Noch drückte sich Fischer allerdings um die Beantwortung der Frage, wer denn dort in Bosnien militärisch intervenieren sollte. Und anders als Daniel Cohn-Bendit schloß er den Einsatz von deutschen Truppen auf dem Balkan immer noch definitiv aus. Dem *Spiegel* erklärte Fischer: »Ich lasse mir keine generelle Positionsverschiebung grüner Außenpolitik anhängen. Damit kann ich nicht dienen ... Ich plädiere nicht für Out-of-area-Einsätze oder ähnliches. Ich bin nach wie vor der Meinung, daß Deutschland sich auf humanitäre Unterstützung beschränken sollte. Für mich gehören zwei ›Nie wieder‹ zum Kernbestand meiner politischen Identität. Das eine ist ›Nie wieder Krieg‹, und daran hängt für mich auch: nie wieder eine Rolle Deutschlands, die die Verführung zum Krieg beinhaltet.

Das andere ist ›Nie wieder Auschwitz‹.«[27] Doch diese knallharte Aussage war lediglich salamitaktischer Natur und sollte unabhängig von der Entwicklung auf dem Balkan in naher Zukunft aufgegeben werden. Fischers alter Kumpel Daniel Cohn-Bendit wußte das schon damals. Offen gab er zu: »Wenn Fischer einmal Außenminister wird, wird er diese Haltung nicht beibehalten können.«[28]

Auch einer der damaligen innerparteilichen Gegenspieler der Realos, der »Parteilinke« Ludger Volmer, hatte sofort kapiert, was Fischer mit seinem Vorstoß bezweckte. »Will also der«, fragte Volmer nach Fischers theatralischen Brief an die Fraktion in der *taz* rhetorisch, »der gern erster grüner Außenminister würde, vielleicht etwas anderes? Will er vielleicht das bisherige Verständnis von Gewaltfreiheit angreifen, ohne eine neue plausible Systematik vorzuschlagen, weil er überhaupt gegen eine systematische, programmgebundene Außenpolitik ist, die einem Minister nur Fesseln anlegt? ... Sollen die Grünen zur Präsidialpartei werden, wo beliebig diskutiert werden darf, aber entscheiden tut nur einer?«[29] Genau so war es, und genau so sollte es schließlich kommen.

Die humanitären Gründe von Fischer, Cohn-Bendit und Co waren dagegen nur vorgeschobene. Noch während die Diskussion um den Fischer-Brief unter den Grünen heiß lief, begann die kroatische Armee am 4. August 1995 die Operation »Gewittersturm« in der Krajina. Sie endete nach nur wenigen Tage mit der Vertreibung von – je nach Quelle – 100.000 bis 200.000 Serben. Das war bis zum Kosovokrieg die größte ethnische Säuberung im ehemaligen Jugoslawien. Auch diese Vertreibung war begleitet von Mord und Totschlag, diesmal begangen von Kroaten.

Doch in den Archiven finden sich keinerlei Dokumente, in denen Grüne, speziell Joschka Fischer oder Daniel Cohn-Bendit, aus humanitären Gründen eine militärische Intervention zugunsten der Serben forderten. Auch als in den Monaten nach der Unterzeichnung des Abkommens von Dayton rund 120.000 Serben vor dem Terror muslimischer Milizen aus Sarajewo fliehen mußten,[30] regte sich kein grüner Protest.

Das verdeutlicht noch einmal, daß Fischer und sein realpolitischer Troß aus rein machtpolitischen Gründen Stimmung für ein militärisches Eingreifen im ehemaligen Jugoslawien machten. Nur deshalb schlugen sie sich ausschließlich auf die Seite der jugoslawischen Bürgerkriegsparteien, die auch von Anfang an von der Bundesregierung unterstützt wurden. Und auch ihre Interventionsbereitschaft war an die Politik der konservativ-liberalen Regierung gekoppelt. Joschka Fischer zog mit seiner Befürwortung von Einsätzen in Jugoslawien immer nur in dem Maße nach, wie auch die Bundesregierung Gefallen an einem militärischen Engagement in Jugoslawien fand.

Dabei rückte die grüne Partei langsam nach. Hatte auf dem grünen Sonderparteitag im Oktober 1993 noch eine große Mehrheit der Delegierten den Interventionsantrag von Cohn-Bendit u. a. abgelehnt, verabschiedete man auf dem Potsdamer Parteitag im Dezember 1994 bereits eine Resolution, die einen verstärkten Einsatz von (nicht-deutschen) UN-Blauhelmverbänden in Bosnien forderte. Doch erst nach Fischers Kurswechsel ging der Transformationsprozeß der Grünen richtig los. Auf dem Bosnien-Parteitag der Grünen Anfang Dezember 1995 stimmten bereits 37 % der Delegierten für den Antrag von Hubert Kleinert und Joschka Fischer, der beinhaltete, »als letztes Mittel zur Verhinderung eines drohenden Völkermordes«[31] auch Bundeswehrtruppen nach Bosnien zu schicken. Wenige Tage später billigte der Bundestag mit großer Mehrheit die Beteiligung von 4.000 Bundeswehrsoldaten an einer Friedenstruppe in Bosnien, die bezeichnenderweise nicht unter einem UN-, sondern unter einem NATO-Kommando stand. Trotz eines gegenteiligen Parteitagsbeschlusses stimmten auch 22 von 48 grünen Bundestagsabgeordneten – unter ihnen Joschka Fischer – der Entsendung zu. Diese Zustimmung wäre aufgrund der Mehrheitsverhältnisse im Bundestag nicht erforderlich gewesen. Sie sollte einfach nur signalisieren, daß die Grünen auf dem besten Wege waren, auch auf militärischem Gebiet Regierungsverantwortung zu übernehmen.

Während also Joschka Fischer bereits 1995 auf Kriegskurs ging, übte sich die sog. grüne »Parteilinke« um Jürgen Trittin, Angelika Beer und Ludger Volmer in den nächsten zwei Jahren in Rückzugsfechten. Bald hatte man allerdings auch in diesen Kreisen nichts mehr gegen Auslandseinsätze der Bundeswehr einzuwenden. Der einzige, eher marginale Unterschied zu den sog. Realos um Fischer: Trittin und Co. beharrten darauf, daß die Einsätze unter UN-Kommando stehen sollen.

Und so schloß Fischers Gang im Dezember 1996 noch einmal einen Kompromiß, wohl wissend, daß es nicht bei ihm bleiben würde. Als die Verlängerung des NATO-Einsatzes in Bosnien unter der Bezeichnung Sfor im deutschen Bundestag beschlossen wurde – im Unterschied zum ersten Einsatz durften die Deutschen nun auch echte Kampfaufträge übernehmen –, stimmte die grüne Bundestagsfraktion mehrheitlich nicht zu. Fischer, der sich in einer Rede ausdrücklich für den NATO-Einsatz aussprach, war dennoch zufrieden: »Die Fraktion, auch die Linke, hat zum ersten Mal eine klare politische Unterstützung für den Einsatz formuliert. Der Preis dafür war, dem Regierungsantrag nicht zuzustimmen. Und das war es mir wert.«[32]

Eine letzte, überraschende Niederlage erlitt Fischers Pro-Interventions-Linie auf dem Magdeburger Wahlparteitag der Grünen Anfang März 1998. Die Delegierten bügelten mit nur einer Stimme Mehrheit den Antrag des Bundesvorstandes ab, die generelle Ablehnung von Auslandseinsätzen der Bundeswehr im grünen Wahlprogramm durch eine Formulierung zu ergänzen, die den Einsatz in Bosnien zu einer genehmigten Ausnahme erklärte. Aber auch dieser Beschluß sollte die Grünen vom längst eingeschlagenen Kurs nicht mehr abbringen.

Nach der von SPD und Grünen gewonnenen Bundestagswahl im September 1998 ging Fischers langgehegter Wunsch endlich in Erfüllung: er wurde Außenminister. Was er als solcher zu tun hatte, wußte er genau. Nur zwei Wochen nach der Wahl stimmte er zusammen mit seinem Bundeskanzler einer Beteiligung Deutschlands an einem NATO-Krieg gegen Jugoslawien für den Fall zu, daß sich Milošević den Forderungen des Westens nicht beugen würde. Diese Entscheidung war bloß noch eine logische Konsequenz aus der schon lange eingenommenen Pro-NATO- und Pro-Interventionsposition. Mit der Machtübernahme von Rot-Grün aber begann auch die letzte, nunmehr eher hektisch in Angriff genommene Phase der Umwandlung der Grünen von einer ehemals pazifistischen Anti-NATO-Partei in eine Partei, die Kriegseinsätze unter NATO-Regie befürwortete.

Die Zeitplan der NATO erforderte es, daß der Bundestag noch vor der Vereidigung der neuen Regierung die von Schröder und Fischer bereits gefällte Entscheidung absegnete. So trat am 16. Oktober 1998 noch einmal der alte Bundestag zusammen und stimmte dem geplanten Kosovo-Einsatz der Bundeswehr ebenso zu wie der sogenannten »activation order«, die den Zeitpunkt des Kriegsbeginns in das Ermessen der NATO legte. In Erwartung der Regierungsmacht votierten von den 48 grünen Abgeordneten nunmehr nur noch 9 gegen den Einsatz. Unter den letzteren befanden sich auch Ludger Volmer und die »verteidigungspolitische« Sprecherin der Grünen, Angelika Beer. Da das Votum der Grünen wiederum bloß symbolische Bedeutung hatte, konnten sich die beiden auch ein letztes Mal den Luxus leisten, darauf hinzuweisen, daß der Einsatz völkerrechts- und verfassungswidrig sein würde. »Aus seiner Sicht«, zitierte die *taz* Ludger Volmer, »sei das Fehlen eines Sicherheitsratsbeschlusses nicht durch andere Rechtskonstruktionen zu ersetzen.«[33]

Fehlendes Recht hin, andere Rechtskonstruktionen her: Im
März 1999 wurde aus der Kriegsdrohung der NATO ein echter
Krieg. Wie es dazu kam, das schilderte der Kriegsgegner vom
Oktober 1998, der nunmehrige Staatsminister im Auswärtigen
Amt, Ludger Volmer in einer am 26.3.1999 im Internet veröffentlichten, wirklich hochinteressanten Erklärung: »Den
ganzen Winter über hatte die UÇK gegen den Waffenstillstand
verstoßen und mit selektiven Morden die serbische Ordnungs-
macht, die sich auch nicht vollständig an den Waffenstillstand
hielt, systematisch provoziert. Die Serben reagierten mit einer
unvorstellbaren Brutalität. Ziel der UÇK war es, Fernsehbilder zu provozieren, die vermittelt über die Empörung in der
Bevölkerung der westlichen Welt die NATO zum Eingreifen
auf kosovarischer Seite verleiten sollte. Im CNN-Krieg sollte
die NATO zur Luftwaffe der UÇK werden. Diese Rechnung
ging nicht auf. Der Westen ging auf Distanz zur UÇK. Die
OSZE-Verifikateure nahmen eine neutrale Haltung ein. Doch
dann kam das Massaker von Radcak [!]. Das Hinschlachten
von Zivilisten durch die Serben erforderte eine deutliche Reaktion des Westens. Alle Analysen deckten sich in dem Befund,
daß ohne Reaktion die Serben glauben würden, sie hätten nun
freie Bahn für ihre Vertreibungs- und Vernichtungspolitik. Der
Waffenstillstand war faktisch zu Ende. Es war absehbar, daß
weitere Massaker folgen würden. Absehbar war auch, daß
angesichts der Fernsehbilder der Ruf, die Politik müsse endlich ›etwas‹ tun, sie müsse ›handeln‹ – beides Synonyme für
militärische Intervention – immer lauter würde. Es war zu
erwarten, daß die Politik den CNN-Bildern nicht auf Dauer
hätte widerstehen können. Der rot-grünen Regierung wäre von
allen Seiten Versagen, Feigheit, Unmoral vorgeworfen worden.
Besser war nicht nur deshalb eine sofortige Reaktion.«[34]

Faßt man des Staatsministers redundanten Sprachkuddel-
muddel in etwas prägnanteres Deutsch zusammen, hieß das
nichts anderes: Während der monatelange Terror der UÇK
nicht ausreichte, um die NATO im Kosovo aktiv werden zu lassen, genügte ein einziges Massaker der Serben, um den Krieg
gegen Jugoslawien zu beginnen. Dabei sind die Hintergründe
und die Urheberschaft des »Massakers« von Račak noch zwei-
felhafter als das, was in Srebrenica passierte. So verhinderte
ausgerechnet Joschka Fischers Außenministerium wochenlang
die Veröffentlichung des Berichtes der finnischen Kommission,
die im Auftrag der EU die Opfer von Račak untersucht hatte.
Als diese ihre Obduktionsergebnisse am 17. März 1999 endlich
doch präsentieren durfte, las man dazu in der *Berliner Zei-*

tung: »Es handele sich dabei um Zivilisten, teilten die finnischen Experten mit, die die Leichen untersucht hatten. Von einem Massaker wollten sie aber nicht sprechen: Sie hätten die sterblichen Überreste der 45 Menschen erst eine Woche nach dem Vorfall untersuchen können. ›Was mit ihnen in dieser Zeit geschehen sein könnte, kann nicht mehr mit absoluter Sicherheit rekonstruiert werden‹, heißt es in dem Bericht.«[35]

Doch offenbar ist dies noch nicht die ganze Wahrheit, wie man der *Zeit* vom 12. Mai 1999 entnehmen konnte: »Aber die Europäische Union zögert bis heute, die Ergebnisse [der Untersuchungskommission] zu veröffentlichen. Man fürchtet, eine neuerliche Verurteilung der Serben könne einen Friedensschluß mit Milošević erschweren.«[36]

Während man also ansonsten keine Mühe hat, Milošević jeder erdenklichen Hitlerei zu beschuldigen, will man die eigentliche Begründung für den Krieg nicht veröffentlichen, weil man die Bloßstellung des jugoslawischen Präsidenten fürchtet. Wer soll das glauben? Die Grünen wahrscheinlich...

Doch bleiben wir bei Ludger Volmers Version der Kriegsgeschichte. Danach gab es nach dem »Massaker« von Račak zwei Optionen: Die eine wurde von den Amerikanern vertreten, die in üblicher Manier sofort mit der Bombardierung Jugoslawiens beginnen wollten. Die andere vertrat der deutsche Außenminister Fischer, der auf letzte Verhandlungen mit den Kriegsparteien drängte. Fischer setzte sich durch, so daß am 14. Februar 1999 die Verhandlungen in Rambouillet beginnen konnten.

Das Ergebnis dieser Verhandlungen war ein Vertrag, der – nach Bekanntwerden diverser Details im Laufe des Märzes 1999 – sowohl von weiten Teilen der deutschen Presse als auch von serbischen Oppositionellen als reines Diktat aufgefaßt wurde, welches aufgrund der in ihm enthaltenen Einschränkungen der Souveränität Jugoslawiens von keinem jugoslawischen Staatschef je hätte unterschrieben werden können. Aus diesem Grund verweigerte auch die jugoslawische Seite ihre Unterschrift.

Die kosovo-albanischen Verhandlungsführer jedoch, denen ebenfalls einige Punkte im Vertragswerk nicht paßten, stimmten ihm am 18.3.1999 zu. Dabei ausschlagend war letztlich die Aussage der US-Außenministerin Madeleine Albright: »If you don't say ›yes‹ now, there won't be any NATO ever to help you.«[37]

Mit der Unterschrift der Kosovaren aber wurde auch die Eskalation des Kosovo-Krieges zum NATO-Krieg zwingend erforderlich. Denn von nun an forderte die NATO die Unterschrift von Milošević unter einen Vertrag, der einer bedingungslosen

Kapitulation gleichkam. Ohne diese Kapitulation aber konnte auch die NATO nunmehr nur noch zum Preis eines völligen Gesichtsverlusts einlenken. Wenigstens dieses Dilemma wäre ohne Rambouillet – und das heißt, ohne den Einsatz von Joschka Fischer – zu vermeiden gewesen.[38]

Warum Joschka Fischer für Deutschland den Krieg führt

Am 24.3.1999 begann die NATO mit ihren Luftangriffen auf Jugoslawien. Erstmals seit dem Zweiten Weltkrieg durften auch deutsche Flugzeuge wieder mitkämpfen. Die Begründung dafür war, wie gesehen, äußerst windig, zudem war der Einsatz illegal. Doch das sollte auch diejenigen unter den maßgeblichen grünen Funktionsträgern, die bis kurz vor Toresschluß noch die Kriegsgegner gegeben hatten, nicht weiter stören. Pünktlich zum Kriegsausbruch stellten sich auch Ludger Volmer, mittlerweile als Staatsminister in die Fischer-Administration voll eingebunden, und Angelika Beer, beides langjährige Gegner von militärischen Interventionen auf dem Balkan und anderswo, demonstrativ auf die Seite des grünen Außenministers Joschka Fischers. Wenigstens im Falle Volmers ist anzunehmen, daß sein pazifistisches Gebaren nur den Preis hochtreiben sollte, für den er sich von Fischer einkaufen lassen wollte.

Jetzt mußte es nur noch darum gehen, die restlichen Pazifisten in der Partei für den Krieg zu gewinnen. Eben deshalb wurde Joschka Fischer seit Ausbruch des Krieges nicht müde, Milošević mit Hitler zu vergleichen: Gegenüber dem amerikanischen Nachrichtenmagazin *Newsweek* beispielsweise erklärte er: »Es war ein wirklicher Schock, daß Milošević bereit war, zu handeln wie Stalin und Hitler: einen Krieg gegen die Existenz eines ganzen Volkes zu führen.«[39] Selbst die Tatsache, daß es immerhin ein veritabler Krieg war, den die NATO inklusive Deutschlands begonnen hatte, wurde von Fischer geleugnet. Stattdessen bemühte er sich krampfhaft, an linke Internationalismus- und Volksfrontideen zu appellieren, die er für sich selbst schon vor Jahrzehnten entsorgt hatte: »Wir führen keinen Krieg, wir leisten Widerstand, verteidigen Menschenrechte, Freiheit und Demokratie. Mir fällt dazu die spanische Widerstandskämpferin ›La Pasionaria‹ ein. ›No passaran‹ hieß die Kampfparole der Republikaner gegen das Franco-Regime – die Faschisten kommen nicht durch.«[40] Allein der Einwand, daß Jugoslawien mindestens so demokratisch oder faschistisch ist, wie das zwar nicht aktiv, aber so doch durch den NATO-Beschluß und das zur Verfügung stellen von Flugbasen am Krieg beteiligte NATO-Land Türkei, widerlegt Fischers pathetisches Antifagetöse.

Natürlich wußte das Joschka Fischer selbst am besten. Ihm war klar, daß seine Hitler- und Faschismus-Vergleiche vollkommen absurd waren. Und so legte der Außenminister sie auch schnell wieder zu den Akten, als er bemerkte, daß sie ihre Propagandawirkung verloren, ja sogar kontraproduktiv zu werden drohten – u.a. protestierte selbst Wolfgang Schäuble. Man muß nur einmal bei Fischer selbst nachlesen, wenn man wissen will, weshalb er wirklich so vehement für diesen Krieg ist. Gegen diejenigen, die »unter dem Vorzeichen der Menschenrechte« gefordert hatten, nach Bosnien deutsche Truppen zu schicken, hatte er zum Beispiel 1994 eingewendet, »daß die Frage der Menschenrechte eine Frage der Macht ist und nicht der Moral.«[41]

Das ist natürlich vollkommen korrekt und zeigt, daß Fischer letzten Endes mehr von Politik versteht, als die humanitätsduselnde sog. grüne Basis. Genau so richtig ist es aber, wenn man aus diesem Satz schlußfolgert, Joschka Fischer rechtfertige diesen Krieg um seiner persönlichen Karriere willen. Doch das allein greift zu kurz. Denn Fischer führt diesen Krieg auch für Deutschland, und zwar zum einen, weil er das als deutscher Außenminister muß, zum anderen aber auch, weil es seiner erklärten Absicht entspricht. Wenn Fischer nämlich im *Spiegel* erklärt: »Gerade der Konflikt im südlichen Balkan zeigt, daß dort nicht ausgreifende geopolitische Interessenpolitik betrieben wird. Dort steht vielmehr die zukünftige Gestalt Europas auf dem Spiel«,[42] dann ist dies nur halbgelogen. In Fischers 1994 erschienenen Buch »Risiko Deutschland« kann man lesen, wie diese »zukünftige Gestalt Europas« aussehen soll. Hier definiert der Außenminister in spe klar, was seiner Meinung nach »die eigentliche Herausforderung an die deutsche Politik nach der Wiedervereinigung« ist:

»Bekommt Deutschland jetzt, nachdem es friedlich und zivil geworden ist und mit dem Ende des kalten Krieges seine nationale Einheit im internationalen Einvernehmen zurückerhalten hat, all das, was ihm Europa, ja die Welt in zwei großen Kriegen erfolgreich verwehrt hat, nämlich eine Art ›sanfte Hegemonie‹ über Europa, Ergebnis seiner Größe, seiner wirtschaftlichen Stärke und seiner Lage und nicht mehr seines militärstrategischen Potentials?«[43] Zwar hat sich mittlerweile die Friedlichkeit der deutschen Außenpolitik erledigt, Fischers politisches Ziel, das der deutschen Hegemonie über das restliche Europa, aber bleibt das gleiche. Die langfristige Verwirklichung dieses Vorhabens jedoch, auch das weiß Fischer sehr präzise, hätte man getrost vergessen können, wenn sich

Deutschland einer Beteiligung am Krieg gegen Jugoslawien verweigert hätte.

Doch auch wenn die Konkurrenz zwischen den USA und dem (bisher noch nicht wirklich) deutschgeführten Europa immer größer wird: Im Moment ist ein solcher Krieg ohne die USA oder gar gegen ihren Widerstand nicht zu führen. Und so geben im Kosovo-Krieg noch die Amerikaner die Marschrichtung vor. Diese Großmacht kämpft in Jugoslawien, um ihre weltpolitische Führungsposition zu behaupten. Das ist der eine Grund. Der andere: Jedem »Schurken« auf der Welt deutlich zu demonstrieren, was ihm blüht, wenn er auf die Idee kommen sollte, sich den globalen Interessen der NATO-Staaten zu widersetzen. Kooperiert er, kümmert's die NATO wenig, was ein Diktator mit seinen Untertanen anstellt.

Wem aber selbst das Elend nicht reicht, das der Krieg bis jetzt hervorgebracht hat, um zu begreifen, daß er am allerwenigsten für die Menschen im Kosovo geführt wird, dem hätte spätestens bei der Verabschiedung der neuen NATO-Strategie im April ein Licht aufgehen müssen. In dieser neuen Strategie definiert das Bündnis nicht nur sein Einsatzgebiet neu (nämlich diffus als den »euro-atlantischen Raum«), sondern gibt auch den alten Anspruch auf, ein reines Verteidigungsbündnis zu sein. Zukünftig kann die NATO überall eingreifen, wo sie ihre »Sicherheitsinteressen« berührt sieht, worunter nicht nur »Terrorakte, Sabotage und organisiertes Verbrechen« fallen, sondern auch die »Unterbrechung der Zufuhr lebenswichtiger Ressourcen«.[44] Was das konkret heißt, brachte Jürgen Gottschlich in einem *taz*-Kommentar auf einen prägnanten Nenner: »Die neue NATO ist, auch wenn sie jetzt im Kosovo zugunsten einer bedrohten Minderheit eingreift, alles andere als eine Menschenrechts-Interventionsstreitmacht. Die neue NATO ist der Wachschutz für die Reichen dieser Welt.«[45]

Der Kosovo-Krieg ist der erste in einer ganzen Reihe von kleineren Scharmützeln, Interventionen und Kriegen, die die NATO zukünftig in allen Teilen der Welt führen wird. Er ist der erste Krieg, der auf Grundlage der neuen NATO-Doktrin geführt wird, und zwar interessanterweise – und das ist noch ein Grund für den Krieg – zu ihrer Durchsetzung. Denn erst dadurch, daß man auch die letzten unsicheren Kantonisten an diesem Krieg teilhaben ließ, konnte man sicher sein, daß sie keine Einwände mehr gegen das neue Konzept haben würden. »Learning by doing«, kann man das auch nennen. In den USA wird man Joschka Fischer – zu Unrecht, wie ich meine – für solch einen zweifelhaften Kandidaten gehalten haben. Wenn er es aber noch gewesen sein sollte, dann ging die Rechnung der USA auf: »Die heutigen Formulierungen [hinsichtlich des

149

Einsatzgebietes der NATO],« erklärte der deutsche Außenminister nach der Verabschiedung des neuen agressiven Kon-
zepts, »kann ich im Vergleich zu den Ausgangsvorschlägen
guten Gewissens tragen.«[46]

Warum »die grüne Basis« für den Krieg stimmte

Joschka Fischer hat sich dafür entschieden, zu den Komman-
danten des globalen Wachschutzes zu gehören. Man darf zwar
annehmen, daß er über den Krieg nicht glücklich ist. Auch hat
er ihn, wie's früher mal hieß, »subjektiv« sicher nicht gewollt.
Doch er nimmt ihn billigend in Kauf, und zwar auch als Instrument, das dazu geeignet ist, innerhalb seiner Partei endlich das durchzusetzen, was er seit 1982 angestrebt hat, nämlich die Billigung realer, auf NATO-Gewalt gestützter Macht-
politik im Interesse des »Standorts Deutschland«. Man kann
ebenfalls davon ausgehen, daß Ludger Volmer in etwa weiß,
warum er plötzlich für diesen Krieg ist. Ganz so blöd, wie er
aussieht, ist er nicht.
Die »verteidigungspolitische« Heulsuse der Grünen, Angelika Beer, das darf man aufgrund ihrer Aussagen zur Sache
ruhig vermuten, hat aber wohl tatsächlich keinen Schimmer,
worum es in diesem Krieg wirklich geht. Das verbindet sie mit
weiten Teilen der grünen Basis, die auf dem Bielefelder Sonderparteitag am 13. Mai 1999 nach jahrelangem trotzigem
Abwehrkampf auch dem letzten grünen Grundsatz, der Gewaltfreiheit, abschwor und sich schließlich und endlich mit
Mehrheit hinter Fischers Politik stellte. Auch das war nicht
anders zu erwarten – und zwar aus zweierlei Gründen.
Immer schon war an der grünen Basis ein Menschenschlag
anzutreffen, der die Welt lieber platt moralisch in Gut und
Böse einteilte, als begreifen zu wollen, daß Politik in erster
Linie der Durchsetzung ziemlich handfester Interessen dient.
Auch als noch viele Grüne in der Friedensbewegung aktiv
waren, begnügte man sich nicht damit, die NATO als simple
militärische Interessenvertretung der kapitalistischen Länder
unter der Führung der USA zu kritisieren und als solche zu
bekämpfen. Es mußten gleich apokalyptische Phantasien sein,
in die man sich hineinsteigerte, um überhaupt politisch aktiv
zu werden. Hinzu kam ein ins Pathologische lappender Anti-
amerikanismus, was zur Folge hatte, daß es manch Friedens-
bewegter für wichtiger hielt, auf den Genuß imperialistischer
Coca-Cola und Hamburger zu verzichten, als die Weltlage
nüchtern zu analysieren. In diesem Widerstand gab es durchaus eine unterschwellige deutschnationale Komponente, die

150

auch bei einigen, die sich heute gegen den Jugoslawienkrieg wenden, eine keineswegs marginale Rolle spielt.

Der zur Hysterie neigende Moralismus, aus dem noch nie etwas Vernünftiges entstand, ist auch heute noch unter den Grünen virulent. Allerdings kehrte sich nach dem Ausbleiben des Weltunterganges, nach dem Zusammenbruch des »realexistierenden Sozialismus« und selbstverständlich auch mit dem gesellschaftlichen Aufstieg so manches ehemaligen Studenten die moralische Bewertung der NATO ebenso um wie die der kapitalistischen Gesellschaftsordnung. Transformierte letztere in den Augen vieler Grünen zur alleinseeligmachenden Zivilgesellschaft, wandelte sich jene mehr und mehr zum militärischen Garanten der universellen Menschenrechte. Die endgültige Umgestaltung der NATO zur »größten Friedensbewegung« (Helmut Kohl, s.o.) aber war nach Ansicht dieser Grünen erst geschafft, als sich Deutschland unter der Führung von Gerhard Schröder und Joschka Fischer, also auch unter Einschluß ihrer selbst, an den humanitären Bombardierungen des Bündnisses beteiligen durfte.

An dem latenten Antiamerkanismus hat das übrigens nicht viel geändert, denn die Amis spielen auch in den Augen der grünen Bauch- und Bodenpolitiker weiter die Rolle des Schurken (der u.a. für die Bombardierung der chinesischen Botschaft verantwortlich ist), während der gute grüne deutsche Außenminister Fischer letztlich nur den Frieden will. Der Bielefelder Parteitagsbeschluß ist die Konsequenz auch dieses Kinderglaubens.

Aber es gibt noch einen Grund. Die Gründung der Grünen war zwar einst als etwas anderes gedacht, doch mittlerweile ist diese Partei zu so etwas wie der seit dem zweiten Weltkrieg größten Arbeitsbeschaffungsmaßnahme für das deutsche akademische Proletariat mutiert. Mit dem Eintritt in die Regierung wurden zu den bereits existierenden grünen Arbeitsplätzen in den Parlamenten, in den Abgeordnetenbüros, den Kreis- und Stadtverwaltungen noch einmal eine Menge neuer Stellen mit besten Aufstiegschancen geschaffen. Die Mehrheit der Grünen hielt Joschka Fischer auf dem Bielefelder Parteitag nicht nur deshalb die Stange, weil viele von ihnen ohne Zweifel die Propaganda von einer humanitären Intervention glaubten, sondern auch, weil etliche grüne Funktionsträger schlicht um ihre Arbeitsplätze fürchteten.

So blieb denn nach Bielefeld die von vielen Medien erwartete Austrittswelle aus. Selbst die pazifistische Minderheit bleibt in der »opportunistischsten Partei Deutschlands«,[47] weil andernfalls viele von ihnen den Rest ihres Lebens zum Sozialamt laufen müßten. Keine angenehme Perspektive gerade angesichts der noch ausstehenden Sparmaßnahmen der rot-grünen Regierung im Sozialbereich.

So betrachtet war der Auftritt von Fischers Kumpel Daniel Cohn-Bendit auf dem Bielefelder Parteitag eher eine Reminiszenz an alte strategische Konzepte als wirklich notwendig. Doch Cohn-Bendit tat, was er nicht lassen kann, und hielt einmal mehr die radikalste Rede auf dem Parteitag: Er forderte den Einsatz von NATO-Bodentruppen im Kosovo und ließ damit den später verabschiedeten, fischerstützenden Antrag des Bundesvorstandes als echten Kompromiß erscheinen. Allerdings weiß man nach der Rede Cohn-Bendits definitiv, daß auch Joschka Fischer nötigenfalls für den Einsatz deutscher Bodentruppen eintreten wird. Wenn nicht im Kosovo, dann eben bei der nächsten NATO-Intervention in der Vojvodina, im mazedonischen Sezessionskrieg oder in Aserbaidschan. Auf dem dann stattfindenden Parteitag wird Daniel Cohn-Bendit wahrscheinlich für den Einsatz von Atombomben plädieren, damit sich die Delegierten für Pazifisten halten, wenn sie dafür stimmen, dem deutschen Landser an den klassischen Stätten seines einstigen Wirkens eine zweite Chance zu geben.

P.S: Wer wissen will, was aus dem Mann wurde, der einst Joschka Fischer so eindringlich darauf hinwies, worauf er wirklich zu achten habe, wenn er Minister werden wolle, der schaue doch einmal im Auswärtigen Amt vorbei: Seit Fischers Amtsübernahme sitzt dort der ergraute Karsten Voigt herum und gibt den »Koordinator für deutsch-amerikanische Beziehungen«.

Anmerkungen

1. *Die Zeit*, 12.5.1999.
2. »Ich war weder gegen die USA noch gegen die NATO.« Fischer im Gespräch mit *Zeit*-Chefredakteur Roger de Weck, in: *Die Zeit*, 12.11.1998.
3. Joschka Fischer: »Häuserkampf-Tribunal. Redebeiträge zur Strategie-Diskussion«. In: redaktion diskus (Hg.): »Küss den Boden der Freiheit«, Amsterdam 1992, S. 290.
4. Ausführlich habe ich diese Entscheidung beschrieben in: Christian Schmidt: »Wir sind die Wahnsinnigen. Joschka Fischer und seine Frankfurter Gang«, München 1999, S. 145-159.
5. *Der Spiegel* 28/1984.
6. zit. nach *Grüne Hessen Zeitung* 1/85.
7. Karsten D. Voigt: »Die Grünen nach Hannover oder: Warum es zwischen ihnen und der SPD keine Koalition geben kann.« In: *Die neue Gesellschaft - Frankfurter Hefte* 7 (Juli 1986), S. 647.
8. *PflasterStrand* 268, 8.8.1987.
9. ebd.
10. ebd.
11. *Die Zeit*, 7.4.1989.
12. *die tageszeitung*, 18.8.1992.
13. Eine reichlich überflüssige Forderung, da, wie im März 1996 enthüllt wurde, die US-Regierung den bosnischen Moslems trotz Embargo Waffen zukommen ließ, und zwar lustigerweise über den Iran. Vgl. Tommaso di Francesco: »Demokratie statt ethnischer Zersplitterung.« In: *Le Monde diplomatique*, 13.11.1998.
14. Zitiert nach: *die tageszeitung*, 16.12.1993.
15. *die tageszeitung*, 20.4.1994.
16. *Süddeutsche Zeitung*, 31.3.1994.
17. *die tageszeitung*, 7.12.1994.
18. *Die Woche*, 15.9.1995.
19. *stern*, 4.7.1991.
20. *Tempo*, 6/1994.
21. *die tageszeitung*, 30.12.1994.
22. *Die Woche*, 30.12.1994.
23. *die tageszeitung*, 11.10.1993.
24. vgl. *die tageszeitung*, 11.10.1993.
25. Wie man der *taz* vom 13.7. 1998 entnehmen kann, forderten noch im Juli 1998 Frauen und Kinder von mutmaßlichen Massakeropfern auf Demonstrationen in Sarajewo und Tuzla, »zu klären, was sich am 11. Juli 1995 in Srebrenica ereignete«. Sie werden es vermutlich nie erfahren, denn wahrscheinlich ist, daß von der Eroberung der Enklaven zumindest die amerikanische und die französische Regierung informiert war, wenn sie nicht sogar mit deren Duldung geschah. Weil man heutzutage ja so gerne mißverstanden wird: Das soll nicht heißen, daß hier ausgeschlossen wird, daß es in Srebrenica ein serbisches Massaker an Muslimen gegeben hat, sondern eben nur das, was hier gesagt wurde: Daß niemand weiß, was in Srebrenica wirklich geschah.
26. zit. nach: *die tageszeitung*, 2.8.1995.

27. *Spiegel*, 34/1995.

28. *die tageszeitung*, 2.8.1995.

29. *die tageszeitung*, 12.6.1995.

30. Vgl. Tommaso di Francesco: »Demokratie statt ethnischer Zersplitterung. Für einen irischen Frieden im Kosovo.« in: *Le Monde diplomatique*, 13.11.1998. Di Francesco verweist im übrigen darauf, daß der Terror der muslimischen Milizen denen der Serben in nichts nachstand: »Diese Milizen haben in der belagerten Stadt [Sarajewo, C.Y.S.] in der Tat – was erst im November 1997 entdeckt wurde – in den Schluchten von Kazanj ähnliche Massaker verübt, wie die serbischen Milizen an Muslimen in Srebrenica begangen hatten.«

31. zit. nach *die tageszeitung*, 4.12.1995.

32. *Die Zeit*, 27.6.1997.

33. *die tageszeitung*, 17.10.1998.

34. Ludger Volmer: »Krieg in Jugoslawien – Hintergründe einer grünen Entscheidung.« Seit dem 26.3.1999 veröffentlicht auf der Homepage der Grünen (www.gruene.de).

35. *Berliner Zeitung*, 18.3.1999.

36. *Die Zeit*, 12.5.1999.

37. zit. nach *Die Zeit*, 12.5.1999.

38. vgl. dazu auch: Jürgen Elsässer: »Die Falle von Rambouillet.« In: *konkret* 5/99, S. 52-54.

39. zit. nach: *die tageszeitung*, 13.4.1999.

40. *Der Spiegel* 16/1999.

41. *Tempo* 6/1994.

42. *Der Spiegel* 16/1999.

43. Joschka Fischer: »Risiko Deutschland. Krise und Zukunft der deutschen Politik.« Köln 1994, S.212.

44. zit. nach: *die tageszeitung*, 26.4.1999.

45. *die tageszeitung*, 30.4.1999.

46. *Frankfurter Rundschau*, 21.4.1999.

47. Bettina Gaus nach dem Bielefelder Parteitag in einem Kommentar der *taz*, 14.5.1999.

Psychogramm einer neuen Kriegsgeneration

Günter Amendt

»Ich gehöre einer Generation an, die ...« Jedesmal wenn Joseph (Joschka) Fischer mit unterkühltem Pathos zu seiner Rechtfertigungsarie ansetzt, zucke ich zusammen. Glaubt Fischer ernsthaft, zur Rechtfertigung seiner verbrecherischen Politik eine ganze Generation vereinnahmen zu dürfen – seine, meine, unsere? Ich frage mich: Wen eigentlich meint er? Dabei geht es mir nicht ums Biologische, da trennen ihn und mich zehn Jahre, sondern um die gemeinsamen Erfahrungen der Protestgeneration und die Lehren, die sie aus der Geschichte zog. Was ist die Lehre aus Auschwitz, mit der Fischer sein Handeln rechtfertigen will, wenn »Nie wieder Krieg« und »Nie wieder Auschwitz« mehr als nur eine Parole sein soll?

Auschwitz und den Holocaust niemals für politische Zwecke zu instrumentalisieren, ist eine der wichtigsten Lehren aus den Jahren des deutschen Terrors. Vom ersten Kriegstag an, als es einen völkerrechtswidrigen Angriffskrieg, den Bruch der Bundesverfassung und der Charta der Vereinten Nationen zu begründen galt, zeigte sich das Kriegskabinett gewillt, diese Lehre zu ignorieren. Die ständig von Auschwitz zum Kosovo gezogenen Parallelen und der Gebrauch des dazugehörigen Vokabulars irritieren selbst die Medien in den kriegsverbündeten Nachbarstaaten. Doch unbeeindruckt von aller Kritik, beharrt Scharping auf seinem Vokabular: »Ich sage bewußt KZ.« Fischer, im Erklärungsnotstand, nimmt das Stichwort begierig auf. Auch er beteiligt sich, wie ihm Holocaustüberlebene in einem offenen Brief vorhalten, an der Verbreitung einer »neuen Art der Auschwitzlüge«. Doch Begriffe zu besetzen und Sprachregelungen vorzugeben, gehört nun einmal zu den Grundregeln einer effektiven Kriegspropaganda, deren Aufgabe nicht ist, historische Wahrheiten zu verbreiten, sondern Zustimmung für einen Akt von Staatsterrorismus zu gewinnen.

Auf eine verquere Weise hatte Scharping ja recht, als er in den ersten Kriegstagen von »Luftschlägen« sprach und sich weigerte, den Krieg einen Krieg zu nennen. Es ist nicht ein Krieg, es sind zwei. Es ist ein grausamer Bürgerkrieg mit einer langen Vorgeschichte in einer vom Haß paralysierten europäischen Region, und es ist ein cooler aus der Luft geführter High-Tech-Krieg, der mit dem primitiven Bürgerkrieg am Boden nur insofern zu tun hat, als er der NATO Vorwand und Legitimation liefern soll. Ziel des NATO-Krieges gegen Jugoslawien ist die Durchsetzung einer neuen von den USA vorgegebenen Militärstrategie. Diese Erkenntnis, immerhin, begann sich nach sechs Wochen Luftkrieg im öffentlichen Bewußtsein festzusetzen. Begleitet von der Versicherung, dies sei »kein Krieg gegen das serbische Volk« (Scharping), nimmt die NATO in Kauf, das Land »in die Steinzeit zurückzubomben«, um an ein Kriegsziel der USA im Vietnamkrieg zu erinnern. Der deutsche NATO-General Naumann drückt das so aus: Am Ende der Bombardierung wird Jugoslawien da sein, »wo es vor 50 Jahren war«, da also, wo es war, als jugoslawische Partisanen mit Unterstützung der Alliierten die Nazitruppen gerade vertrieben hatten.

Je stärker der Gewaltexzeß der NATO ins öffentliche Bewußtsein dringt und die schrecklichen Bilder flüchtender und vertriebener Kosovaren relativiert, desto größer die Verwirrung und die Ratlosigkeit der einst friedensbewegten grünen Basis. Worauf haben wir uns da eingelassen? Wer hat uns verraten? Wo man hinhört, immer landet die Diskussion bei Fischer und Scharping und der Frage nach deren Motiven. Bis zu einem gewissen Grad kann ich das außergewöhnlich starke Interesse an einer psychologischen Erklärung für Fischers »Häutung« (*stern*) und Scharpings Amoklauf nachvollziehen, obwohl ich mir von personalisierenden und psychologisierenden Erklärungsversuchen einen nur geringen politischen Erkenntnisgewinn verspreche. Andererseits, was bleibt einem schon übrig, als an der Oberfläche des medialen Erscheinungsbildes zu kratzen, wenn man verstehen will, wie dieser Entscheidungsprozeß, der in den Irrsinn eines Angriffskrieges unter deutscher Beteiligung führte, abgelaufen ist.

Scharpings verbale Exzesse zur Rechtfertigung des Krieges sind atemberaubend. Da revanchiert sich ein schwer gedemütigter Mann, dem machtpolitisches Kalkül die Rolle eines Verteidigungsministers zugewiesen hat und dem die Gunst der Stunde einen richtigen Krieg bescherte und damit eine Bewährungsprobe verschaffte. In der Rolle des Kriegsministers wendet er nun alle ihm zugefügten Kränkungen und Verletzungen gegen einen Gegner, den er in manischer Besessenheit dämonisiert. Scharpings Agieren erinnert an die letzten Tage des pillengesteuerten Uwe Barschel. Es hat etwas Irres. Der Mann muß völlig von Sinnen sein. Um den Krieg zu legitimieren, unterstellt er in einem Vortrag an der »European Business School« dem serbischen Kriegsgegner, mit abgeschnittenen

Kinderköpfen Fußball zu spielen und Schwangeren den Fötus aus dem Leibe zu reißen, ihn zu grillen, um ihn dann wieder zurück in den Leib der Schwangeren zu stoßen. Einmal mehr zeigt sich hier, wie labil die Machteliten sind und wie instabil das Machtgefüge in der globalisierten, hochgerüsteten Welt tatsächlich ist. In Rußland ein vom Alkohol zerstörter und von Tabletten lahmgelegter Präsident, dem die Kontrolle über den politischen Prozeß entglitten ist, in den USA ein Präsident, der in seiner Gier nach sexuellen Abenteuern zeitweise die Kontrolle über die Präsidentschaft verloren hat und der über Jahre hinweg alle Kraft darauf konzentrieren mußte, sein Amt nicht zu verlieren. Und in Deutschland einen sozialdemokratischen Kriegsminister, der außer Rand und Band geraten ist. Kontrollverlust, wo man hinsieht. Das festzustellen ist keine Pathologisierung politischen Handelns, sondern die nüchterne Beschreibung einer Realität, die bei allen Risikoabwägungen zu berücksichtigen ist.

Während Scharpings Performance in der Öffentlichkeit mit Beifall bedacht wird, beginnt ein Teil von Fischers Fanpublikum zu begreifen, daß es einer Inszenierung aufgesessen ist. Das ist kränkend und verlangt nach einer Erklärung. Zur Aufklärung kann ich jedoch nicht viel beitragen, auch wenn ich Fischer aus meiner Frankfurter Zeit kenne. Eben deswegen gehöre ich ja nicht zu den von Fischer Enttäuschten. Die Erwartungen seiner Fangemeinde habe ich nie geteilt. Zugeben muß ich jedoch, daß ich nach den lähmenden Jahren der Kohl-Ära irgendwie darauf gehofft hatte, daß sich mit dem Regierungswechsel auch ein Diskurswechsel – etwa in der Drogenfrage – vollziehen würde: Mehr Klarheit und Nüchternheit in der politischen Auseinandersetzung, eine Politik, die Interessengegensätze deutlich macht und bei ihren Abwägungen immer auch die Interessen der Gegenseite einbezieht. Wer konnte ahnen, daß sich die neuen Minister- und Kanzlerdarsteller an den Prinzipien wilhelminischer Außenpolitik orientieren würden nach dem Motto: Ich kenne keine Interessen mehr, ich kenne nur noch Moral.

Der Aufstieg des Joseph (Joschka) Fischer hat mich nie wirklich verwundert. Ich habe Fischers politische Anfänge in Frankfurt am Main miterlebt und kann nur bestätigen, was auch anderen schon aufgefallen ist. Die Karriere des Joseph (Joschka) Fischer ist eine einzige Selbstinszenierung. Bestandteil dieser Inszenierung war auch der Wechsel des Vornamens auf dem Weg zum Gipfel wie die ästhetische Anpassung an den asketischen Leistungskörper, der Dynamik und die Bereitschaft zur Flexibilität ausstrahlen und ein Gegenbild schaffen sollte zur Fettleibigkeit des amtierenden Kanzlers, die Behäbigkeit und Stillstand signalisierte. Begünstigt wurde sein Aufstieg durch das meisterhafte Spiel mit popästhetischen Symbolen. In einem *Spex*-Aufsatz hat Felix Reidenbach am Beispiel des Bedeutungswandels »der Turnschuhe an Joschka Fischers Füßen« veranschaulicht, wie die Orientierung an den etablierten ästhetischen Autoritäten auf die Entpolitisierung gesellschaftlicher Prozesse hinausläuft: »Während die frühen Fischer-Turnschuhe noch ›Fight for Your Right‹ sagen und vor der Polizei davonliefen, sagten die späten ›Fit for Fun‹ und lassen die Polizisten zum Personenschutz hinterherjoggen. Während sie also noch in den achtziger Jahren ein macht-skeptisches und antiautoritäres Signal abgaben (natürlich auch, um Wählerstimmen zu erlangen), stellten sie in den späten Neunzigern eine gegenteilige Haltung dar: einen Fit-ness-Lifestyle, der körperästhetisch unangreifbar machen soll, indem er sich ästhetischen Autoritäten, nämlich Popstars, Models usw. gleichmacht.« Doch bei aller Eloquenz, aller Fä-higkeit, in Debatten zuzuspitzen und allem Gespür für den Umgang mit Symbolen – ohne den Nachweis eines zuverlässi-gen Antikommunismus hätte Fischer den Aufstieg nicht ge-schafft. Erst der verschaffte ihm, wie auch Daniel Cohn-Ben-dit, Zugang und Akzeptanz im Kreis der politisch Mächtigen, machte sie zu den Medienstars, die sie heute sind, und zu allseits respektierten Mitgliedern der classe politique.

Die Frage, warum sich so wenig Widerstand gegen die Kriegspolitik der neuen Regierung regt, ist mit der Regie-rungsbeteiligung von Bündnis 90/Die Grünen und dem Dilem-ma ihrer Wählerinnen und Wähler allein nicht zu beantwor-ten. Keine Frage, beim Versuch, die Regierungsbeteiligung zu sichern und die Kriegsbeteiligung zu rationalisieren, werden enorme Energien vergeudet. Einige haben noch das Flackern der Lichterketten in den Augen, wenn sie sich nun in der Pose tragischer Zerrissenheit präsentieren, anstatt sich ihrer politi-schen Dummheit bewußt zu werden. Dazu bedarf es keines besonderen analytischen Instrumentariums. Es genügt, sich an der Sesamstraße zu orientieren: »Wer wie was wieso wes-halb warum, wer nicht fragt bleibt dumm.«

Beunruhigend ist, wie wenig beunruhigt Jugendliche au-ßerhalb des parteipolitischen Spektrums sind, wenn die Rede auf den Krieg kommt. Meine privaten Beobachtungen decken sich mit dem, was ich in den Medien lese, höre und sehe. Die demoskopisch belegte Spaltung der Republik verläuft nicht nur entlang der Grenze zwischen Ost und West, zwischen den alten und den neuen Bundesländern, es ist auch eine Spaltung zwischen den Generationen. Die kollektive Erinnerung der Nachkriegsgeneration verblaßt, für die Nachgeborenen scheint der Krieg seinen Schrecken verloren zu haben. Das läßt sich nicht einfach nur mit dem zeitlichen Abstand erklären, denn – auch das muß gesagt werden – nach wie vor gibt es Jugendliche, die wissen, was läuft, und die – mit Adorno gesprochen – sich von der eigenen Ohnmacht nicht dumm machen lassen.

Die Ursachen von Kriegen sind die gleichen geblieben, gewandelt haben sich die Motive, einem Krieg zuzustimmen oder sich ihm zu widersetzen. Das wird jetzt wieder einmal deutlich, denn in den Zeiten eines Krieges wird die kollektive Psyche eines Landes nach außen gekehrt. Von Kriegsbegeisterung, wie auch schon, kann nicht die Rede sein. Ist es, wie eine *taz*-Autorin vermutet, Langeweile, die den instinktiven Widerstand gegen den Krieg ausgehöhlt hat? Ist, wie Claudio Magris im *Corriere della Sera* fragt, »die Welt wirklich friedensmüde«? Wer auf action und wechselnde Szenarien aus ist, wird zur Zeit jedenfalls gut bedient. Und das, was auf dem Fernsehbildschirm zu sehen ist, wo die NATO ihre Computerbilder von oben einspeist, vermag kaum Angst und Schrecken auszulösen. Nun, nach dem mörderischen Anschlag auf das jugoslawische Fernsehen, hat sich die NATO auch die Bildhoheit über den Krieg gesichert. Bilder von unten, wo die Bomben und Raketen einschlagen, dürften rar werden in den kommenden Wochen. Dieser Krieg, so viel scheint sicher, hat das Risikobewußtsein der Jungen, der Soldaten und Soldatinnen zukünftiger Kriege, noch nicht erreicht. Jugoslawien und das Kosovo liegen im cyber-space. Wie die Jungen den Krieg schließlich verarbeiten und welche Schlußfolgerungen sie ziehen werden, ist offen. »The princess and the prince discuss, what's real and what is not.« Mit dieser Zeile eines Bob-Dylan-Songs ist das Wahrnehmungsproblem der Computergeneration genau benannt. Wo sich Realitätsverlust mit Gewaltkult und Waffenfetischismus verbinden, ist Krieg angesagt. Insofern gibt es einen Zusammenhang zwischen dem Highschool-Massaker in Littleton und der Gewaltorgie über Belgrad.

Totale: Krieg
Das Fernsehen und sein Bomben-Bankrott

Kay Sokolowsky

Jugoslawiens Zertrümmerung, die Brandschatzung seiner Brücken, Marktplätze und Zigarettenfabriken, E-Werke, Krankenhäuser und Studentenwohnheime, der Krieg der NATO gegen die Alte Weltordnung für eine Neue, in der Hauen und Stechen das diplomatische Protokoll, Militarismus und Demagogie die Politik ersetzen, hat ganz nebenbei auch einer populären Dummheit, einer postmodernen Lieblingsbanalität für immer den Garaus bereitet: Die elektronischen Massenmedien würden keine Grenzen kennen.

Daß im »globalen Dorf« McLuhans vor allem Trottel wohnen, daß Fernsehen mitnichten ein Institut ist, welches per Pluralismus und »Vernetzung«, via Popularität und Omnipräsenz den kosmopolitischen Bürger schaffe, hätte man schon vorher wissen können: Fünfzig Jahre TV haben weder Rassismus noch Chauvinismus aus der Welt geschafft; kein Vorurteil, keine Diskriminierung, kein einziges Feindbild ist durch das Fernsehen beseitigt worden. Die Lektion, die der Kosovokrieg der kurrenten Medienkritik erteilt, geht jedoch über das Altbekannte weit hinaus. Wer künftig behaupten sollte, Fernsehen sei das beste Instrument gegen Propagandisten, Hetzer und Lügner und die schiere Masse von Informationen, die erdrückende Macht der Video-Bilder verhindere, daß irgendein politisches Verbrechen vertuscht werden könnte, der darf getrost nicht mehr bloß als Idiot, sondern gleich selber als Propagandist bezeichnet werden.

Die Zurichtung der Szenen, die Auswahl der Meldungen, der gängige Stil der Berichte und Kommentare wurden keinem Sender in den NATO-Staaten offiziell vorgeschrieben. Dennoch war vom ersten Kriegstag an eine Uniformität und Servilität der Nachrichtensendungen zu besichtigen wie, hierzulande, seit dem Deutschen Herbst nicht mehr. Als habe es eine geheime Order gegeben, nur ja nicht den Regierungen in den Rücken zu fallen, die ohne Not, ja sogar ohne Kriegserklärung Belgrad mit Tod und Feuer überzogen, versuchten die Infotainer gar nicht erst zu überprüfen, was denn dran war an den Vorwänden der Allied Forces, unterließen sie jede Bemühung, die Lage im Kosovo vor Ort zu überprüfen, saßen sie brav wie die Chorknaben Wesley Clark und Javier Solana zu Füßen und interessierten sich weit mehr für die Lenksysteme der Präzisionsluftminen als für die Kinder, die mit diesen Minen umgebracht wurden. Aber eine geheime Order gab es nicht, der Schulterschluß der TV-Zombies mit den Staatsterroristen geschah ganz selbstverständlich.

Gegen »Serbien« – wie die Bundesrepublik Jugoslawien fälschlich und gewiß nicht aus Dummheit fortwährend genannt wurde – hatten die westlichen Sender seit Beginn der Sezessionskriege auf dem Balkan eine ausgeprägte Feindschaft bewiesen. Friedhelm Brebeck, der sich im Bosnien-Konflikt erfreulich zurückgehalten hatte, tat sich seit Beginn der Kosovo-Krise als Hetzer und Brandredner besonders hervor und pries – von seinen Kollegen an der Heimatfront emsig angefeuert – so laut die segensreiche Wirkung des Serbenmordes, daß den Nachrichtenmoderatoren aller Kanäle die Erleichterung und Befriedigung über die endlich beginnende Offensive überdeutlich anzumerken war.

Vom dümmsten und flachsten aller Medien durfte man natürlich nicht erwarten, aus dem öffentlichen Konsens auszubrechen. Die Bruderschaft der Kriegstreiber, Scheinheiligen und Militaristen in praktisch allen Meinungsanstalten der »internationalen Staatengemeinde« wurde vom Fernsehen weder begründet noch angeführt: Es machte, wie immer, einfach mit, als die Meute losstürmte. Doch gleichwie die NATO wußte, daß ihr zu Beginn der »Kampagne« auf keinen Fall Bilder in die Parade fahren durften, die zeigten, was eine Kassettenbombe mit menschlichen Körpern anstellt, hätte dem Sensationsbedürfnis und der Blutgier des Mediums nichts interessanter sein müssen als eben solche Bilder. Aber, wie bereits im Golfkrieg geübt, begnügten die Nachrichtensendungen sich mit dem sortierten und bearbeiteten Material, das die Militärzensur ihnen zukommen ließ, und ihre Moderatoren schienen wenig betrübt, als sie verkündeten, daß die jugoslawische Regierung Journalisten aus NATO-Staaten starke Arbeitsbeschränkungen auferlegt oder gleich die Aufenthaltserlaubnis entzogen hatte. Man hatte eine Ausrede für das eigene Unvermögen, neue Quellen aufzutun, und zumal für den ausgeprägten Unwillen, Serben als Opfer zu zeigen; und das Publikum, dem die kriminellen Aktionen des Bündnisses schlimmstenfalls am Arsch vorbeigingen, war zufrieden. Ob der Krieg ein jähes Ende gefunden hätte, wenn auf den westlichen Bildschirmen von Anfang an die Verwüstungen und Blutspuren der Luftangriffe zu besichtigen gewesen wären, steht zwar zu bezweifeln – nachgerade imprägniert ist in den meisten Schädeln, die ARD, CNN oder BBC ausgesetzt waren, das Image des serbischen Fötenfressers resp. Tschetniksadisten. Aber die rasante Eskalation der »punktuellen« Attacken hin zu einem völlig planlosen Flächenbombardement wäre der NATO evtl. weniger leicht gefallen; das obszöne Gerede der Offiziere und Kriegsbürokraten von den »Kollateralschäden« wäre manchem Kommentatoren vielleicht etwas früher aufgestoßen als in der siebten Kriegswoche, nach Zerstörung der chinesischen Botschaft, da alles zu spät war.

Der Moloch Fernsehen kennt keine Moral – außer der je herrschenden; er will in Ruhe gelassen werden beim Verschlingen der Welt und beim Ausscheiden von Vollprogrammen und ist daher mit jedem System, in dem er sich breitmachen darf, vorbildlich d'accord. Die paar Querulanten, die das Fernsehen sich unter demokratischen Verhältnissen leistet, dienen vor allem der willkommenen Simulation von Opposition: Ein paar Reaktionäre haben hernach Gelegenheit, ihren dicken Hals in die *Bild*-Zeitung zu halten, der mündige Bürger freut sich über den Löwenmut seines Bednarz, das Grimme-Institut verleiht einen Preis. Derweil gehen die Geschäfte weiter – anders als bei den klassischen Medien erwartet ernsthaft niemand vom Fernsehen Selbstreflexion, die über die »Wochenshow« oder »extra3« hinausreicht, glaubt allenfalls ein verwitweter Rundfunkbeirat aus Süderbrarup, die gelegentlich geübte Selbstkritik der Sender sei mehr als eine lästige Übung und habe irgendwelche Folgen für die fernere Arbeitsweise. Der Opportunismus des Molochs hat zutiefst mit seiner Formlosigkeit, seinem amorphen Wesen zu tun. Erkoren, unser aller Augenzeuge zu sein, bemüht er sich, uns nie zu überfordern, versucht er, jeden Vorgang so zu betrachten, wie die avisierte Couchkartoffel ihn, wäre sie selber am Tatort, wohl auch sehen würde.

Der Ehrgeiz des besseren Dokumentarfilms – die Menschen, Dinge und Ereignisse so zu zeigen, als habe nie zuvor ein Blick auf ihnen geruht, als gelte es, ihre Würde und Besonderheit für die Ewigkeit aufzubewahren –, diese Ambition fehlt den Aufnahmeteams von Fernsehnachrichten durchaus. Gerne reden sie sich auf den permanenten Zeitdruck hinaus, unter dem sie ihre Clips produzieren müssen, wenn jemand die serielle Ähnlichkeit, die Austauschbarkeit ihrer Dokumentarszenen tadelt (NATO-Hauptquartier außen / Schnitt / Auftritt Solana / Schnitt / Auditorium / Schnitt / Wandprojektion einer Landkarte / Schnitt / Solana redet / Schnitt / Studio). Tatsächlich wäre eine andere Form (fiele denn den mediokren Köpfen, die uns allabendlich ins Wohnzimmer gucken, dergleichen ein) an den Heimatredaktionen gar nicht vorbeizuschmuggeln: Das Immergleiche, die Versicherung, es gebe kein einziges Phänomen, das sich der Kamera verweigern könne, macht den Erfolg des Fernsehens überhaupt erst aus.

Wie ein Dutzend Rosenkränze auf Verstörungen des Gemüts, dank Mechanik und Geleier, durchaus besänftigend wirkt, hat die solide Verwechselbarkeit der TV-News mit denen von gestern, vorgestern und auch vom letzten Jahr die »Tagesschau« längst in eine Art sedatives Ritual verwandelt: Nicht Informationen locken den Zuschauer vor die Röhre, sondern die schöne Gewißheit, daß die Welt sich in der Nachrichtensendung zuallerletzt verändern wird. F.W. Bernstein hat den schonenden Ton, in dem sogar das Armageddon von der »Tagesschau« vermeldet werden wird, bereits 1987 grandios antizipiert: »(Köpcke) und alle seine halben Erscheinungsformen sollen mit uns sein bis ans Ende der Welt, und er wird's uns schon sagen, wenn's soweit ist: GONG! Und er schreit mit großer Stimme, wie ein Löwe brüllet, und da er schreit, reden sieben Donner ihre Stimmen: ›Bonn. Außenminister Genscher bezeichnete den Weltuntergang als ein Ereignis von besonderer Tragweite ...‹« Sehr viel anders klang's am 24. März 99 auch nicht.

Möglicherweise nahmen einige Korrespondenten und Regisseure den Angriffsbefehl der NATO als den historischen Bruch wahr, welcher er gewesen ist. Konsequenzen zogen sie aus ihrem Schrecken mitnichten. Keiner traute sich, in die Gesichter der Bombenkerls zu zoomen, während daraus die Unwörter »humanitäre Katastrophe« und »Luftoperationen« fielen sowie der fulminant verlogene Satz »We have no quarrel with the people of Yugoslavia«: Als würde die Nachwelt dereinst nicht zu gerne die Visagen jener inspizieren wollen, denen sie ihre Kalamitäten verdankt! Ergeben fügte das Pack, das noch kurz zuvor, im Fall Lewinsky, seine ganze Kraft daran gesetzt hatte, die kalten Bauern des Präsidenten zu präsentieren, sich in das – nirgendwo dekretierte – Los, Multiplikator der NATO-Meinung zu sein und das vormalige Objekt ihres Voyeurismus nun respektvollst nur mehr als den »Oberbefehlshaber« abzubilden.

Die Kriegsherren selbst dürften überrascht gewesen sein, wie wenig Probleme ihnen der Moloch bereitete. Wohl, sie wußten seit dem Golfkrieg, daß ein wenig Erpressung genügt, um das bilderwilde Medium auf Linie zu bringen. »Nehmt, was wir euch geben, oder ihr bekommt überhaupt nichts«, drohten sie damals, und der »Medien-Pool« spurte gleich einem Regiment Marines: Lieber »Live«-Aufnahmen (mit immerhin irgendwie gruftigem Grünstich), direkt aus dem Sprengkopf einer Cruise Missile, als gar kein Einspieler! Aber die Schwierigkeiten diesmal, mitten in Europa, bei einem Gegner, der mit

Korrespondenten liberaler umging als ehedem Saddam, dürften sie sich größer vorgestellt haben. Um die Dominanz des Militärs, seine Verachtung für die Pressefreiheit und die Bürger, die es finanzieren müssen, keinen Moment vergessen zu machen, um zugleich aber auch das Bedürfnis des Fernsehens nach Wiederholungen zu stillen, wurde das Ritual des nachmittäglichen »Briefings« im Brüsseler Hauptquartier initiiert.

Ganz wie Piloten einer Jägerstaffel bei der Einsatzbesprechung wurden die Journalisten plaziert, nicht anders als Rekruten beim Appell erwarteten sie die Erteilung des Tagesbefehls, sahen sie auf zum wachhabenden Lamettaträger, der die gelungenen Vernichtungen des Vortages beschrieb, während der diensttuende Zivilist, der ihm zur Seite stand – wahlweis ein ziemlich schlampig gekleideter, schlechtrasierter, stets gebückt dastehender Aktenwurm oder ein maßangezogener, eisern grinsender, geschwätziger Yuppie –, pro forma daran erinnerte, daß die NATO, jedenfalls laut Statut, nicht von Soldaten dirigiert wird, vor allem jedoch als beflissener Hiwi des coolen Todes-Technokraten zu seiner Rechten erschien. Die prototypisch vorgeführte Hierarchie verfehlte ihren Effekt nicht. Nahezu kein Bericht aus Brüssel verzichtete auf einen Zwischenschnitt zum NATO-Monument vorm Hauptquartier, diesem zackenstarrenden Death Star, dieser Explosion aus Stahl, eingefroren in einem ewigen Standbild. Denn über Nacht waren alle Korrespondenten zu Klonen von Jamie Shea mutiert – Adlaten, die ihre Generäle lieber nicht reizen mochten, und das Geknatter von Zahlen und Waffensystemnamen mit immer denselben hundert Phrasen aus dem Leitfaden der psychologischen Kriegführung überkleisterten, weil sie »robuste« chirurgische Eingriffe am eigenen Leib eher nicht herausfordern mochten.

Wie angeraten ihr Opportunismus war – vorausgesetzt, auch nur eine der rapportierenden Orgelpfeifen hätte anderes gesagt als gedacht, was man bezweifeln darf –, demonstrierten die Allied Forces, als sie am 23. April das Sendezentrum in Belgrad planierten. Dieser Angriff ragt als *der* symbolische Akt des Kosovokrieges – in dem Symbole eine schier prähistorische Bedeutung spielten – heraus. Die Selbstabschaffung des Fernsehens als »objektives Medium«, der Bankrott der Sender als vorgebliche Anstalten einer »überparteilichen Meinung« wurden nicht bloß manifest. Die Herren der Neuen Weltordnung gaben außerdem deutlichst Bescheid, daß sie den Bankrott über das Kriegsende hinaus perpetuiert wünschten. Wie gut die Adressaten kapiert hatten, bewies ihre sagenhaft feige Illoyalität am folgenden Tag – statt namens der ermordeten jugoslawischen Kollegen die Medienzensur per Laserbombe anzuprangern, tat die Bande einhellig so, als ginge nicht mal *dieses* Kriegsverbrechen sie was an. »Das freie Bild«, die »grenzenlose Information«, das »Global Village« – mit einem Luftschlag hatte das Fernsehen all die hehren Ausreden verloren, die es für seine singuläre Trivialität bis dahin bereithielt; aber weil ihnen an dem Hokuspokus, den Medienwissenschaftler treiben, eigentlich ein Fliegendreck liegt, am blanken Da-Sein auf zweiunddreißig uniformen Kanälen jedoch alles, berichteten die Kollaborateure über den Fall eilig, nebenher und eiskalt. Nachdem sie sich ohne Zwang den Generälen unterworfen hatten, mochte die Züchtigung, welche die widerspenstigen »Kollegen« jetzt erfuhren, sie vielleicht sogar mit Genugtuung erfüllen.

Die massive Zensur der NATO – mit der verglichen die Restriktionen in Jugoslawien ebenso antiquiert und armselig wirkten wie die Flugabwehr des Landes gegen Stealth-Geschwader – veranlaßte zwar einige Vertreter der Presse und des Radios zur Frage, ob dies alles »in der Demokratie« denn geduldet werden könne. Die »Erscheinungsformen« des Fernsehens hingegen machten sich um gar nichts Sorgen als um »unsere Jungs«. In den ersten Kriegstagen waren die Programme zugeparkt mit heroischen Porträts uniformierter Mordburschen – und angesichts soviel vorauseilenden, ja begeisterten Gehorsams konnte sogar ein unbedeutender Staatssekretär sich dickefühlen und via TV kurzerhand verbieten, das Werfen von Bomben »bomben« zu nennen.

Dann aber, nach einigen Invasionstagen, wurde der Moloch aufmüpfig und ließ seine Moderatoren erstmals nach dem »Sinn« der Angriffe fragen. Es ging jedoch nicht um tote Serben, sondern um die Abwesenheit einer fernsehgerechten »Erzählung« dieses Krieges. Das »Briefing«-Ritual schön und gut, jetzt allerdings wurde es Zeit fürs Melodram: Wo, bitteschön, blieben die toten Helden, wo die trauernden Kriegerwitwen, wo, zum Henker, die Leichenberge, von denen der Verteidigungsminister so enthusiastisch erzählte? Im Golfkrieg mochten die Restlichtaufnahmen vom Bagdader Nachthimmel noch genügt haben, die Kundschaft bei der Stange zu halten; doch nun war es Zeit für einen neuen Hut. Die Militärs – denen es nur recht sein konnte, wenn sie ihr Geschäft unter Ausschluß der Öffentlichkeit erledigen durften – zeigten sich prompt noch sturer und untersagten jegliche Interviews mit niederen Dienstgraden, die an den Einsätzen beteiligt waren. Doch dann rollten die ersten Flüchtlingstrecks nach Albanien, und der Moloch stellte sein Nörgeln umgehend ein. Der Krieg hatte ein »menschliches Gesicht« bekommen, »Schicksale« produziert, die das Gemüt bewegen, Geschichten verfertigt, die gruseln, ohne zuviel Grauen zu verbreiten – von »Massakern« wurde weiterhin ja nur geredet, Bilder brachten auch die »Deportierten« nicht mit, Gott sei Dank. Die Mythographie des Kosovokrieges konnte nach dem Ritter (NATO-Jets) und dem Drachen (Milošević) jetzt endlich auch das Opfer zeigen, zu dessen Rettung jener ausgezogen war, »die Kosovaren«. Fortan zerfiel die Berichterstattung in »erschütternde« Massenszenen, vorzugsweise aus der Hand gefilmt – die sich, drehte man den Ton ab, allerdings ausnahmen wie eine schlechte Woodstock-Reminiszenz –, »nüchterne« Standkamerabilder aus dem Befehlsbunker und, düster, anonym, »unecht«, Minisequenzen brennender jugoslawischer Städte, deren Irrealität noch verstärkt wurde durch die Dauereinblendung »serbisches Fernsehen«.

Die prononcierte, penetrante Skepsis der Nachrichtensendungen gegen genau jene Bilder, die als einzige zeigten, daß der NATO-Krieg weder »sauber« noch »präzise« geführt wurde, war nur zum kleineren Teil als Alibi für die freiwillige Unterwerfung unter das Informationsdiktat der Allianz zu deuten. Im Mythos, den der Moloch aus der »Kampagne« wob, mußte am Ende auch er selber vorkommen, jedoch zweigestaltig, als guter und als böser »Zeuge«. Das »authentische Bild«, das es nie gab und dessen Zweifelhaftigkeit mittlerweile, nach »Jurassic Park« und »Titanic«, selbst dem dümmeren Teil des Publikums schwant, über das zu gebieten aber die wichtigste Illusion des Fernsehens ist, läßt sich nur mehr beschwören – und wo der einen Partei vorgeworfen wird, sie leiste fortwährend Meineid, können die Bilder der anderen doch gar nicht gelogen sein. Indem die gleichgeschalteten Anstalten des Westens nicht müde wurden, auf die Gleichschaltung des »serbischen Staatsfernsehens« hinzuweisen, konnten sie selbst »objektiv« und »kritisch« wirken; indem die Propagandisten von Wickert über Niemetz bis Klöppel keine einzige schmierige Floskel ausließen, wenn es das »Leid«, das »unsägliche Elend« der »Kosovaren« zu beweinen galt, durften sie die durchaus sachlichen Meldungen der jugoslawischen »Kollegen« von weiteren Bombentoten sogleich als Propaganda denunzieren.

Der Moloch warb für den »gerechten Krieg« mit einer Vehemenz, die den Warlords geradezu abverlangte, ihre anfangs durchaus gemessene, fast abgeklärte Sprache, all das euphemistische Gefasel zu vergessen und ihre Statements radikal zu emotionalisieren. Nur wer am grellsten belferte, bekam den Clip nach dem Aufmacher aus den Flüchtlingslagern – aber da mochte Scharping sich noch so sehr abmühen, die Abmoderation setzte mühelos einen drauf. Synchron mit der Destruktionswut der NATO wuchsen die Vernichtungswünsche der

Anchormen. »Der Ruf nach Bodentruppen wird immer lauter«, verkündeten sie, doch am lautesten riefen sie selbst. Marktführer dabei war, wieder einmal, RTL.

Hier trugen ausnahmslos alle Journalisten einen Stahlhelm und mit Stolz. Offenbar vom Ehrgeiz beseelt, die »UFA-Wochenschau« fürs Fernsehen zu revitalisieren, inszenierten sie »News«, in denen Kriegsgegner ausschließlich als »Radikale« oder »Weltfremde« vorkamen, zivile Opfer des Bombardements zu »tragischen Fehlern« der NATO erklärt wurden – wobei »Tragik« nicht die Toten meinte, sondern den Imageschaden der tapferen Friedensflieger –, Flüchtlinge allesamt »Vertriebene« hießen, lieber noch: »Deportierte«, Lager aber »Camps«; und das »beste« Camp war natürlich das der Bundeswehr in Tetovo. Wochenlang stellte der Sender die geilsten Tötungsmaschinen der Allianz vor, schwärmte ungeniert von »Wunderwaffen«, die »sich bereits im Vietnamkrieg bewährt haben«, kamen Treffer der NATO vorzugsweise als Zeichentrick-Explosionen auf einer Landkarte vor, was die sterilen Kill Views aus Brüssel vollends entwirklichte, und die Frontmänner glaubten wohl selbst daran, daß »den härtesten Job in diesem Krieg« nicht etwa Belgrader Feuerwehrleute hatten, die zerschmetterte Hausmeister und verkohlte Putzfrauen aus Bombentrichtern kratzten, sondern die »Bomberpiloten«, die ungefährdet aus 12 Kilometern Höhe Wohnblocks flachwalzten.

RTL setzt seit seiner Gründung Maßstäbe fürs hiesige Fernsehen; das darf dem Sender zugestanden werden. Und auch beim Untergang der Welt, wie wir sie kannten, war RTL Avantgarde, der die Konkurrenz treu nachfolgte. Eine Benefiz-Sendung der ARD am 3. Mai zugunsten der Bombenopf-, ach was: der »vertriebenen Kosovaren« machte auf mit einem langen, tränenreichen Bericht über Schmerz und Angst der »Flüchtlingskinder«, der zu Beginn und zum Schluß mit der Titelmusik von »Forrest Gump« unterlegt war. Es paßt nichts mehr zusammen, aber die forcierte Mythographie des kommerziellen Krawallfunks, die den Kosovokrieg gar nicht anders denn in Fragmenten, Miniaturen, Versatzstücken abbilden mag, um desto leichter alles in Kitsch, Soap und Truppentheater verwandeln zu können, hat zuletzt auch die Schnarchhähne der Öffentlich-Rechtlichen belehrt, daß im Fernsehen der Soundtrack einer Satire sehr wohl und korrekt auf ein Trauerstück geklebt werden kann. Dazu links oben dauernd die Nummer des »Spendentelefons« eingeblendet, wohl nur zufällig mit den Jahreszahlen der »Operation Barbarossa« – 41 42 43 – ausgestattet, mit voller Absicht freilich gerahmt in das Logo von »T-Vote Call«. Nichts stimmt mehr, außer der Wirklichkeit des entfesselten Kapitalismus, außer im Fernsehen: So hat der

Moloch es gern, und so wurde der Kosovokrieg zu einer Geschichte aus lauter Wiederholungen, Ritualen, Identitätsfesten und Werbeblöcken zwischen diversen »Tragödien«.

»Zum ersten Mal in meinem Leben mag ich die Nachrichten nicht mehr einstellen«, gab am 10. Mai Ralph Giordano in »Talk vor Mitternacht« bekannt. Er wollte damit aber keineswegs sagen, daß er Propaganda und Heuchelei der Sendungen nicht länger ertrage und daß es schlicht obsolet sei, in den Fernsehnachrichten nach Nachrichten zu suchen. Die »entsetzlichen Szenen« des »Flüchtlingselends« seien es, die ihn seine Fassung verlieren ließen. Er hatte gesehen, was nie gezeigt worden war; der totale Triumph der Ideologie, die erst die »Wahrheit« der Bilder diktierte, dann den Mythos erschuf und schließlich die Bilder nur mehr brauchte, um ihre »Wahrheit« zu illustrieren, hatte auch ihn überwältigt. Dieser Triumph jedoch – der nicht zuletzt deshalb so leicht zu erringen war, weil die Fernsehmacher anderthalb Jahre zuvor, anläßlich der toten Diana, geschlossen den Verstand verloren hatten –, dieser totale und radikale Sieg der »Verblendung« (Georg Seeßlen) über die Realität wird das Ende des Luftkriegs überdauern. Das Fernsehen ist unwiderruflich zu der quasireligiösen, antirationalen, voraufklärerischen Anstalt geworden, die es in den meisten seiner Abteilungen längst war; und keiner stößt sich daran. Es sieht ja auch niemand mehr hin.

Kriegsnovelle
oder: Wie eine Erzählgemeinschaft für einen moralischen Krieg erzeugt wird

Georg Seeßlen

Prolog 1: Der Mythos der verlorenen Wahrheit

»Das erste Opfer des Krieges ist die Wahrheit« – dieser Satz wird in den letzten Wochen mit so beharrlicher Gewichtigkeit wiederholt, und zwar innerhalb eben jener Medien, die nach unseren Vorstellungen für die Wahrheit zuständig wären, daß man sie als neues Glaubensbekenntnis, als Axiom der Berichterstattung vom Krieg akzeptieren müßte, wenn einem nicht gerade durch diese penetrante Wiederholung klar würde: Der Satz kann nur der impertinenteste Teil der großen Lüge sein. Diese Medien behaupten damit nämlich, indirekt und bildhaft, wie sie es gerne tun, ein paar Dinge über sich selbst:

1. Vor dem Krieg wurde – von uns, den Vertretern der Medien, den Journalisten, Kritikern, Kommentatoren des Geschehens – die Wahrheit gesagt, und wenn der Krieg vorbei ist, werden wir auch wieder Zugang zur Wahrheit haben.

2. Wenn wir nicht die Wahrheit sagen, so ist das nicht unsere Schuld. Wir, die Wortbenutzer und Bildermacher, wir sind nicht etwa Partei irgendeiner Schuld in diesem Krieg, wir sind immer Opfer.

3. Wir sind uns unserer Grenzen bewußt und daher bereit zu schweigen, wo nichts zu sagen ist, keine Bilder zu bringen, wenn es nichts abzubilden gibt, eher das Widersprüchliche zu akzeptieren als aus den fragmentarischen Informationen ein wohlfeiles Urteil zu formen. Wir sind uns, um es in einem Wort zu sagen, unserer Verantwortung bewußt, in der Welt der Fälschungen und Manipulationen.

4. Wir sind nicht schuld, wenn sich später herausstellen sollte, daß wir während dieses Krieges mit falschen Bildern und falschen Erzählungen gelebt haben. Wir haben immer davor gewarnt, aus unseren fragmentarischen und zweifelhaften Bildern zu schnell eine moralische Erzählung zu formen.

Nach allem, was diese Medien uns in den letzten Wochen geboten haben, sind das vier faustdicke Lügen, die sich hinter einer scheinbar simplen Aussage verbergen. Und noch eine

Lüge beinhaltet dieser scheinkritische Satz: Der Krieg, impliziert er, sei ein wiederkehrendes Ereignis, eine Art Naturkatastrophe, die immer wieder dieselben Phänomene zeige. So ist es halt im Kriege. Nein: Auch was die Produktion seiner Bilder anbelangt, ist jeder Krieg eine eigene Geschichte. Und nicht nur die Politik, nicht nur das Militär, nicht nur jeder einzelne, sondern vor allem auch die Medien, in ihrer ganzen Widersprüchlichkeit und freimarktwirtschaftlichen Vielfalt, werden auf immer neue Weise schuldig.

Die heroische Selbstinszenierung der deutschen Medien besteht im Selbstportrait als angestrengter Streiter gegen Propaganda und Fälschung von allen Seiten, eine auf Hochtouren laufende Filteranlage, eine Suchmaschine nach der »Wahrheit« im unendlich suggestiven Netz der Dinge. Jeder Journalist ein Partisan der verlorenen Wahrheit, ein Einsamer im Dschungel der Wahrnehmungen und Gefühle, einer oder eine, der oder die uns verteidigt gegen die Mächte der Manipulation.

Wenn dem so wäre, warum kommt dann doch eine so gleichförmige Ikonographie, eine Meta-Erzählung dieses Krieges heraus, deren Details sich an allen Ecken und Enden so verblüffend ähneln, warum schleichen sich die immergleichen Erklärungsmuster, die Modellsätze, die Tautologien, die Dogmen ein, die von sich nichts wissen? Warum wird dann in den deutschen Medien aus dem Chaos einander widersprechender Bilder und Nachrichten eine Erzählung von so furchterregender innerer Selbstgewißheit?

Prolog 2: Das Vage und das Offensichtliche

Eine Episode aus der Serie »Baywatch«: Die tüchtige Rettungsschwimmerin und ihre Helfer erreichen einen am Strand liegenden Mann, der offensichtlich nach Atem ringt. »Ich kriege keine Luft!« keucht er. Die tüchtige Rettungsschwimmerin stellt sofort eine medizinisch hieb- und stichfeste Diagnose: »Der Mann hat Atemprobleme.«

Die nächsten Einstellungen zeigen uns zweierlei: 1. Die Frau hat einen ziemlich knappen Badeanzug als Arbeitskleidung gewählt. 2. Es kommen ein paar medizinische Gerätschaften und Techniken zum Einsatz, die wichtig und wirkungsvoll sind, uns im Detail aber nicht zu kümmern haben. Schließlich läßt die Dramatik der Situation nun keine Zeit mehr für Erklärungen. Als die erste Hilfe offensichtlich nicht ganz ohne Erfolg abgeschlossen ist, kehrt der Film zur tautologischen Erzählweise zurück. Zwei Sanitäter heben den Kranken vorsichtig auf eine Bahre, während die Heldin sagt, man müsse den Kranken vorsichtig auf eine Bahre heben. Und dann hat sie auch noch Zeit, zu verlangen: »Macht die Tür zu!«, während die Männer die Tür ihres Sanitätswagens schließen.

Diese Erzählweise hat auf eine besondere Weise »Glaubwürdigkeit« erzeugt. Statt einer gleichmäßigen Informationstiefe oder einer Suche nach Information mit Retardierungen und Durchbrüchen, wechselt sie zwischen zwei Strategien rhythmisch ab, nämlich der einer geballten Ladung Offensichtlichlichkeit – ein vergleichsweise einfacher Sachverhalt wird bedeutungsschwer doppelt und dreifach erklärt – und einer dramatischen Vagheit – komplexe Verrichtungen und Beziehungen verschwinden hinter nicht erklärbaren Handlungen und nicht erklärbaren Begriffen, während uns die emotionale Anspannung der Beteiligten in Bann hält.

Diese duale Erzählweise vom Terror des Offensichtlichen und der dramatischen Vagheit kennen wir aus den unterschiedlichsten Lebensbereichen, etwa aus jenen Bedienungsanleitungen komplizierter elektronischer Geräte, in denen seitenlang sehr präzise davon gesprochen wird, wie man einen Stecker in eine Steckdose steckt, um dann in einen vagen Jargon zu verfallen, sobald es um die eigentlichen Funktionen und vor allem die Probleme des Gerätes geht. Und am Ende, wenn es um die Anwendung fusselfreier Tücher zur Reinigung geht, wird wieder jedes Detail hochnotpeinlich notiert. Es gibt in dieser Erzählweise also vernünftige Präzision und lyrischen Impressionismus, nur beides eben genau an der falschen Stelle.

Jede Fernsehshow ist von dieser Erzählweise mehr oder weniger infiziert: die Überdeterminierung im Bereich des Trivialen und Offensichtlichen (im Fernsehen kann nicht einmal applaudiert werden, ohne daß jemand sagt, daß nun applaudiert werde) und das Verschwimmen der Informationen im Vagen, eben dort, wo man über den Raum der gegenwärtigen Inszenierung vor der Kamera hinausgehen müßte, sowohl, was die Zeit, als auch, was den Ort anbelangt. (Man betrachte nur, wie der »Showmaster« mit einem Menschen anderer Sprache umgeht: Er macht stante pede eine Orgie der Vagheit aus dem Gespräch.) Der Innenraum vollständiger Gewißheit steht dem Außenraum vollständiger Ungewißheit gegenüber.

Ich glaube nicht, daß man noch fragen muß, was das mit unseren Bildern vom Krieg im Kosovo zu tun hat. Nicht nur jede Sendeeinheit, jede Einstellungsfolge funktioniert nach diesem Erzählprinzip von Überdeutlichkeit und Vagheit. Eine Flüchtlingsgruppe, die an eine Grenzstation gelangt, wird als Flüchtlingsgruppe, die an eine Grenzstation gelangt, und eine Feuerwehrgruppe, die den Brand an einem getroffenen Hochhaus in Belgrad zu löschen versucht, als Feuerwehrgruppe, die

171

den Brand an einem getroffenen Hochhaus in Belgrad zu löschen versucht, bezeichnet. Und wir können sicher sein, daß
auf die Konstruktion des Über-Offensichtlichen stets die Konstruktion der Vagheit folgt, die zur Nachricht allein durch die
Dramatik des Augenblicks wird (etwa in den Erzählungen der
Geflüchteten, in der Erschöpfung der Feuerwehrleute).

Wie aber verhalten sich das Offensichtliche und das Vage in
dieser Erzählweise? Nicht anders als in einer »Baywatch«-
Folge oder einer Gameshow: Die »Wahrheit« – und nichts
anderes kann in der tautologischen Über-Information stecken,
in der doch alles mehrfach nachprüfbar ist – wird von der
Projektion des Blicks auf das Bild der Inszenierung verschoben. Die Wirklichkeit selbst ist Feindesland, terrain vague.
Anders gesagt: Wir werden es in dieser Erzählweise kaum
bemerken, wenn eine logische oder moralische Schlußfolgerung vom Bereich des Offensichtlichen in den des Vagen verschoben wird. Aus dem Vordergrund des Offensichtlichen führt
der geheimnisvolle Weg in den Bereich des Vagen, in dem »die
Serben« Unsagbares und Bildloses tun, das nur mit etwas
anderem Unsagbaren und Bildlosen verglichen werden kann.

1. Kapitel: Der Krieg als Erzählung

So ganz allmählich scheinen sich unsere Medien, wenn mich
nicht alles täuscht, von der moralischen Erzählung zum Krieg,
die sie selbst zum großen Teil mitgeschaffen haben, wieder zu
distanzieren. Zum einen durch die Schübe von Selbstreflexion,
die auch jene bürgerlichen Blätter – zumindest im Feuilleton
– erschüttern, die vordem den Kriegserklärungen nur allzu
gern folgten, zum anderen dadurch, daß man, wie die *Bild*-
Zeitung, wieder zum gewohnten Stoff zurückkehrt: »Telefon-
Sex gebührenfrei«, »TV-Star verstößt seinen Sohn«, »Papagei
brachte einer Stummen Sprechen bei«.

Die moralische Erzählung dieses Krieges, seine melodramatische Rekonstruktion, ist freilich auch schon so tief in unsere
populäre Mythologie abgesunken, daß sie »natürlicher« Teil
der allgemeinen Wahrnehmung geworden ist. Sie muß kaum
noch vertieft, verteidigt oder ergänzt werden. Wie aber ist
diese Erzählung zustande gekommen?

Unsere Medien sollten uns, so die Abmachung unserer Gesellschaft und unserer Kultur, über die Geschehnisse der Welt,
über mehr oder weniger alles, was der Fall ist, »informieren«.
Sie können das nun gut oder schlecht tun, ehrlich oder ver-
logen, sie mögen es gegen allerlei innere und äußere Wider-
stände tun, es mag Beeinflussung, Fälschung, Blendung, Interesse, Manipulation und sogar Korruption geben. Und alle drei

beteiligten Parteien: die Erzeuger der Bilder, die Übermittler der Bilder und die Empfänger der Bilder, tragen einen Anteil Verantwortung dafür, wie nahe die Bilder an einer wenngleich zugegebenermaßen immer problematischeren »objektiven Wirklichkeit« in den Prozessen ihrer Bearbeitung, Wanderung und Vernetzung bleiben. Aber mehr noch als nach der Wahrheit suchen wir nach dem Sinn, nach der Ordnung in den Bildern. Eine Nachricht wird erst verstanden, wenn sie eine Erzählung geworden ist.

Dieser Krieg versteht sich in unserer Politik und in unseren Medien als Melodram. Es ist eine Erzählung, die keine Transzendenz kennt, weder den göttlichen Auftrag noch den historischen Plan, weder Eroberung noch Verteidigung. Niemand träumt in diesem Krieg davon, daß dieser Krieg – einzig verbliebene humanistische Legitimation – der letzte zu sein hat, wenigstens in einer Region. Er ist wie die, die ihn führen lassen: nicht rational, aber »authentisch«. Seine Moral beweist sich gerade darin, daß er wider die Vernunft geführt wird. Er ist vielleicht in seinem Meta-Text sogar selbst ein Krieg der Moral gegen die Vernunft.

Tugend und Terror offenbaren sich in der melodramatischen Erzählweise allein durch sich selbst. Sie bedürfen nicht der Analyse, sie verweigern Ambivalenz. Die melodramatische Erzählweise zeichnet sich gerade dadurch aus, daß alles nach dem Offensichtlichen drängt; sie verweigert sich dem Subtext und dem Hintergrund. Das macht das Melodramatische dem Propagandistischen so offen. Die Erscheinung ist der Inhalt, der zum Ausdruck drängt und zum Ausdruck gedrängt wird. Das Bezeichnete verschwindet unter der Bezeichnung; was wahrgenommen wird, wird es als moralisches Symbol. So wird selbst, das kennen wir, das Territorium moralisiert. Ein Krieg gegen die Bosheit der Natur, ein Krieg gegen Bilder. Es ist, als schreckten wir davor zurück, sein Gelände und sein Wesen allzu genau anzusehen, und als sehnten wir uns, authentizitätshungrig, zugleich danach.

Wir werden über alles Maß hinaus blind gegenüber dem Leiden der serbischen Bevölkerung, übrigens ein eklatanter Unterschied zwischen der deutschen Berichterstattung und der in benachbarten Ländern, weil es das melodramatische Erzählen stören würde. Ein Blickwechsel, das Sehen des anderen, die Ahnung des Widerspruchs, würde diese Erzählung zum Einsturz bringen, die ein großes Versprechen birgt: dazuzugehören. Nicht mehr außen zu sein, kein einzelner, nicht mehr heimatlos. Diese Wir-Sehnsucht, so scheint es, verbindet die hohlköpfigsten Menschen mit denen, denen wir vordem noch den einen oder anderen klaren Gedanken zugetraut haben.

Wenn man einmal in dieser Erzählung ist, kann man ihren Text nur wahrhaft erbarmungslos zu Ende führen. (Und Clinton darf, ohne daß die moralische Erzählung zusammenbricht, in einem Satz von der »humanitären Aktion« und davon sprechen, das Bombardement werde »erbarmungslos« fortgesetzt.) Das Melodrama ist eine Beziehungsfalle: Wird man auf der einen Seite aus Mitleid zum Kriegsbefürworter, so wird man auf der anderen Seite vom Kriegsgegner zum Unmenschen.

Unser Bedürfnis angesichts eines Krieges ist keineswegs, ihn in all seinen schrecklichen Aspekten, in seinem Grauen und seiner Absurdität, zu verstehen, sondern in der einen oder anderen Weise mit seiner Existenz zu leben. Der Krieg muß Erzählung werden. Was man benötigt, sind also

- Identifikations- und Distanzierungsmodelle: die Schurken, die Opfer, die Helden
- eine Dramaturgie, die auf die eine oder andere Weise einen Sinn produziert
- eine Stimmung des Krieges, in die ich mich nach einer gewissen Zeit, »einfühlen« kann, eine Kontinuität der Bilder, die mir sagt, der Krieg von heute sei immer noch der Krieg von gestern und nicht etwa ein anderer Krieg im Krieg, und überhaupt sei ein »Ganzes« nicht zu erzielen
- eine Mythologie, die das »Opfer« erklärt und die Widersprüche aufhebt (wir sind in einer Erzählung, in der Goliath der Gute wird, Ödipus seine Blendung nicht erkennt, Kain den Abel zu Recht schlägt).

So geht es also darum, aus dem Krieg eine Erzählung und aus denen, die sie aufnehmen, eine Erzählgemeinschaft zu machen. Eine Erzählung ist ebenso etwas anderes als eine Ideologie, wie ein Mythos etwas anderes ist als eine Lüge. Aber sie ist auch das Gegenteil einer aufklärerischen Geste gegen beides, gegen die Ideologie und gegen die Lüge.

Man kann wohl behaupten, daß wir weder in einer Wolke der Propaganda noch in einem Schock der Wahrheit leben, sondern in einer neuen Form des Erzählens vom Krieg, die sich gleichwohl mit dem Fortschreiten selbst verengt, immer weniger Widerspruch duldet, die Rollen immer hysterischer beschreibt, je mehr sich gerade in ihrer Dramaturgie Zweifel ergeben könnten.

2. Kapitel: Offenes und geschlossenes Erzählen

Es gibt in dieser Erzählung Kernstücke und Ausschmückungen, sie wird ja in den unterschiedlichsten Varianten vertrieben, für alle Bildungsstände und alle Konsumentengruppen, das eine Mal als philosophischer Essay, das andere Mal als soap opera verpackt. Aber es gibt dabei einige Essentials, die in den Rang einer endgültigen Wahrheit erhoben sind. Wer diese bezweifelt, begibt sich in der Tat in Gefahr, aus dem Kreis der Erzählgemeinschaft, der normalen und gesunden Menschen, schließlich derjenigen, für die Menschenrechte bei uns Gültigkeit haben, ausgeschlossen zu werden. Wer an ihnen zweifelt, ist ein Unmensch. Sie lauten in etwa:

1. Die Kriegführung der NATO ist bestimmt durch das menschliche Entsetzen über begangene Greuel, irgend andere, verborgene, zweite, doppelte Interessen gibt es nicht. Es ist nicht auszuschließen, daß dieser Krieg in sich ausgesprochen sinnlos ist, ja daß er wider alle menschliche und politische Vernunft geführt wird. Die Form des Krieges widerspricht dem Ziel; die Erzählung hysterisiert sich, weil sie sich selbst auffrißt. Die Kritik des Krieges führt zum Ausschluß aus der Erzählgemeinschaft. Was auf keinen Fall gesagt werden darf, ist dies: daß dieser Krieg selber unmoralisch ist.

2. Milošević ist an allem schuld. Er ist all das Böse der Macht schlechthin, die Skrupellosigkeit, die Manipulation, die Benutzung der Massen, der aktuelle neue Hitler.

3. Der »großserbische Traum«, die Politik der ethnischen Säuberungen, ist eine Perversion dessen, was wir uns allenfalls in kleinen Dosierungen leisten: Nationalismus, Rassismus, Gewalt.

Wenn sich herausstellen sollte – und wir müssen verblendet sein, wenn wir nicht fähig sind, Anzeichen dafür zu erkennen –, daß die drei Axiome der Kriegserzählung der historischen Reflexion nicht standhalten werden, dann bricht viel mehr zusammen als nur die Legitimation eines offenkundig »falschen« Krieges.

Was zusammenbrechen wird, das sind die politischen Biographien einer Generation (und, unter anderen, Joseph Fischer wird ja nicht müde, zur Legitimation die »Angehörigkeit einer Generation« anzuführen), das ist das Selbstverständnis einer neuen politischen Klasse, jenes neuen Kleinbürgertums, das die moralischen Ideale einer früheren Phase mit den Freuden und Verblendungen der freien Marktwirtschaft ebenso zu versöhnen angetreten ist wie Lust und Bürde der Macht.

Und was zusammenbrechen wird, ist das gesellschaftliche Projekt einer Moralisierung des Kapitalismus, einer Moralisierung des Nationalen, eines Pakts zwischen politischer Korrektheit und Neoliberalismus in gemäßigter Form.

Was hingegen bleiben wird, ist die Neukonstruktion des Krieges, bei der die Moral die Funktion des Offensichtlichen erhält und das Politische in das Reich des Vagen verschoben ist. Der moralische Krieg kann nicht beendet werden, nur weil er sich als unvernünftig erweist; das Moralische ist im Melodramatischen, der kürzesten Verbindung von Tugend und Terror, an die Stelle des Religiösen getreten. Es ist der Dschihad der Melodramatiker gegen das Projekt der Aufklärung. Nicht in die Steinzeit vielleicht, wohl aber in ein neues Mittelalter bombt uns die NATO zurück. Und für diesen Prozeß gibt es, gar nicht so vage, wirkliche Interessen.

3. Kapitel: Vereint bomben, getrennt erzählen

Ein anderes Problem: Der Krieg im Kosovo ist zwar einer, der die europäischen und die US-amerikanischen Staaten militärisch und politisch aneinanderbindet – und beständig wird in dieser Kriegserzählung davon geredet, daß dieser »Zusammenhalt« ein eigentliches Ziel sei und auf gar keinen Fall gefährdet werden dürfe.

Aber andererseits gibt es kaum eine einheitliche Erzählung zu diesem Krieg; jede der beteiligten Gesellschaften lebt in ihrer eigenen, und manche, wie die italienische zum Beispiel, weigern sich überhaupt, der politischen Erzählung zu folgen. Es ist vermutlich nicht ganz einfach, anderen Erzählzusammenhängen zu vermitteln, daß für unsere Erzählung von zentraler Bedeutung ist, daß es gerade die Vertreter einstiger Opposition gegen das Militärische an sich waren, daß es eine besondere Art politischer und persönlicher Biographien ist, die sich in diesem Krieg erfüllen.

Ebenso befremdlich mag von anderswoher gesehen der Umstand erscheinen, daß Clinton den Krieg so sehr auf seine eigene Funktion bezogen hat, daß er sich in der ersten Person Einzahl als eigentliches Subjekt der Handlung konstruiert und die Europäer zu mehr oder weniger kauzigen side kicks macht. Schwer verständlich wiederum vielleicht vom südlicheren Europa aus der vollständige Konsens der englischen Erzähler und ihres populistischen Führers. Und so weiter.

Es wird sich zeigen, ob die Aufsplitterung der Erzählungen dem historischen Projekt – neue gesellschaftliche Herrschaftszusammenhänge führen neue Kriege für eine neue Weltordnung – zugute kommt oder ihm schadet. Die neue Kriegserzählung ist jedenfalls »postmodern« insofern, als sie beides zugleich liefert: melodramatische Eindeutigkeit und mehrdeutige Vernetzung.

Der Krieg der Bilder ist auch ein Krieg der Pop-Diskurse, mit bizarren Inversionen. Bombardiert da die NATO nicht eine Art Woodstock in Permanenz, eine Gesellschaft, die ihre Lebenskraft offenkundig nicht in formierten Propaganda-Aufmärschen, sondern in sehr zivilen, informellen Erscheinungen äußert? Das Militärische des Gegners wird einfach nicht sichtbar. Daß sich die Zivilbevölkerung als Opfer anbietet, mit den ikonischen Target-Schildern (kannten wir die nicht von unserer letzten Jugendrevolte: Schieß doch, Bulle!), kann nur die allergrößte Perfidie sein, die Zivilbevölkerung als »Schutzschild« zu benutzen, ist das perfideste Mittel des Gegners, die Moral des Krieges zu zerstören. Das allergrößte Verbrechen von Milošević und den Seinen ist es, daß er alles daran zu setzen scheint, uns schuldig zu machen.

Dieses Woodstock in Permanenz wird von den Größen der deutschen Pop-Kultur mit einem verstärkten Einsatz für die Flüchtlinge, aber auch für den Bombenkrieg beantwortet. Sie bezahlen dafür mit dem vollkommenen Verlust des Außenseiterstatus und führen eine Armada in das Mainstreaming, das gleichwohl nie die Hitze eines Konzerts in Belgrad mehr erreichen kann.

Jeder Zweifel verschwindet hinter einem anderen Axiom: Was wir betreiben, ist ein schwieriges, demokratisches Unterfangen der Information, was die anderen betreiben, ist Propaganda. Das Bild des Feindes ist immer ein gefälschtes Bild, ein Bild, das etwas anderes will, als es auszudrücken scheint. Was verloren geht, ist der Adel der Ohnmacht; Mainstream und Dissidenz stürzen ineinander, die Karten der Kultur werden in diesem Krieg neu gemischt.

Daher unterstützen die Bilderproduzenten dieser Seite so eindeutig den Krieg der Bilderproduzenten auf der anderen Seite. »Daß Milošević das gedruckte genauso wie das gesendete Wort systematisch in sein System der Haßerzeugung gezwungen hat, ist das eigentlich Verwerfliche, nicht der Versuch, es dem Gewaltherrscher zu entziehen«, behauptet der Kommentator der *Süddeutschen Zeitung*. Er spricht dabei von der Bombardierung des serbischen Fernsehens, bei der es Tote gab. Auf allen Ebenen wiederholt sich das immergleiche Spiel: Nicht unser Krieg ist barbarisch, nur Milošević ist barbarisch. Wie aber könnten wir das eigene »System der Haßerzeugung« noch kritisieren?

4. Kapitel: Die Logik der Kriegserzählung

Jede Kriegserzählung reproduziert die immergleichen Elemente in verschiedenen Abstufungen von Hysterisierung und Impertinenz:

1. Der moralische Auftrag. An die Stelle der nationalen Sendung ist das moralische Interesse getreten, von dem Scharping im Bundestag behauptet: »Jedes problematische Tun ist besser als jedes Nichtstun.« Wenn ich die moralphilosophische Ent-

wicklung recht im Kopf habe, waren wir nach ziemlich mühevollen Arbeiten, die nur zum geringeren Teil in isolierten Studierstuben geleistet wurden, zum genau gegenteiligen Ergebnis gekommen. Und wenn man, wie wir es ja recht gerne tun, den Krieg und die Gemengelage von Feind und Opfer im Bild der »Krankheit« fassen will (weshalb es ja auch »chirurgische Eingriffe« geben kann), so muß wohl unterwegs vergessen worden sein, was Paracelsus über die ärztliche Kunst sagte, daß sie nämlich in erster Linie darin bestehe, zu unterlassen, was dem Patienten schade.

Mit Scharpings Worten und mit weiten Teilen der Kriegserzählung ringsumher ist ein neues Dogma für den moralischen Krieg aufgestellt: Im klassischen Krieg ging man davon aus, daß es besser sei zu handeln, bevor es der andere tut. Nun ist klar, daß man das Tun über die Vernunft setzt. Diese Verknüpfung von Moralismus und Tatendrang ist zugleich so verführerisch und so überraschend, daß sie die Möglichkeiten der vorausschauenden Kulturkritik überforderte. Im Namen der Moral wurde eine Strategie adaptiert, die man ein paar Jahre zuvor noch als geistigen Primitivismus aus den USA verachtete: Erst schießen, dann denken.

2. Die grenzenlose Roheit des Feindes. Scharping berichtet, er habe von Flüchtlingen gehört, daß »die Serben mit abgeschlagenen Köpfen Fußball« spielten; »einer schwangeren Frau sei der Fötus herausgeschnitten, gegrillt und wieder in den Leib gelegt worden! Die Täter trügen meist schwarze Masken« (*Bild*-Zeitung). Erinnern wir uns an die sadistischen Babymörder im Golfkrieg. Es gibt nur ein einziges, was die Barbarei der Taten im Krieg noch übertrifft: die Phantasie der Barbarei.

Mittlerweile arbeiten bereits PR-Agenturen wie Ruder Finn an der planmäßigen Verbreitung von Schreckensbildern des Feindes und praktikablen Begriffen dazu, die zum Beispiel gezielt Vorstellungen von »Konzentrationslagern« verbreiten. Wenn wir diesen Krieg einmal »aufarbeiten« werden, werden wir, unabhängig davon, wie falsch oder richtig die moralische Erzählung dazu ist, darüber erschrecken, hoffe ich wenigstens, wieviel davon nach den Gesetzen medialer Marktwirtschaft produziert und konsumiert wurde.

Was sich zuvor eher informell auf dem Meinungsmarkt etabliert hat, nämlich daß der jeweilige Gegner als Person einfach immer der neue Hitler ist, Saddam sowieso und noch von einem »Intellektuellen« wie Hans Magnus Enzensberger so getauft, Schirinowski indes gleich durch die *Bild*-Zeitung zum »Russen-Hitler« gekürt, die Täter von Littleton als »Hitlers mörderische Kinder«, das scheint nun eingesetzt wie in einer Werbekampagne. Wenn überhaupt, bricht diese Werbekampagne für den moralischen Krieg unter ihrem eigenen Professionalismus zusammen (weshalb Joseph Fischer, man achte darauf, sich gegenüber den Pflichtübungen Scharpings stets eigene Küren erlaubt, und Schröder in alledem nichts als Ruhe und Standfestigkeit zu spielen hat).

3. Die Sentimentalisierung der Protagonisten. Joseph Fischer (51) und Journalistenschülerin Nicola Leske (29) heiraten an aus Sicherheitsgründen geheimgehaltenem Ort (Fotografen sind aber trotzdem da): »JA ... auch wenn das Herz schwer ist.« (*Bild*-Zeitung) Wir sind an der Front, um Decken und Plüschtiere zu verteilen, und zu Hause geht das Leben weiter, auch wenn uns vor lauter schweren Herzen ganz warm ist. Der Politiker erhält in der schweren Bürde, die er trägt, einen Ausweis der in der postmodernen Mediokratie selten gewordenen Authentizität. Beinahe zu Tränen gerührt registriert die Kritikerin der *Süddeutschen Zeitung* die »Aufrichtigkeit, menschliche Erregung« etc. der Teilnehmer von »Christiansen«. Wetten, daß wir einen ähnlichen Auftritt auf der anderen Seite als »propagandistische Schmierenkomödie« bezeichnet hätten?

Der Krieg ist da, die Wahrheit ist weg, und die Politiker sind mit einem Mal plötzlich menschlich aufrichtig. Was da stattfindet, ist eine blutige Karnevalisierung der Wahrnehmung unter dem Motto des Authentischen und Ganzheitlichen.

Tatsächlich funktioniert etwas, das die Medientheoretiker in den letzten Jahrzehnten postuliert haben, wenngleich auf ganz andere als die erwartete Weise: Wir werden den Bildern nicht mehr trauen können. Um so wichtiger wird es sein, daß wir den Menschen trauen, die sie produzieren. Unsere Medien verhalten sich in diesem Krieg, als hätten sie diese Lektion vor allem für sich einzusetzen gelernt: Das Mißtrauen gegen die Bilder wird vorausgesetzt, nicht ihre, sondern die Authentizität der Übermittler ist die eigentliche Botschaft. Ja, die ganze Moral dieses Krieges steht und fällt innerhalb des Medienbildes mit dieser Authentizität.

Daher wird gerade dies dem Staatsmann hoch angerechnet, wofür er vordem vermutlich aus dem Amt gejagt worden wäre, nämlich Ratlosigkeit gegenüber dem, was er selbst angerichtet hat. Je authentischer Schröder, Fischer, Scharping um ihre Fassung ringen, ihre »Betroffenheit« inszenieren, um so weniger wird die Frage nach Sinn und Ziel dieses Krieges gestellt.

»Auch wer ihre Überzeugung nicht teilt, wird die Echtheit ihrer Politik kaum bestreiten«, schreibt Rainer Bonhorst in der Augsburger Allgemeinen. Die Echtheit von Politik als Kriegsergebnis? Schröder, Scharping, Fischer sind erfolgreich authentisch, weil sie sich verhalten wie Menschen aus der »Lindenstraße«, denen wir umso mehr glauben, je mehr Fehler sie machen, die aber gerade darin beweisen, daß sie nicht böse und korrupt sind.

4. Sieg auf dem Schlachtfeld – Zahnbürsten für die Bevölkerung. In Stanley Kubricks Film »Full Metal Jacket« erklärt der Chefredakteur von *Stars & Stripes*, es gebe nur zwei Arten von kriegstauglichen Nachrichten: GI, die unter der Bevölkerung Zahnbürsten verteilen (»Das dient dazu, daß wir die Herzen der Leser gewinnen«) und glänzende Siege des Militärs und getötete Feinde (»Das dient dazu, daß wir den Krieg gewinnen«). Ganz nebenbei unterläuft der Film im übrigen damit den Mythos vom Ende des Vietnam-Krieges (was angeblich kommen mußte, weil die Medien ein so »wahrheitsgemäßes« Bild des Krieges in der Heimat vermittelten); wenn es damals die Phantasie gab, die Medien könnten einen Krieg beenden helfen, so dürfen wir spätestens nun davon ausgehen, daß sie ihn auch auslösen können: Alle Beteiligten, die es nötig haben, rechtfertigen ihren Krieg mit den Bildern in den Medien, denen man »nicht tatenlos zusehen« könne.

Das zynische Gebot der Kriegspropaganda, also der Täuschung der Menschen, die humane Sentimentalität und die heroische Barbarei stets gleichzeitig zu bedienen, ist nun zur Struktur des Krieges selber geworden. Nur daß sich nun das Humanitäre nicht mehr im Gewalttätigen einschreiben lassen will, sondern daß das Gewalttätige ins Humanitäre eingeschrieben wird.

5. Das Mädchen muß gerettet werden! Beinahe zwei Wochen lang verfolgte uns das Bild eines weinenden Mädchens, das zuerst von der *Bild*-Zeitung adoptiert wurde und dann durch alle möglichen Medien wanderte, bis es zur Ikone geworden war, die die Schrecken des Krieges und unser eigenes Mitleid so perfekt zusammenfaßte, daß niemand der Versuchung widerstehen konnte, es gleich in den Rang einer Werbeaussage zu erheben, beginnend mit Appellen zum Spenden. Schon trösten wir es mit den Segnungen unseres Freien Marktes auch für Kinderwaren. Der Mythos des geretteten Mädchens gehört zu den Kriegserzählungen; es soll gerettet werden, damit die Verurteilung der Geschichte nicht so total werde wie im Tod des Mädchens im Melodram. Theodor W. Adorno hat von der Reaktion auf das Wissen vom Tod Anne Franks erzählt: »*Dieses* Mädchen hätte man nicht umbringen dürfen«, sagen die Menschen, und verschwunden ist die Ungeheuerlichkeit des Tötens selbst.

6. Die Sexualisierung der Kriegsdiskurse. In einem Zentrum der Kriegserzählung steht die Vergewaltigung, und ein bizarrer Nebenschauplatz der Diskurse wird vom Vatikan eröffnet,

der nicht einmal die Abtreibung bei den vergewaltigten Frauen erlauben will, was Skandal macht und sogar die Androhung von Kirchenaustritten durch die SPD-Abgeordnete Regina Schmidt-Zadel. Wieder haben wir einen Paradigmen-Wechsel in der moralischen Erzählung vom Krieg; jede Gewalttat löst sofort beides gleichzeitig aus: einen Schlag möglichst symbolischer Gegengewalt und eine humanitäre Gegenbewegung. Da im Projekt des moralischen Krieges durch das neue Kleinbürgertum der Krieg selber nicht mehr als »organisierte Männergewalt« dargestellt werden kann – jede Grußadresse gilt mittlerweile ganz betont schon »unseren« Soldatinnen und Soldaten –, muß die verlorene sexuelle Mythologie der klassischen Kriegserzählungen auf Umwegen rekonstruiert werden.

Der Krieg wird nicht nur moralisch, er wird in mehrerer Hinsicht auch weiblich. In der klassischen Kriegsphantasie gab es den gepanzerten und feuerspeienden Mann, bereit, sein Blut zu verspritzen und, noch mehr, das anderer Menschen, und die weißgekleidete Krankenschwester, die ihre Fürsorglichkeit beinahe gleich verteilte auf die Verwundeten und Sterbenden beider Seiten, die nach der Mutter zu schreien pflegen, wenn ihre Führer sie verlassen haben.

7. Die Hysterie der Ausgrenzung. Es stimmt offensichtlich nicht, daß Intellektuelle, wie Martin Walser meint, nur eine Meinung haben könnten, wie jeder andere auch. Wenn es die falsche ist, werden sie zu mehr als zu Verrätern: Handke und Gysi müssen zu jenen Stacheln im Fleisch werden, die beinahe schlimmer als der Feind selber sind. »Gregor Gysi hat seine Maske verloren«, titelt die *Bild*-Zeitung, und eine Leserbriefschreiberin bringt es auf den Punkt: »Herr Gysi müßte durch den Kosovo gejagt werden und um sein Leben fürchten müssen. Nein, Herr Gysi, Sie gehören nicht zu uns.«

Auch Walser selbst, der sich für diesmal, will mir scheinen, höchst vorsichtig geäußert hat, bekommt diese Stimmung sofort zu spüren: »Das Reflexionsvermögen ist nicht den Medien, sondern dem Dichter abhanden gekommen«, meint der Kommentar in der *Süddeutschen Zeitung*. Und noch die *Frankfurter Rundschau* beteiligt sich an der Psychiatrisierung des Störers Handke, wenn sie ihn als einen bezeichnet, der aus seinem »Kommunionsanzug manisch herauswachsen wollte« und nun »etwas Wahnhaftes« an sich habe, zumindest etwas »Verstörtes, Schwermütiges«.

Die Psychiatrisierung des Dissidenten hat in diesem Zusammenhang offenkundig einen sehr speziellen Aspekt: Der »postmoderne« Krieg, so ein Subtext der Kriegserzählung, habe aus den ewigen Kindern von 68 erst Erwachsene gemacht, und wer diese Bewegung nicht mitmacht, kann nur ein wahnhaftes

Kind sein, das sich dem Reich der Notwendigkeiten verweigert, wie der Kurzschluß von »Kommunionsanzug« und »Manie« zu belegen hat.

Man akzeptiert in diesem Stadium der moralischen Erzählung keinen noch so geringen Abstrich mehr; Milošević, der Vertreiber, ist nicht nur ein Verbrecher, er ist der allein Schuldige (er muß so allein sein, damit wir uns nicht etwa als Rassisten ertappen, obwohl wir unentwegt von den Serben sprechen) – jeder kritische Rückblick muß nun untersagt werden (die Politiker ringen schon genug mit ihrer Bürde, sie tragen den Zweifel daran schon mit sich herum) und mehr noch: Nicht die NATO führt Krieg gegen ihn, sondern er führt Krieg gegen sein Volk. Im erwähnten Kommentar der *Süddeutschen* bekommen die Rollen ihre Namen: »der Vertreiber« und »die Beschützer«, »die Mörder« und »die Helfer«. Erinnern wir uns: Kriegsgegner in den Zeiten des modernen, nationalen Krieges wurden umgebracht. Ein moralischer Krieg kann seine Gegner nicht so einfach umbringen. Er muß sie moralisch vernichten.

Das kann man tun, indem man sie selbst der Unmoral zeiht: Gysi, der Erfüllungsgehilfe Miloševićs, des »Hitlers des Monats«. Daß man die Dinge, auch in schlechten Zeiten, einfach anders sehen könnte, auf den Grundlagen von Recht, Demokratie und Aufklärung, kommt nun niemand mehr. Es gibt, anders als in einer Erzählung der Vernunft, in einer moralischen Erzählung nicht einmal ein Recht auf Irrtum, schon gar kein Recht auf Widerspruch.

Der Präsident der Deutschen Akademie für Sprache und Dichtung antwortet auf die Frage, wie er zu Handkes Entschluß stehe: »Ich bin ja kein Psychiater«. Wir hören dies übrigens alles in der Woche, in der erschreckende Berichte von der eliminatorischen Psychiatrie in Rußland die Runde machen und im Fernsehen gleich nach der Kosovo-Sondersendung zu sehen sind.

Die Konstruktion dieses »Wir«, zu dem die einen gehören und die anderen nicht, erklärt vielleicht am besten, warum trotz der Erfahrung einer hoffnungslosen Absurdität und einer Abwesenheit des positiven Kriegsziels eine gewisse Behaglichkeit, ja Wärme sich um die Kriegsbilder ausbreitet, die Spendenaktionen so viel Zustimmung erfahren, sich die Prominenz so sehr danach reißt, in Zusammenhang mit diesem Krieg zu stehen – und nicht etwas »außerhalb« zu bleiben – und in den Talkshows mittlerweile ein Pflicht-Teilnehmer eingeladen wird, der über die Desaster des Krieges zu sprechen hat, bevor die anderen nach dem Betroffenheitsnicken wieder ihre neuesten Serien, Filme, Bücher und CD verkaufen dürfen.

8. Die religiöse Lösung. Was geschah mit dem Piloten, der

mit seiner Maschine über Serbien abgestürzt ist? Er weiß es selber nicht genau, sagt er im Interview: »Gott nahm meine Hände und zog für mich« – nämlich die Reißleine des Fallschirms. Und was gab ihm die Zuversicht? Eine US-Flagge unter dem Overall: »Sie symbolisierte für mich alle Menschen, von denen ich wußte, daß sie für mich beten.« Jeder aufrechte Kabarettist hätte dies aus seinem Programm gestrichen, weil er nicht in Verdacht geraten wollte, die allerfurchtbarsten Klischees über unsere transatlantischen Verbündeten zu bedienen. Nichts da: Ebenso wurde es im Interview gesagt und gerührt verbreitet. Und nach ihrer Freilassung versprachen die drei amerikanischen Soldaten, für ihre Bewacher zu beten.

Und in jeder Kriegserzählung gibt es die gleichen Techniken der Verblendung: Gibt es Aspekte im Bild des Feindes, die zu seiner Produktion nicht passen, so werden sie zum Beweis für die besondere Perfidie bei der Verstellung und bei der Propaganda des Feindes. Scharping, der genau weiß, daß der NATO-Einsatz nicht mit dem Völkerrecht zu decken ist, beschreibt den serbischen Grenzübertritt nach Albanien als »Bruch des Völkerrechtes«. Diese rhetorische Veranstaltung ist gewiß gerade darauf abgezielt, zu verbergen, daß es um ein anderes Kriegsziel geht, nämlich um die Ersetzung des Völkerrechtes durch das Menschenrecht, das nun seinerseits durch das definiert wird, was Schröder »zivilisatorisches Modell Europas« nennt. Mit anderen Worten: Es wird über kurz oder lang keine »inneren Angelegenheiten« geben, und so recht das Führungstrio damit haben mag, daß Deutschland keine »direkten nationalen Interessen« im Kosovo hat (weder wollen wir ihr Land noch ihre Rohstoffe), so sehr heißt das nur: Die Interessen, die in den Kriegen der Zukunft verwirklicht werden, sind einerseits nicht mehr »national« und andererseits »indirekt national«. Es geht darum, eben nicht als historischen Prozeß das Völkerrecht durch das Menschenrecht zu ersetzen, wofür es durchaus Argumente geben mag und was einen Diskurs darüber verlangte, wer denn nun über dieses Menschenrecht zu bestimmen hätte, sondern im Gegenteil die Unterschiede zwischen beidem zu vernebeln, einen Prozeß zu leiten, der keine Begleitung hat.

Was sich in dieser Kriegserzählung bildet, ist nicht weniger als eine neue politische Philosophie, die sich freilich nicht mehr in Ideen, sondern in Bildern formuliert. Die Medien machen nun nicht mehr einfach Propaganda, sie sind die neue Form des politischen Denkens.

Die Konstruktion des neuen »gerechten Krieges« läßt nur eine Erzählung in der Gegenwart zu. Das Melodramatische verlangt nach einer Moral ohne Bewußtsein. Eine Gesellschaft aber, die nicht mehr in Ideen, sondern nur noch in Bildern denkt, kommt gleichsam automatisch immer zu spät; sie verurteilt sich dazu, an die Stelle von Projekten bedingte Reflexe zu setzen.

Epilog

Was bedeuten die Paradigmenwechsel in der Kriegserzählung? Waren die ursprünglichen Kriege – soweit wir sie uns vorstellen können – ausschließlich materiell und topographisch bestimmt, so war der klassische Krieg in seiner Erzählung religiös. Es ging darum, neben dem Fürsten auch dem eigenen Gott zu größerem Reich zu verhelfen. Der moderne Krieg dagegen wurde national erklärt, und in seinem Zentrum liegt das Selbstopfer fürs »liebe Vaterland«.

Das Nationale ist kein Kriegsgrund für den postmodernen Krieg mehr, im Gegenteil, er wird offenkundig gegen den »verrückten Nationalisten« geführt. Er zerfällt in einen höchst kommerziellen Bereich (im Raum des Vagen) und in einen moralischen Bereich (im Raum der tautologischen Offensichtlichkeit). Beides ist nun das Schrecklichste: das Territoriale und das »Selbstopfer«. In der Idee, ausschließlich militärische Ziele zu bombardieren und zivile Opfer als Versehen zu bedauern, ist nicht zuletzt die Angst vor dem Selbstopfer verborgen, das um alles in der Welt vermieden werden muß.

Das neue Kleinbürgertum, der wichtigste Protagonist in dieser Kriegserzählung hierzulande, versucht nichts anderes als die Verknüpfung einer missionarischen Moral mit einer gelegentlich durchaus manischen Selbstfürsorge; das oberste Gebot ist die eigene Gesundheit. Wie also führen Menschen Krieg, die einerseits von der Welt verlangen, sich als moralisch eindeutiges Melodrama zu offenbaren, und die andererseits vor allem von der Angst um sich selbst bestimmt sind?

Im Kosovo werden ganz und gar unterschiedliche Kriege zur gleichen Zeit geführt, die sich gegenseitig nicht verstehen, die sich manchmal nicht einmal berühren. Es ist der erste wahrhaft postmoderne Krieg, und seine Erzählung schafft nicht mehr Geschichte, schon gar nicht Bewußtsein von Geschichte, sondern hebt im Gegenteil das Geschichtliche als Dimension selber auf. Er wird in den unterschiedlichsten Zeiten gleichzeitig »geführt« und will, hierzulande, nur als bildhafte, melodramatische Gegenwärtigkeit verstanden werden.

Menschen leiden und sterben in Erzählungen, die nicht die ihren sind, und in Bildern, die ihnen schon vorher enteignet waren.

»Wir sind bereit!«
Vom Aufbruch in Bonn zum Aufbruch auf den Balkan

Sabine Reul

Die neue Elite

Der Zusammenbruch des Ostblocks vor bald zehn Jahren wirkt angesichts des großen Umbruchs der internationalen Ordnung, den der Jugoslawienkrieg im Frühjahr 1999 einläutete, rückblickend vergleichsweise undramatisch. Er löste das Ringen um die Errichtung einer neuen globalen Ordnung ein, und der Balkan wurde, aus Gründen, die mit der Region selbst weniger zu tun haben, als viele denken, zum Brennpunkt.

Jugoslawien wurde dabei auch zum Brennpunkt des Reifungsprozesses der 68er-Generation. Sie bekleidet heute in fast allen westlichen Ländern – auch jenen ohne Grüne Minister – maßgebliche Positionen. Nach der Enttäuschung ihrer radikalen Erwartungen fand sie Anfang der neunziger Jahre in Jugoslawien eine neue moralische Mission. Diese Generation war wohl prädestiniert, den »Kampf des Guten gegen das Böse« zum Grundprinzip der Weltordnung werden zu lassen, weil dies der Beschwerdekultur entsprach, über die ihre Sozialkritik nie weiter hinausging. Mit der Formulierung der Doktrin der »Humanitären Intervention« erlangten diese Leute, in einer Zeit großen Bedarfs an neuen Ordnungskonzepten für die Welt nach dem Kalten Krieg, politische Definitionsmacht und Autorität. Der Kosovo-Krieg ist der erste, den sie selbst führt. Was also ist das für eine Politik, die sich da so martialisch den Weg bahnt?

In seinem letzten Werk »Die blinde Elite. Macht ohne Verantwortung« machte der amerikanische Soziologe Christopher Lasch kurz vor seinem Tod 1994 eine bemerkenswerte Beobachtung. Er schrieb, es bestehe eine »wachsende Unfähigkeit, an die Realität zu glauben – entweder an die Realität der inneren Welt oder die der öffentlichen Welt, entweder an einen stabilen Kern der persönlichen Identität oder an die reale Möglichkeit einer Politik, die sich über das Niveau von Platitüden und Propaganda erhebt« (Hamburg 1995, S.208). Lasch befaßte sich zwar nicht mit den Balkan-Kriegen der neunziger

Jahre, seine Definition einer Politik, deren prägendes Merkmal der Verlust ihres Realitätsbezugs zu sein scheint, hat aber angesichts dieses Krieges neue Brisanz gewonnen.

Hier wird ein Krieg geführt, dessen Ziele über Propaganda und Platitüden hinaus nicht ersichtlich sind, der aber nichts Geringeres als die Zerstörung der bestehenden internationalen Ordnung zur Folge hat – von der Vernichtung Jugoslawiens und der Destabilisierung Südosteuropas zu schweigen. Zwischen den angegebenen Interventionszielen, dem Kriegsverlauf und seinen unabsehbaren mittel- und langfristigen Folgen besteht kein erkennbarer intentionaler Zusammenhang – es sei denn, man wäre geneigt, ihn zynisch als semantisch verschleierte Strafexpedition gegen Slobodan Milošević zu betrachten. Gerade bei den europäischen NATO-Partnern läßt sich ein Interesse an der Instabilität, die dieser Krieg nicht zuletzt im Verhältnis zwischen West- und Osteuropa nach sich zieht, beim besten Willen nicht feststellen. Der Bombenkrieg gegen Jugoslawien hat weder sein angegebenes Ziel der Verteidigung der Kosovaren erreicht, noch erkennbaren Stabilitäts- und Sicherheitsinteressen Geltung verschafft – im Gegenteil.

Moralisierung der Politik

Angesichts der dem Kriegsausbruch vorausgegangenen innenpolitischen Mißerfolge in den ersten vier Monaten ihrer Amtszeit wirkte die moralische Selbstherrlichkeit grotesk, mit der die rot-grüne Koalitionsregierung den Angriffskrieg gegen Jugoslawien führt. Was offenbar als kurzfristige friedensbringende Maßnahme geplant war, wurde nach ihrem Fehlschlag von der Regierung zum Kreuzzug gegen Völkermord und Faschismus stilisiert. Selbst aus der CDU und in ihr nahestehenden Medien wurden daraufhin mahnende Stimmen laut, die Sache doch vielleicht etwas niedriger zu hängen.

Die Moralisierung der Politik ist aber die unausweichliche Folge ihres Realitätsverlusts. In dem Maße, in dem Politik den Bezug zu den realen Problemen verliert, die sie zu lösen beansprucht, aber nicht löst, bietet sich der Rekurs auf Moral offenbar als Mittel zur Stützung politischer Führungsansprüche an. Der Rekurs auf Moral repräsentiert aber das Ende der Politik; er ist der Ausbruch aus den Regeln des demokratischen Diskurses. Da hört die Ebene des sachlichen Gesprächs auf, und es beginnt die Manipulation der Empfindungen. Das Feindbild Milošević rekurriert auf das fraglos berechtigte Empfinden von Abscheu gegenüber Krieg, Vertreibung und Völkermord. Nur hat es mit der Wirklichkeit nichts zu tun. Es ist ein Feindbild, das sich auf Unkenntnis der Öffentlichkeit über die tatsächlichen Ereignisse auf dem Balkan stützt. So entsteht ein Feindbild, dessen Realitätsbezug in der Sache fehlt, das aber aus der Bereitschaft der Bürger, ihm Glauben zu schenken, politische Potenz bezieht. Durch die ständige Wiederholung erhielt das Feindbild Milošević eine Plausibilität, die sich im Laufe der Zeit auch den besten Einwänden hartnäckig widersetzt.

Verteidigungsminister Rudolf Scharping – einst Teilnehmer an Protesten gegen die Stationierung von US-Raketen – fiel im Krieg die Rolle des Chefpropagandisten zu, der diesen Ritus der Selbstvergewisserung zu vollziehen hatte. Er tat es mit flammendem, keinerlei Zweifel duldendem Eifer. In den täglichen Bundespressekonferenzen trug der Minister mit steinerner Miene und flackerndem Blick die Kriegsgründe vor: Völkermord, Massaker, Vergewaltigungen, großserbischer Nationalismus, Deutschlands besondere historische Verantwortung, die Verteidigung der westlichen »Wertegemeinschaft«, vor allem aber und immer wieder Slobodan Milošević als alleiniger Verursacher der Balkankriege.

Hier entstand eine ideologische Phantasiewelt. Den millionenfachen, industriemäßigen Genozid der Nationalsozialisten mit der Gewalt in einem durch internationale Einmischung angeheizten Bürgerkrieg zu vergleichen, läßt selbstredend an der Urteilskraft zweifeln. Beklemmend nah kommt die Politik hier einem totalen Umschlagen in Irrationalität. Eine Intervention, die zum erbarmungslos geführten Angriffskrieg wird, weil das westliche Bündnis offenbar nicht unterscheiden kann, ob man nun in einer Friedensmission, zur Sicherung nationaler Interessen oder schlicht in einer Strafexpedition unterwegs ist, ist mehr als schlimm genug. Sie zu Legitimationszwecken dann zum antifaschistischen Kreuzzug zu stilisieren, ist Aberwitz. Daß dabei gezielt Desinformation gestreut wurde, war spätestens ersichtlich, als Scharping Ende April eine Aufnahme vom 29. Januar als Beweis für die Behauptung vorlegte, schon damals hätten serbische Massaker an Zivilisten stattgefunden. Dieses Bild hatten Experten einhellig und seit langem einem ungeklärten militärischen Zwischenfall zugeordnet.

Aber es gibt ein weiteres Paradox. Wenn der rot-grünen Regierung ernstlich daran gelegen war, den Kosovaren zu helfen oder den Krieg zu beenden, dann fragt sich, warum sie so mechanisch und lustlos handelte. Fischer erwiderte auf den Vorwurf, der Rambouillet-Vertrag habe Passagen enthalten, die kein Führer eines souveränen Staats hätte guten Gewissens unterschreiben können, die fraglichen Passagen seien bloß Zusatzklauseln gewesen. Da jeder, der das Geringste von Verträgen versteht, weiß, daß Klauseln Vertragsbestandteil sind, ist das eine etwas seltsame Auskunft. Hat er gelogen, wäre das zwar schlecht, aber die Vorstellung, der Außenminister sei tatsächlich so schludrig gewesen, ist nicht gerade beruhigender, denn sie wirft erst recht die Frage auf, was in Rambouillet eigentlich vor sich ging. Zwischenfälle dieser Art vermittelten den Eindruck, daß der ideologische Eifer, mit dem das Bonner Kabinett den Krieg auf der Mattscheibe führt, in einem seltsamen Mißverhältnis zur tatsächlichen Sorge um den Frieden oder das Wohlergehen der Kosovaren steht.

Daß der Fanatismus, der hier zum Einsatz kam, die Möglichkeit der Rückkehr zu einem diplomatischen Ausweg aus dem Krieg erschwerte, war so offenkundig, daß aus den Reihen der Opposition Zweifel am missionarischen Überschwang der Koalitionsregierung laut wurde. Der hessische Ministerpräsident und neue Stern am CDU-Himmel Roland Koch ging so weit, in Deutschlands prominentester Talkshow gegen die »Rhetorik gegen Herrn Milošević« Stellung zu beziehen und zu mahnen: »Wir wollen keinen totalen Krieg und auch keine totale Niederlage« (»Sabine Christiansen«, ARD, 25.4.99). Es spricht zwar wenig dafür, daß eine CDU-geführte Regierung die Dinge anders gehandhabt hätte, auffällig ist aber, daß eine Regierung, die die Tradition der Friedensbewegung für sich reklamiert, mit Vehemenz einen so brutalen und irrationalen Krieg führt.

Die Politik der 68er

Die westliche Allianz wird heute insgesamt von ehemaligen 68ern geführt – darunter einstige Pazifisten wie Bill Clinton, Tony Blair, Robin Cook, Joseph Fischer, Rudolf Scharping und der spanische NATO-Generalsekretär, Javier Solana. Man hat das Interventionsbündnis gegen Jugoslawien daher auch als ein sozialdemokratisches bezeichnet. Das beschreibt die politische Strömung, die durch New Labour, New Democrats oder die Koalition von SPD und Grünen in Deutschland repräsentiert wird, aber sehr unzutreffend. Denn diese neue politische Elite füllt das politische Vakuum, das durch die Krise des traditionellen Konservatismus ebenso wie den Niedergang der alten Sozialdemokratie entstand. Dabei ist bislang keine in sich gefestigte neue Politik entstanden, sondern ein instabiler, weitgehend spontaner Prozeß, der alte Werte, Normen und Institutionen unter sich begräbt, ohne kohärente neue an ihre Stelle zu setzen. Wie im Zeitraffer hat diese Entwicklung in Deutschland seit der Abwahl Helmut Kohls im September 1998 durchschlagende Wirkung erzeugt. Des Altbundeskanzlers sprichwörtliche Begabung, schwierige Situationen »auszusitzen«, wahrte lange den Schein, alles sei beim Alten geblieben. Daß diese Ruhe trügerisch war, erwies sich spätestens im Bundestagswahlkampf.

Das politische Angebot war selten so schwer nachzuvollziehen wie in der Wahl zum 14. Bundestag. SPD und Grüne mieden inhaltliche Aussagen, an denen eine politische Meinungsbildung überhaupt hätte ansetzen können. Sie hatten schon im Vorfeld mit der Zustimmung zu einer Reihe neuer Sicherheitsgesetze der alten Regierung und der medienwirksamen Vorlage eigener Vorhaben zur Bekämpfung von Kriminalität und sogenannter Jugendgewalt ureigenstes politisches Terrain der Union besetzt. Kontroversere Themen wie die Wirtschafts-, Sozial- und Umweltpolitik hielt die SPD unter Verschluß. Deshalb markierte dieser Wahlkampf einen Wendepunkt der deutschen Politik. Der politische Diskurs erstarb, denn alle Parteien suchten mit ähnlich inhaltsleeren Formeln Zugang zur emotionalen Gunst der Wähler.

Die SPD ging allerdings in der Travestie der Politik weiter als andere. Sie betrieb reine Imagewerbung, um die Worthülse »Modernisierung« zu besetzen und Gerhard Schröder als personifizierte Erneuerung der Politik zu plazieren. Die Grünen setzten sich gar nicht erst ins Bild, wohl wissend, daß dies die Chancen auf einen Sieg des rot-grünen Bündnisses keineswegs erhöhen würde. In Deutschland trat nun offen in Erscheinung, was man oft als »Amerikanisierung der Politik« beschreibt. Politik ist in den Vereinigten Staaten schon erheblich länger als in Europa weniger partei- als persönlichkeitsbezogen und artikuliert sich in Shows eher als in inhaltlichen Debatten. Der Bundestagswahlkampf der SPD setzte dieses Modell erstmals hierzulande in Szene. Die Partei begegnete den Bürgern – inklusive ihren eigenen Mitgliedern – nicht wie vernunftbegabten Wesen, bei denen Überzeugungsarbeit zu leisten ist, sondern wie Kindern, die man mit banalen Darbietungen bei Laune hält und nicht mit anspruchsvollen Themen belastet.

Ende des Gesprächs

Die SPD suchte den Zugang zur Bevölkerung durch Anbiederung an einen unterstellten niedrigsten gemeinsamen Nenner des Volksempfindens. Dabei übernahm sie die Methoden ihrer Vorbilder Clinton und Blair. Man umgab sich mit Popstars, kultivierte body language und Mienenspiel und veranstaltete fernsehgerecht gestylte Choreographien für Events. Die nannte man zwar noch immer Parteikongresse, aber sie hatten mit politischen Diskussionsforen keine Ähnlichkeit mehr. Vor allem wartete man gebannt auf die Gelegenheit, emotionale

Pluspunkte beim Wahlvolk zu sammeln. Sie kam schließlich, etwa einen Monat vor dem Urnengang, in Form des ICE-Unglücks in Eschede. Überraschend kündigte Kanzlerkandidat Schröder an, auf dem wenige Tage später stattfindenden Schleswig-Holsteinischen Landesparteitag aus Rücksicht auf die Erschütterung über diese Tragödie keine politische Rede halten zu wollen. Um dem Gebot der Pietät Genüge zu tun, hätte zwar eine Gedenkrede ganz und gar ausgereicht, doch die Weisung, die üblichen Parteitagsgeschäfte der Zurschaustellung von Mitgefühl weichen zu lassen, beinhaltete einen subtilen Untertext. Hier wurde nicht nur Trauer inszeniert, um Bürgernähe zu herzustellen. Im gleichen Zug wurde die Partei zum Zuschauer einer medienwirksamen Selbstinszenierung des Kanzlerkandidaten degradiert.

Die sogenannte Modernisierung der Politik erweist sich bei näherer Betrachtung als Abkehr von ihrer traditionellen öffentlichen Aufgabe, Konzepte und Argumente vorzutragen, oder für ihr Handeln Rechenschaft abzulegen. Die neue politische Elite neigt statt dessen dazu, die Bürger zum Zuschauer von Happenings zu degradieren. Der politische Raum verengt sich folglich auf den kleinen Kreis der Insider. Ihr zwangsläufig beschränkter Erfahrungs- und Interessenshorizont bestimmt, was in der Politik geschieht. Das Ergebnis ist das, was Christopher Lasch sehr treffend als blinde politische Elite beschreibt. Sie ist blind, weil freigesetzt aus dem Zwang, sich ernstlich mit der Außenwelt auseinanderzusetzen. In der Abgeschiedenheit der Gremien, Ausschüsse und Konferenzen werden Konzepte und Schachzüge ausgebrütet. Ihre Umsetzung wird dabei immer weniger von sachlichen und somit objektiven Kriterien bestimmt, als von subjektiven Macht-, Profilierungs- und Opportunitätsfragen.

Wenn diese neue politische Elite inhaltliche Konzepte präsentiert, dann eher seltsame. Das verdeutlichte schon die Positionierung der SPD im Bundestagswahlkampf. Nur die Zusage, die Renten- und Lohnfortzahlungskürzungen der Kohl-Regierung zurückzunehmen, war so etwas wie eine klassische – wenn auch minimalistische – programmatische Aussage. Alles andere waren ideologisch aufgespreizte Worthülsen. Mit heftigem Einsatz der Schlagworte Modernisierung, Ökologie, Pragmatismus, Verantwortung und Zukunftsfähigkeit suchte die SPD sich als Träger des Wandels zu positionieren. Diese Abstrakta waren noch nicht einmal originell. Sie waren längst parteiübergreifend im Umlauf und sorgten schon lange dafür, der politischen Sprache surrealistische Qualität zu verleihen. Es sind bloße »feel good«-Vokabeln ohne erkennbaren Bezug auf das wirkliche Leben. Wenn aber schon rein sprachlich ihr Wirklichkeitsbezug schwindet und Politik sich der schablonenhaften Kommunikationsformen der PR- und Medienwelt bedient, erhebt sich die Frage, ob sie dann nicht irgendwann unzurechnungsfähig werden muß.

Daß da zumindest ein Problem liegt, das näheres Ergründen lohnt, legt der Gang der Ereignisse seit Amtsantritt der rot-grünen Koalition im November 1998 nahe. Sie führte ihre Geschäfte von Anfang an bekanntlich ausnehmend schlecht. So schlecht, daß die CDU bei den Hessenwahlen im Februar 1999 einen gänzlich unerwarteten Wahlsieg erzielte und daraufhin erfolgreich ihre Genesung von der dramatischen Niederlage im Bund einleiten konnte.

Die neue Regierung brachte es fertig, innerhalb weniger Wochen die Aufbruchsstimmung, mit der weite Teile der Bevölkerung das Ende der Ära Kohl begrüßten, zu ruinieren. Zunächst wuchs Mißmut über die Halbherzigkeit, mit der die Regierung ihre angekündigten großen Reformprojekte in Angriff nahm. Er steigerte sich zu blankem Entsetzen, als erkennbar wurde, daß SPD und Grüne sich in den widersprüchlichen Einzelmaßnahmen ihrer Steuer-, Sozial-, Rechts- und Arbeitsmarktpolitik offensichtlich selbst nicht mehr zurechtfanden. Spätestens als dann auch noch der Finanzminister und Parteivorsitzende Oskar Lafontaine mitten in einer schwierigen politischen Situation am 12. März 1999 ohne nähere Erläuterung ins Privatleben entschwand, war das längerfristige Überleben der rot-grünen Koalition zweifelhaft.

Zu diesem Zeitpunkt tickte die Uhr aber schon nicht mehr hier, sondern in Jugoslawien. Der Countdown zum Bombenkrieg begann zwei Tage später. Auf der Konferenz der EU-Außenminister am 15. März erklärte Gastgeber Joseph Fischer, Krieg sei die einzige Alternative zur serbischen Unterschrift unter das Rambouillet-Abkommen. Damit besiegelte der Grüne Minister ein transatlantisches Kriegsbündnis mit den USA.

Inwieweit zwischen diesen Ereignissen ein direkter Zusammenhang besteht, wird sich wohl irgendwann klären lassen. Unzweifelhaft ist, daß der Beginn des NATO-Krieges gegen Serbien der Bonner Koalition in extremer innenpolitischer Notlage eine Atempause vergönnte. Das Bundeskabinett warf sich mit auffälliger Eile in den Krieg. Daß da auch die Befürchtung im Spiel war, wie CDU-Parteichef Wolfgang Schäuble es wenige Wochen später formulierte, als »unsichere Kantonisten« zu gelten (*FAZ*, 27.4.99) und so der Opposition neue Angriffsflächen zu bieten, ist anzunehmen.

Diese Motivlage erscheint für die Beurteilung der Kriegspolitik der rot-grünen Bonner Koalition aber doch eher zweitrangig. Es hätte im ganzen Verlauf der vorausgegangenen Verhandlungen und auch nach Beginn des Bombenkrieges durchaus die Möglichkeit bestanden, besonnener und diplomatischer vorzugehen, ohne deshalb unbedingt von der Opposition aus dem Amt gejagt zu werden.

Politik der Verantwortungslosigkeit

Die Kriegspolitik der Koalition reflektierte die gleiche starre Arroganz und ideologische Verblendung, die schon in den vorausgegangenen Monaten die Regierungsarbeit prägten. Nicht umsonst wurde in dieser Zeit »nachbessern« in der deutschen Politik die am meisten verwendete sprachliche Floskel. Ebenso wie dem Kosovo-Krieg, der »diplomatischer Nachbesserung« bedurfte, ging es jeder anderen Initiative der Bundesregierung.

In jedem Politikbereich lief die Regierungsarbeit nach dem gleichen Muster ab. Ob ökologische Steuerreform, Ausstieg aus der Atomenergie oder Eindämmung sogenannter geringfügiger Beschäftigungsverhältnisse: die Regierung legte Gesetzesentwürfe vor, die oft unvernünftig und stets in sich widersprüchlich, schwer durchführbar, in hohem Maße ideologisiert und zwangsläufig prädestiniert waren, den Einspruch der Opposition und betroffener Interessensverbände zu wecken. Und sobald der Einspruch kam – in den meisten Fällen genau genommen eher verhalten – verschwanden die Vorlagen zwecks Nachbesserung wieder in den Ministerien und Ausschüssen. Besonders extrem war der Verlauf im Falle des einzigen begrüßenswerten Regierungsvorhabens: der Staatsbürgerschaftsreform. Diese Gesetzesvorlage wurde in vorauseilendem Gehorsam der Diktion der erwarteten Gegner aus CDU und CSU angepaßt, ohne daß ihr positiver Zweck zuvor überhaupt der Öffentlichkeit einmal nahegebracht worden wäre. Das Ganze hörte sich daher an, als sei die erleichterte Einbürgerung ein Instrument der Bürgerkriegsprävention statt der rechtlichen Besserstellung von Ausländern. Da die Unionsparteien im Vorfeld der Hessenwahlen trotzdem eine breit angelegte Kampagne gegen diese Reform in Gang setzten, wurde diese Vorlage einer umfassenden Revision unterzogen, um die dadurch ausgelöste öffentliche Debatte zu unterbinden.

Man zögert fast, diese Politik zu beschreiben. Denn wie anders soll man sie nennen als selbstherrlich, feige, inkompetent und völlig unberechenbar. Sie ist aber vor allem eines: anti-demokratisch. Es ist schon eine böse Ironie der Geschichte, daß SPD und Grüne – die Parteien der Basis und des Kollektivs – inzwischen einen solchen Abscheu vor politischen

Diskussionen an den Tag legen, daß die Unionsparteien vergleichsweise wie ein Hort der demokratischen Meinungsbildung aussehen.

Die Arroganz dieser neuen Elite äußert sich eben nicht nur in dem Wahn, die Erde nach platten moralischen Schablonen aufteilen und umpflügen zu müssen. Mit der gleichen Überheblichkeit begegnet man der eigenen Bevölkerung. SPD und Grüne haben eine Obrigkeitskultur etabliert, von der man hoffte, sie sei längst Vergangenheit. Sie äußert sich in der herablassenden Annahme, niemandem Rechenschaft schuldig zu sein, und in dem pedantischen Bestreben – natürlich immer aufgrund sittlich wertvoller Anliegen – möglichst jede Lebenssphäre zu regulieren.

Früher sicherten soziale Milieus mit starken politischen Bindungen ein lebendiges Verhältnis zwischen politischen Repräsentanten und ihrer Anhängerschaft. Deren Auflösung hat eine politische Klasse entstehen lassen, deren bestechendstes Merkmal ihre Distanz zur Bevölkerung zu sein scheint. Sie ist desinteressiert am Gespräch mit der Wirklichkeit und den Menschen. Sie versteht sich, wie Christopher Lasch treffend formulierte, als »zivilisierte Minderheit« in einer von Fanatikern und Dummköpfen bewohnten Welt. Sie meint, sie sei berufen, die Welt nach Ermessen zu ordnen, und sie ist unerschütterlich überzeugt, immer im Recht zu sein.

Die Isolation dieser politischen Elite macht sie so unberechenbar, weil sie keiner Kontrolle durch reale Bindungen mehr unterliegt. Hinzu kommt, daß ihr – allen moralischen Ansprüchen zum Trotz – jene Integrität zu fehlen scheint, die andere Leute im allgemeinen haben. Das mag daran liegen, daß den Akteuren auf dem wirren Weg der Anpassung und Mutation aus eigener Anschauung das Vertrauen in die Kraft der Persönlichkeit abhanden gekommen ist.

Daher ist die Lage instabil und gefährlich. Im Bombenkrieg gegen Jugoslawien zeigt sich das volle Ausmaß der Destruktivität, zu der diese Politik fähig ist. Dieser Krieg mag ein Extremfall in dem Sinn sein, daß – hoffentlich – nicht immer Krieg sein wird. Aber die Verantwortungslosigkeit und Irrationalität, die da zum Durchbruch gekommen sind, lassen die Zukunft düster erscheinen.

»Nimm doch die Knarre!«

Arno Luik

Mein Gott, darf man noch daran erinnern, darf man das, daß
vor drei Jahren der Grüne Ludger Volmer seinem Chef Joschka Fischer höhnisch zurief:»Nimm doch die Knarre, und geh'
da runter!« Da runter, nach Ex-Jugoslawien. Heute, Volmer ist
inzwischen Staatsekretär im Auswärtigen Amt, hört sich das
so an:»Wir müssen die Friedensmaßnahmen der NATO im
Kosovo unterstützen.« Ludger Volmer, NATO-oliv-grün.

Mein Gott, soll man noch daran erinnern, bringt es etwas,
daß Jürgen Trittin im März 1998 gegen den damaligen CDU-
Verteidigungsminister teufelte:»Die Sicherheitspolitik von
Herrn Rühe ist ein Sicherheitsrisiko. Wir lehnen friedenser-
zwingende Maßnahmen ab.« Noch im Juni '98 beschwerte sich
Trittin bitterlich über den Verteidigungsminister. »Systematisch« verfolge Rühe »das Ziel, die Bundeswehr auch ohne
UNO-Mandat im Kosovo einzusetzen.« Wer solche Einsätze
fordere, analysierte der blonde Grüne, »die nicht mehr an das
Mandat des UNO-Sicherheitsrates gebunden sind, öffnet inter-
national die Tore für eine Politik der jeweiligen regionalen
Großmächte. Dann werden noch mehr Morde, noch mehr Massaker stattfinden.«

Drei Tage bevor deutsche Bomber über Belgrad auftauchen,
inzwischen ist Trittin Umweltminster, klingt der Anti-NATO-
Kämpfer kleinlauter zwar, irgendwie kritisch noch, aber vor
allem sehr staatsmännisch:»Der Einsatz steht völkerrechtlich
auf einer äußerst fragilen Grundlage.« Aber was solle man
machen, meint er, komme es zum Krieg, könne man im Grunde gar nichts tun, er finde auch dann statt, »ob die Grünen sich
auflösen oder nicht«. So kann man es auch sehen, chapeau, das
ist sie wohl, die totale Realpolitik. »Sorry folks«, assistiert
Joschka Fischer, »Regieren heißt Realist sein«.

Soll man noch daran erinnern, bringt es etwas, daß im August 1995 auch Joschka Fischer gegen die Beteiligung deutscher Truppen in Ex-Jugoslawien war – wegen der deutschen
Geschichte. Das sagte man damals so, das war »in«. Aber Dany
Cohn-Bendit, guter Kumpel von Joschka aus alten, gewalttätigen Straßenkampfzeiten, kannte seinen Joschka besser:
»Wenn Fischer einmal Außenminister ist, wird er diese Hal-

tung nicht beibehalten können.« Nun ist Fischer Außenminister, und er legt seine Stirn in Falten.

»Die Finger sind schmutzig«, moralisiert Jürgen Trittin, es fallen Bomben, aber wenigstens sind die Herren des Krieges gut angezogen: Fischer liebt's französisch aus dem Hause Nino Cerruti in Paris, Kanzler Schröder mag's italienisch: Zegna und Brioni aus Rom.

Kann man Krieg in Bluejeans führen, mit schlabbrigen Alpaka-Pullovern?

Mein Gott, nein, man erinnert sich nicht daran, daß 1998 über 95 Prozent der Kosovaren, die in Deutschland Asyl suchten, abgelehnt wurden. Und daß noch am 18. Nobember, als die Kampfjets für den Krieg schon aufgetankt wurden, Fischers Auswärtiges Amt für die dafür zuständigen Gerichte die nötige Begründung lieferte: »Die Wahrscheinlichkeit, daß Kosovo-Albaner im Falle ihrer Rückkehr in ihre Heimat massiven staatlichen Repressionen ausgesetzt sind, ist insgesamt als gering einzuschätzen.«

Asyl, nein danke! Krieg, ja bitte!

Morgens, sieben Uhr, Nachrichten im Radio: »Heute nacht wurden wieder Einsätze gegen Belgrad geflogen. Die NATO hat ihre Maßnahmen intensiviert.« Jeden Tag werden die Maßnahmen intensiviert, so geht das nun schon seit 47 Tagen. Was hat man früher gelacht über die Nachrichtensprecher der DDR, die Unsinn freundlich lächelnd in die Kameras absonderten, und nun, jeden Tag, von den so Aufgeklärten, Gebildeten, Selbstbewußten im Westen, derselbe Unsinn, diese NATO-Sprache, die Schablonen, freundlich lächelnd serviert. Nun gut, es wird also »intensiviert«. Für Frieden, Freiheit, Menschenrechte und Demokratie.

Und dann trifft man den ehemaligen Gewerkschaftsführer Franz Steinkühler. Er hat, kaum weiß man es noch, einen Streik organisiert, 1983: gegen die Stationierung von Atomraketen, gegen die NATO-Nachrüstung. Ja, sagt er lakonisch, die Zeiten haben sich geändert. Heute fliegen Bomber von Deutschland aus in den Krieg – und es herrscht Ruhe im Land. Heute, sagt der Mann, sei er froh, daß er nicht am 1. Mai bei einer Gewerkschaftsveranstaltung habe reden müssen: »Stellen Sie sich doch vor, der Hauptredner zu sein mit ›unserer Regierung‹. Könnten Sie da wahrhaftig bleiben?« Ja, sagt er, wenn die CDU an der Macht wäre, wäre die Stimmung anders im Land. Da würde es Lärm & Protest geben: »Am 1. Mai hätte es Massendemonstrationen gegeben, Antikriegsdemos – und das zu Recht.« Und man hätte öffentlich darüber nachgedacht, ob »dieser Krieg ein Probelauf für die neue NATO-Doktrin ist«. Für diejenigen, sagt er noch, die »den Krieg für richtig halten«, ist Rot-Grün doch »die ideale Regierungskonstellation: Die SPD macht ihn staatstragend, und die CDU ist nicht laut dagegen.«

Staatstragend ist auch die *taz*; sie macht an diesem Tag mit der Schlagzeile auf: »UNHCR: Killing fields im Kosovo«. Im Text wird – und dafür stehen die killing fields wohl – nicht millionenfacher Mord belegt, nein, von Vertreibungen, die sind, klar, auch furchtbar, ist die Rede. In Rom demonstrieren 150.000 Menschen (Polizeiangaben) gegen die NATO und den Krieg, die größte Regierungspartei hat zur Demo mitaufgerufen, in Neapel wird das NATO-Hauptquartier Süd von Demonstranten mit Molotowcocktails angegriffen – der *taz* sind das fünf Zeilen wert, irgendwo im Blatt versteckt. In Griechenland stellen Universitäten bei Luftmessungen eine verstärkte Verschmutzung – auch durch das Seveso-Gift Dioxin – fest, in Griechenland gibt es täglich Demonstrationen gegen die NATO und den Krieg, NATO-Schiffe werden beim Ausladen blockiert – nichts davon in der *taz*, wenig in anderen Zeitungen. In »Frontal« stattdessen, der kritischen TV-Sendung, eins rechts, eins links, ein langer, einfühlsamer Bericht über die Bundeswehr und ihre großen Probleme: daß die Ausrüstung der Truppe hoffnungslos veraltet ist, das Heer fast bewegungsunfähig, daß die Armee dringend neue Transportflugzeuge braucht.

Bombige Zeiten.

Krieg und Moral
Die Kriegsregierung und ihre intellektuellen Bodentruppen

Klaus Bittermann

Seit dem Eintritt der Deutschen in den Krieg weiß man, wozu die immer wieder angemahnte Vergangenheitsbewältigung gut war. Spätestens jetzt entpuppte sie sich als Suche nach einer Möglichkeit, die aus den Sonntagsreden des Bundespräsidenten mehr als bekannten Lehren produktiv zu wenden, d.h. als Mahnung an andere zu verstehen. Die achtundsechziger Linke hatte als Vorreiter dieser Idee schon einen Endlösungsvorschlag angeboten, der nach langen Jahren der Reifung heute endlich eine gesellschaftliche Akzeptanz errungen hat: »Nie wieder Auschwitz« sollte sich nicht mehr auf die Deutschen beziehen, sondern für jedes Land gelten, wo Unrecht und Unterdrückung herrschten, d.h. überall. Besonders heftig protestierte die Linke schon in den siebziger Jahren beispielsweise gegen Israel, weil der israelische Staat den nationalen Befreiungskampf der Palästinenser nicht genügend unterstützte, weshalb die deutsche Linke die Israelis zum modernen Nazi ernannte, eine besonders pikante Umkehrung, in der die endgültige Wiedergutmachung der Deutschen angestrebt wurde. Aber damals fehlte es den meisten an historischem Weitblick, weshalb noch einige Jahre ins Land ziehen mußten, bevor Auschwitz in Jugoslawien zur Universalmetapher wurde, quasi zum Alleskleber der Brüche, Widersprüche und Probleme der Deutschen mit ihrer Vergangenheit.

Warum ausgerechnet Jugoslawien für diese besondere Art von Vergangenheitsbewältigung ausgeguckt wurde, ist so leicht nicht nachzuvollziehen, aber seit Beginn der Kosovo-Krise erhält man den Eindruck, die Serben würden den Kosovaren mindestens ebenso schlimme Dinge antun wie die Deutschen damals den Serben und den Juden, was natürlich nicht stimmt, trotz grausamer Details, für die vor allem Scharping ein befremdliches Interesse entwickelt, welches man sonst nur bei Psychopathen kennt. Er erinnerte dabei an den von Ambler beschriebenen englischen Offizier, der immer Photos von Folterungen bei sich trug, um sie bei jeder Gelegenheit und mit großer Abscheu, in Wirklichkeit aber voller faszinierter Andacht vorzuzeigen. Anfänglich erntete Scharping für seinen moralischen overkill viel Beifall von der Presse, die dem Waschlappen der Partei Größe und Format attestierten, aber nachdem er mit immer unglaublicheren Geschichten nervte, wandten sich die Journalisten pikiert von ihm ab.

Nachdem man die eigenen historischen Verbrechen »aufgearbeitet« hatte und geläutert aus ihnen hervorgegangen ist, möchte man sie am ehemaligen Gegner im Zweiten Weltkrieg auch praktisch wieder gutmachen nach dem Motto, gerade wir als Deutsche sind besonders verpflichtet, die Einhaltung der Menschenrechte zu überwachen, denn gerade wir haben große Erfahrung darin, wie man sie mit Füßen tritt. Das ist, wie Wolfgang Pohrt einmal schrieb, ungefähr so, wie wenn ein vorbestrafter Sexualstraftäter sich besonders qualifiziert für einen Job im Kindergarten fühlt.

Solange die Linke in der Opposition war, blieb derlei skurrilen Gelüsten erfreulicherweise die Möglichkeit versagt, gesellschaftlich relevant zu werden. Nun aber ist mit den Achtundsechzigern eine Generation an die Macht gekommen, die dieser schlechten Tradition Bedeutung und Einfluß verschafft. Auschwitz ist überall, z.Z. besonders im Kosovo. Zahlreiche Intellektuelle haben diesen Blödsinn während des jugoslawischen Bürgerkriegs in Bosnien vorgekaut. Jetzt avancierte er zur staatlichen Handlungsmaxime. Sogar Frank Schirrmacher fiel auf, daß die zum Krieg konvertierten ehemaligen Linken nachträglich noch einmal Hitler besiegen wollten, so heftig wurde die Auschwitzkeule geschwungen: »Jetzt steht Auschwitz für die sittliche Notwendigkeit des Krieges«, beklagte sich Schirrmacher in der *FAZ* (vom 17.4.99), der ansonsten nichts daran auszusetzen hat, »wenn Deutschland aus moralischen Gründen an einem Einsatz teilnähme.« Vor allem Peter Schneider drängelte sich vor, um mit Bomben auf Milošević Hitler auszuradieren. Darüber, daß der Krieg im Kosovo ihm wie »jedem, dessen Gemütsleben sich in seinen Überzeugungen nicht erschöpft, das Herz (zerreißt)«, wie er sich verständnisheischend an die gutwillige Mehrheit heranrobbt, hat er offensichtlich auch seinen Verstand verloren: »Wer wie Christian Ströbele Interventionen gegen einen zu allem entschlossenen Aggressor aus Prinzip ablehnt, muß in letzter Konsequenz auch den Krieg gegen Hitler ablehnen und verurteilen.« So einfach geht das: Man bastelt sich aus einem Schmalspurdiktator, wie es seinesgleichen auf dieser Welt in Hülle und Fülle gibt nur mit dem Unterschied, daß die meisten gut Freund mit den USA sind, einen Hitler, dem gegenüber sich jedes Mittel rechtfertigen läßt. Dieses merkwürdige Verhalten fiel sogar der *FAZ* (vom 15.4.99) auf, die sich wunderte, »daß ausgerechnet Linke, die es traditionshalber gewohnt waren, politische Positionen auf die ihnen zugrunde liegenden Interessen zu befragen, und dabei nicht selten einer Verschwörungsparanoia anheimfielen, sich heute umstandslos mit der NATO als dem stellvertretend für sie handelnden Subjekt identifizieren.« (Mark Simons in der *FAZ* vom 15.4.99).

Im Gepäck haben die Kriegsbefürworter ausschließlich moralisch konnotierte Begriffe wie Humanität, Menschenrechte, Auschwitz etc., die entweder in ihrer Bedeutung aufgeweicht sind oder kein eindeutiges Bezugssystem aufweisen, so daß unter ihnen jeder etwas anderes verstehen kann. Als Schröder z.B. vom *Spiegel* (15/99) auf die fehlenden Beweise für die Behauptung Scharpings angesprochen wurde, es gebe im Kosovo Konzentrationslager, lautete die Antwort: »Es kommt darauf an, was man dem Begriff unterlegt. Wir wissen, daß Menschen zusammengefaßt werden und unglaublicher Brutalität ausgesetzt sind. Das reicht, um zu handeln.« Zum einen heißt das, was ein KZ ist, bestimmen wir. Zum anderen läßt sich mit einer derart schwammigen Aussage sogar ein NATO-Einsatz in Brandenburg begründen, wenn Skinheads wieder einmal Jagd auf Ausländer machen oder Schüler in Zeltlagern zusammenschlagen. Kommt eben ganz darauf an, »was man dem Begriff unterlegt«. Und weiter sagte Schröder: »Wer das Elend von Flucht und Vertreibung sieht und sehen will, muß nicht auf Belege der Luftaufklärung warten, um klar zu sehen.« Auch nicht schlecht, denn Schröder demonstriert mit diesem Argument überzeugend, daß es auf Beweise überhaupt nicht ankommt, wenn man sich auf den Bösewicht geeinigt hat, dem sich die fragwürdigen Bilder des Fernsehens in die Schuhe schieben lassen, von denen man inzwischen wissen müßte, wie gering ihre Beweiskraft ist, denn von den Toten weiß man nur, daß sie tot sind, aber nicht, wer sie umgebracht hat.

Die moralisch aufgeblähte und bloß gesinnungsethisch begründete politische Vernunft, auf die sich Schröder salbungsvoll bezieht, wäre lächerlich, wenn sie nicht die bekannten Folgen hätte. Die Moralisierung der Politik ist im Gegensatz zu einer interessengeleiteten Politik unberechenbar und deshalb gefährlich, denn sie enthält ein irrationales Element, das sich ohne nachvollziehbaren Grund aggressiv gegen ein Land und dessen Einwohner richten kann. Moral ist, wie Handke in der *Süddeutschen Zeitung* (vom 15./16.599) sagt, nur ein anderes Wort für Willkür geworden. Mit ihr im Tornister nimmt man den »Kampf gegen das Böse« (Carl Schmitt) auf und setzt das Gute notfalls mit Gewalt durch, egal ob die Vorgehensweise in eine Katastrophe führt oder auf einen Präventivkrieg hinausläuft.

Das heißt allerdings nicht, daß die Clintons, die Blairs, die Jospins und die Schröders besondere Bösewichte sind oder Desperados, nein, sie sind, wie Rudolf Burger (im *Standard* vom 30.3.99) schreibt, »wirkliche Sozialdemokraten, Leute mit Idealen, Visionen und mediengerecht bemüht um Humanität und Frieden, [...] nur ist ihr politischer Verstand beschränkt. Ein Volk wollten sie retten, und das ehrt sie; doch seine Vernichtung haben sie beschleunigt, und das diskreditiert sie – nicht moralisch, aber intellektuell. Gefangen in ihrer eigenen Rhetorik und getrieben von einer Allerweltsmoral agieren sie wie rechtschaffene Idioten und brechen dabei das Völkerrecht.« Als solcher begründet Schröder sein Handeln exakt mit dem abgegriffensten und windigsten Gleichnis, das das Vergangenheitsbewältigungsarsenal zu bieten hat und das er als »ganz persönliche« Angelegenheit ausgibt, womit er sich als Person outet, die bereits lügt, wenn sie »ich« sagt. Ein Zeugnis triefender Sentimentalität: »Für mich ganz persönlich kommt noch etwas anderes hinzu: Es gab in Deutschland eine sehr lebhafte Debatte im Zusammenhang mit dem Hitlerfaschismus, bei der Kinder ihre Eltern gefragt haben: Warum habt ihr damals nichts getan? Damit haben sie wohl gemeint: Warum habt ihr das nicht verhindert? Ich möchte nicht in eine Situation kommen, in der ich, bezogen auf die Brutalitäten im Kosovo, ähnlichen Fragen ausgesetzt bin. Ich möchte dann sagen können: Das mir Mögliche und das Vertretbare habe ich getan.«

Die Regierung, die von solchen augenscheinlich unfähigen Leuten gestellt wird, erhält Unterstützung von intellektuellen Bodentruppen, die auf alles feuern, was nicht rechtzeitig in Deckung gegangen ist. Als Cohn-Bendit in einem Artikel in der *taz* vom 20.4.94 forderte, das Hauptquartier der bosnischen Serben Pale zu bombardieren, um »Entschlossenheit« zu demonstrieren, da erschien er einem wie der amerikanische General in Kubricks »Dr. Strangelove«, der um jeden Preis die »Russkis« platt machen wollte. Cohn-Bendits Forderung war damals noch durch keine Regierungsmehrheit abgesegnet, so daß seine Obsession noch Züge individuellen Wahns trug, die nicht verborgen blieben. Bevor Hitler an die Macht kam, wurde er von vielen für einen Verrückten gehalten, von dem man annahm, daß er schnell wieder von der politischen Bühne verschwinden würde. Was man jedoch falsch einschätzte, war die Tatsache, daß an Hitlers Wahn niemand mehr Anstoß nehmen würde, sobald die gesellschaftlichen Mehrheitsverhältnisse aus einem Fall für die geschlossene Anstalt einen ehrenwerten Staatsmann machten und seine verschrobenen Ansichten plötzlich zur Norm wurden, mit denen sich selbst Wissenschaftler ernsthaft beschäftigten.

Am 12.4.99 berichtete die *taz* von einem »Offenen Brief« Cohn-Bendits, in dem er für die sofortige Entsendung von Bodentruppen plädierte und seine Erschütterung über all jene Ausdruck verlieh, »die der NATO die Schuld in die Schuhe schieben für die Zuspitzung der humanitären Katastrophe«. Faktisch müßte es selbst Leuten mit etwas langsamer Auffassungsgabe einleuchten, daß weder Milošević noch die UÇK aus eigenen Kräften jemals das Ausmaß dieses Desaster zustande bekommen hätten, und dennoch genießt die absurde Aussage Cohn-Bendits Plausibilität, weil in den Medien immer wieder den Eindruck erweckt wurde, im Kosovo würde ein Völkermord stattfinden, weshalb die NATO dazu berufen sei, diesem ein Ende zu bereiten. Erst die Einmischung der NATO aber machte den riesigen Scherbenhaufen möglich und fachte Mord und Totschlag an, denn man muß kein Militärexperte sein, um sich zusammenreimen zu können, was passieren würde, wenn die UÇK als inoffizielle Bodentruppe der amerikanischen Luftwaffe eingesetzt und Jugoslawien bombardiert werden würde, wenn also für die Sezessionskräfte innerhalb eines Bürgerkriegs Partei ergriffen wird. Man kann es sich deshalb zusammenreimen, weil es genügend Beispiele aus der Geschichte gibt, die zeigen, daß als Folge einer militärischen Einmischung Rache an der Zivilbevölkerung genommen wird. Gerade die Deutschen sind auf diesem Gebiet Experten, haben sie im Zweiten Weltkrieg in Jugoslawien doch für jeden gefallenen Soldaten hundert Männer aus der Zivilbevölkerung an die Wand gestellt (wie z.B. in Kragujevac im Oktober 1941). Man muß also schon arg blauäugig sein, um über die Folgen der NATO-Luftangriffe überrascht zu sein, vielmehr kann man davon ausgehen, daß die Generäle gezielt das Chaos hervorrufen wollten, um nachträglich die Bombardierungen mit dem Flüchtlingselend zu rechtfertigen, welches durch die NATO erst ausgelöst wurde.

In der *Bild* wurde Milošević vom »wahnsinnigen Schlächter« bis hin zum »Irren« mit allen denkbaren klinischen Begriffen belegt. Unterstützt wurde diese Kampagne von Leuten, denen man von Berufs wegen eigentlich eine gewisse Kompetenz in historischen Fragen zugetraut hätte. Aber es fiel ihnen nur die Gleichung Serben = Nazis ein, um präventiv jede Maßnahme des Westens zu rechtfertigen. Als ob Goldhagen den Unbill, den er in Deutschland mit seinem Buch auf sich gezogen hatte, wieder gutmachen wollte, forderte er in der *Süddeutschen*: »Wie bei Deutschland und Japan« sei für Jugoslawien »die militärische Niederwerfung, Besetzung und Neugestaltung der politischen Institutionen eine moralische und praktische Notwendigkeit.« Und flankierend erinnerte Götz Aly in der *Berli-*

ner Zeitung (vom 6.5.99) »aus gegebenen Anlaß« an den »Völkermord an den Jugoslawiendeutschen 1944 bis 1948«, um jedem, der in der Lage ist, eins und eins zusammenzuzählen, zu verstehen zu geben, daß es da noch eine offene Rechnung zu begleichen gab. Herta Müller gestand in der *FAZ* (vom 5.5.99), daß sie am liebsten gleich am ersten Tag der Luftangriffe mit Bodentruppen einmarschiert wäre. Ein viel zu lasches Vorgehen, nach Meinung von Michael Wolffsohn, der den Kosovo schon im Frühjahr 1998 okkupiert hätte, während Enzensberger den ganzen Aufwand nicht so recht einsehen mochte und in befreiungsnationalsitischer Tradition Waffen für die UÇK forderte (*FAZ* vom 14.4.99), immerhin für eine kriminelle Vereinigung, die sich aus Drogengeldern finanziert, ganz abgesehen davon, daß man einer Bevölkerung eins überhaupt nicht wünschen mag, nämlich daß sie ihrer eigenen Befreiungsbewegung in die Hände fällt.

Und John Irving trat den Beweis an, daß ein guter Schriftsteller nicht immer besonders intelligent sein muß und daß sich jeder schnell zum Trottel macht, wenn er die herrschende Moral zu seinem persönlichen Leitfaden erhebt. Dann wird aus einem klugen Autor ein Leitartikler der Boulevardpresse: »Meine persönliche Meinung über diesen Mann ist: Man hätte diesen Bastard kürzlich bei den Verhandlungen in Rambouillet festnehmen und ihm gleich den Prozeß machen sollen. Der Mann gehört in den Knast. Und mit ihm halb Serbien.«

Interessant auch, wie Peter Handke fast von der gesamten Presse mit Hohn und Spott überschüttet wurde, wie er als »ideologisches Monster« (Alain Finkielkraut) und »geistig umnachtet« (Jürg Laederach) beschimpft wurde, weil er für die serbische Bevölkerung Partei ergriff und im Zusammenhang mit den Bomben auf Jugoslawien von Auschwitz sprach. Das wurde ihm ausgerechnet von Peter Schneider in der *FAZ* (vom 26.5.99) übel genommen, der mit seinen Freunden von der Kriegsfront diese Metapher schon seit Jahren zu Tode reitet, während Handke den Auschwitz-Vergleich vielleicht nicht besonders klug, aber in provozierender Absicht benutzte, in der Hoffnung, daß jemandem das merkwürdige Treiben einmal auffällt. Reinhard Mohr geht in der *Spiegel* (21/99) sogar soweit, Handke zu unterstellen, er würde »den Faschisten Milošević zum Vorkämpfer der Menschheit adeln«. Als Beleg für diese Behauptung zitiert Mohr Handke ohne Quellenangabe: »Jeder an seiner [Milošević] Stelle in den letzten zehn Jahren hätte genauso handeln müssen wie er.« Interessanter Beweis, vor allem, wenn man Handke im Original liest, nämlich in der *Süddeutschen* (vom 15./16.5.99): »Wer bei ›Milosevic‹ nicht unverzüglich hinzufügt: ›Schlächter‹, ›Hitler des Balkan‹, ›Gottseibeiuns‹, der ergreift Partei für ›Milosevic‹ – Pro-Serbe ist für mich heute ein Ehrentitel.«

Nicht automatisch hat die Gegenseite jedoch bessere Argumente. Daß man als Kriegsgegner genauso dämlich sein kann, wenn man die Moralisierung der Politik nur mit anderen Vorzeichen versieht, das zeigte in der *jungen Welt* Werner Pirker, dem die Schrecken des Krieges als solche nicht ausreichen, sondern der sie in seinen Kommentaren unbedingt noch toppen muß. Am 10.5.99 schrieb er anläßlich der Bombardierung der chinesischen Botschaft: »Mit diesem beispiellosen Kriegsverbrechen hat die unter US-Diktat stehende Allianz die letzte Hemmschwelle zur Barbarei überschritten...« Und am 5./6.6.99 setzte Pirker ebenfalls alle Hebel in Bewegung, um nicht in Verdacht zu geraten, er hätte einen ernstzunehmenden Gedanken formuliert, was insofern bedauerlich ist, als hier die Demontage an einer Kritik betrieben wird, die durchaus vernünftig begründbar wäre: »Den Amerikanern schien es ein geradezu ideologisches Anliegen gewesen zu sein, ihren Völkermord bis zum letzten Jugoslawen fortzusetzen.«

Im Kampf um Begriffe wie »Auschwitz« und »Völkermord« und ihre Funktionalisierung für die eine oder die andere Seite, erwies sich die Sprache der Achtundsechziger als besonders flexibel. Wollte man mit ihrer Hilfe einmal das Regime stürzen, läßt sie sich heute genauso als Legitimitätsrhetorik der Gewalt und des NATO-Bombardements benutzen. Die Anzüge haben sich geändert, die Sprache ist die gleiche geblieben. Seinem Hausblatt *Spiegel* (16/99) erzählt Joseph Fischer, »wir [d.h. Fischer und die Deutschen] leisten Widerstand«, so wie er früher Widerstand gegen die Staatsgewalt der Bundesrepublik leistete, wobei er sich heute wie damals auf die spanische Widerstandskämpferin La Pasionaria beruft und auf die Parole der Republikaner »No passaran« gegen die Franco-Truppen. Er argumentiert mit dem in der Linken einstmals populären Begriff der »Gegengewalt«, mit der Milošević niedergerungen werden müsse. »Oder sollen wir einfach in die Knie gehen?« fragt Fischer, und stellt damit auch rhetorisch die Kontinuität zu seinem Vorgänger Kinkel her, der »die Serben in die Knie zwingen« wollte. »Wir sind die Wahnsinnigen« lautete eine Parole der Frankfurter Spontis, die mit einem Zustand kokettierten, der in seinem ganzen Ausmaß erst heute zu bewundern ist, und es sieht ganz so aus, als ob zu diesem Zustand auch die richtigen Politiker gefunden wurden.

Über die Sozialdemokraten aller Parteien

Wiglaf Droste

»Politiker interessieren mich nicht, aber ich traue keinem Mann, der sich die Haare färbt«, sagt Elisabeth Klink über Gerhard Schröder. Den Worten der lebensklugen Frau ist nichts hinzuzufügen, denn was gäbe es *politisch* schon zu sagen über Gerhard Schröder? Anzüge sind nicht politisch. Schröder ist, genau wie seine Drillingsbrüder Tony Blair und William Clinton, eine mediale Simulation, ausgeheckt in einem Gen-Labor und in einem boshaften Großversuch auf die Welt losgelassen. Man kann die drei austauschen, niemand würde einen Unterschied bemerken, denn es gibt keinen.

Einer, der aus dem Trio banale ein Quartett machen möchte, ist Joschka Fischer. Er trägt Herrenring und Doppelmanschette; für Zivilisten das, was eine lamettabehängte Uniformjacke für Militärs ist. So gesehen war es nicht falsch, als Lothar Bisky, der Hütehund der PDS, sagte: »Mit Verlaub, Herr Fischer, Sie sind ein Arschloch!« Das Rekurrieren auf Fischers einstige rhetorische Macho-Nummer ist allerdings wenig unterhaltsam. Es ist typisch für einen PDSler, die nächstliegende Pointe für lustig zu halten: Das, was auch einem ästhetisch zurechnungsfähigen Menschen in den Kopf kommen mag, das er dann aber als unzureichend verwirft, nimmt der PDS-Mann gern und wirft sich damit öffentlich als Geistesgröße in die Brust. Wo jeder klarimkopfe Mann sich abwendet, da greift die PDS herzhaft zu und heißt auch deshalb: Partei der Selbstbezichtigung.

Auch wenn die PDS-Leute im Frühjahr 1999, von einigen wenigen Grünen abgesehen, die einzigen im Bundestag waren, die nicht dem Krieg das Wort redeten, so ist auf diese Partei nicht mehr Verlaß als auf die SPD – gar keiner. Wäre die PDS Koalitionspartner gewesen, sie hätte, von ein paar einzelnen Abgeordneten abgesehen, beim Krieg genauso mitgemacht wie die SPD und die Grünen – *kritisch* mitgemacht natürlich, vielleicht sogar unter Tränen, wie Angelika Beer, die es mit ihrer Heulsusennummer geschafft hat, Volker Rühe retrospektiv vergleichsweise unprätentiös und unverlogen wirken zu lassen. Die Führung der PDS verfolgte eine klassische Doppel-

strategie: Für die Basis gab es ein paar flammende Friedens-
reden, für die Grünen, deren Platz man einnehmen möchte,
schwere Schimpfe, und den erhofften zukünftigen Koalitionspartner SPD behelligte man rein rhetorisch. Politischen Druck,
z. B. durch die Aufkündigung oder Aussetzung der PDS/SPD-
Koalition in Mecklenburg o.ä., übt die PDS-Führung auf die
SPD nicht aus. Bei der nächsten sich bietenden Gelegenheit
werden diese Leute die dann eventuell verschwundenen Grünen vollinhaltlich ersetzen. Wer das wichtig oder schön findet,
kann sie ja wählen.

Mit dem Kitsch der Friedensbewegung verschwand automatisch auch die Friedensbewegung selbst. Sie war eben nicht
mehr – und nicht mehr wert – als das: schlechte Songs und
beschmierte Laken, an Wühltischen verkauft von Dr. Diether
Dehm, der logischerweise von der SPD zur PDS gewandert ist,
wo sie jeden nehmen müssen, den sie kriegen können. Es ist
wie mit aller Sozialdemokratie: In dem einen Moment, wo man
diese Leute einmal bräuchte, versagen sie total. Sozialdemokraten aber Umfallen vorzuwerfen, wäre absurd – es würde
voraussetzen, sie hätten jemals gestanden. Ob sie sich in der
SPD, bei den Grünen oder in der PDS organisieren: Unter dem
Beweisdruck, auch anständig vaterländisch zu sein, müssen
die Sozialdemokraten aller Parteien immer noch ein paar mehr
Schweinereien begehen als die traditionell Rechten.

Dieses klassische Aufsteiger-Syndrom erklärt auch das B-
Picture *The Return of Scharping*: Die ehemalige Fußmatte der
Partei ist ein Gamma-Männchen, ein hodenloser Witz sozusagen. Seine Parteigenossen konnten ihn demütigen ohne Ende
– er blieb. Während der Tour de France 1997 wurde er, um
seine Würdelosigkeit abzurunden, Sportkolumnist für die *Bild*-
Zeitung, wo er sich täglich in maximaler Unappetitlichkeit –
kurze Hosen und Leibchen – abbilden ließ. Zur Belohnung darf
das Männchen Krieg führen und ballt die Fäustchen wie Stefan Äustchen. Freiwillig hört er damit nicht auf; er hat ja sonst
nichts. Und muß deshalb »Auschwitz!«, »KZ!«, »Hitler!« und
»Gras fressen!« brüllen als eine Art Christoph Daum von der
Hardthöhe, bis er sich sein obszönes Geschrei immerhin selbst
glaubt. Schließlich ist der Mann Sozialdemokrat, und das
verpflichtet.

Autoren und Textnachweise:

Günter Amendt, ist Sozialwissenschaftler und freier Autor. Lebt in Hamburg. Letzte Buchveröffentlichung (zusammen mit Patrick Walder): »Ecstasy und Co«, Reinbek 1998. Der hier abgedruckte Text erschien zuerst im *Freitag* vom 7. Mai 1999.

Mira Beham, freie Autorin und Journalistin, lebt in München. Buchveröffentlichung: »Kriegstrommeln. Medien, Krieg und Politik«, München 1996.

David Chandler lehrt Entwicklungspolitik für Ost-Europa an der Universität in Northumbria, Großbritannien. Er ist Autor von »Bosnia: Faking Democracy after Dayton«, London 1999. Der vorliegende Artikel wurde aus dem Englischen übersetzt von Christine Horn.

Noam Chomsky ist Professor am Massachusetts Institute of Technology (www.mit.edu) in Cambridge, USA. In deutscher Übersetzung sind zuletzt erschienen: »Sprache und Politik«, Bodenheim 1999; »Haben und Nichthaben«, Bodenheim 1998. Der vorliegende Text wurde erstmals am 27.3. 1999 auf der Website des *Z Magazine* veröffentlicht (www.zmag. org). Erschienen ist der Artikel in *Le Monde diplomatique* Nr. 5834 vom 14. 5. 1999. Übersetzt aus dem Englischen von Pit Wuhrer.

Ernst-Otto Czempiel ist emeritierter Professor für Außenpolitik und internationale Politik an der Johann-Wolfgang-Goethe-Universität und Mitbegründer der Hessischen Stiftung für Friedens- und Konfliktforschung (www.hsfk.de), Frankfurt am Main. Buchveröffentlichung u.a.: »Friedensstrategien«, Wiesbaden 1998. Im Herbst 1999 erscheint »Kluge Macht«. Der Artikel erschien zuerst in: *Die Woche* vom 4.1.1999.

Wiglaf Droste lebt in Berlin und schreibt u.a. im WDR-Hörfunk (»Kritisches Tagebuch«), in der *tageszeitung* und in *Häuptling eigener Herd*. Buchveröffentlichungen u.a.: »Zen-Buddhismus und Zellulitis.«, München 1999. Demnächst erscheint eine erweiterte Neuauflage seines Buches: »Brot und Gürtelrosen«, Berlin 1999. »Nie wieder Krieg...« erschien zuerst am 31.3. 1999 auf der Wahrheit-Seite der *tageszeitung*, »Über die Sozialdemokraten...« ebenda am 9.4. 1999. Beide Texte wurden für dieses Buch vom Autor durchgesehen und ergänzt.

Erich Schmidt-Eenboom, geboren 1953, Studium der Pädagogik und Neueren Geschichte an der Universität der Bundeswehr in Hamburg, ab 1985 wissenschaftlicher Mitarbeiter des Forschungsinstituts für Friedenspolitik e.V., seit 1990 dessen Leiter. Wissenschaftliche Arbeitsschwerpunkte: Doktrin-Entwicklungen der NATO-Streitkräfte, Rüstungsexport und seit 1990 Nachrichtendienste der OSZE-Staaten und Japans. Buchveröffentlichungen: »Schnüffler ohne Nase. Der BND«, Düsseldorf 1993. »Die schmutzigen Geschäfte der Wirtschaftsspione« (zusammen mit Jo Angerer), Düsseldorf 1994. »Der Schattenkrieger. Klaus Kinkel und der BND«, Düsseldorf 1995. »Undercover – Der BND und die deutschen Journalisten«, Köln 1998.

Diana Johnstone (Ph.D.) studierte osteuropäische Geschichte und französische Literatur. Nach einem Lehrauftrag an der Universität in Minnesota arbeitete sie in Paris als Journalistin für Agence France Press und Europakorrespondentin der US-Wochenzeitung *In These Times*. Von 1990 bis 1996 war sie Pressesprecherin der Grünen im Europaparlament in Brüssel. Zahlreiche Artikel- und Buchveröffentlichungen, 1984 ist von ihr erschienen »The Politics of Euromissiles: Europe in America's

World« (London: Verso). Aus dem Englischen übersetzt von Christine Horn.

Ernst Lohoff, freier Autor und Redakteur der Zeitschrift *Krisis*. Lebt in Nürnberg. Veröffentlichte zuletzt: »Der Dritte Weg in den Bürgerkrieg. Jugoslawien und das Ende der nachholenden Modernisierung«, Bad Honnef 1996.

Arno Luik ist freier Journalist und lebt in Hamburg.

Kjell Magnusson arbeitet als Lehr- und Forschungsbeauftragter am Zentrum für Multiethnische Studien der Universität Uppsala, Schweden. 1996 veröffentlichte er den Forschungsbericht »Einstellungen und Werte in Bosnien-Herzegowina. Eine soziologische Untersuchung am Vorabend der Wahlen 1996«. Bereits 1981 ist von Magnusson ein Buch zum Kosovo-Konflikt in Schweden erschienen: »Nationalitätenprobleme in Jugoslawien: Die Krise im Kosovo«. (Kontakt: kjell. magnusson@multietn.uu. se) Der hier abgedruckte Beitrag erschien in *Dagens Nyheter (Schweden)* vom 8.4.1999 und wurde von Wolf Elz übersetzt.

Wolfgang Michal, freier Autor und Journalist, lebt in Hamburg. Veröffentlichte zuletzt: »Deutschland und der nächste Krieg«, Berlin 1995.

Jan Øberg ist Direktor der Transnational Foundation for Peace and Future Research (TFF) in Lund, Schweden. Er leitet das TFF-Konfliktvermittlungsteam für den Balkan und für Georgien. Zahlreiche Kommentare und Gutachten von Jan Øberg und TFF-Mitarbeitern sind über die TFF-Website einzusehen (tff@transnational.org; www.transnational.org). Den Rambouillet-Vertrag in der Fassung vom 23.2.99 gibt es in englischer Sprache unter www.monde-diplomatique.fr sowie darmstadt.org. Beim vorliegenden Text handelt es sich um eine Zusammenfassung mehrerer Kommentare von Jan Øberg. Übersetzt aus dem Englischen von Matthias Heitmann, bearbeitet von Thomas Deichmann.

Horst Pankow ist Redakteur der Zeitschrift *Bahamas* und lebt in Berlin. Der Artikel »Gestank, Chaos, Grauen« erschien zuerst in *konkret* 9/98.

Wolfgang Pohrt ist Soziologe und Publizist. Lebt in Stuttgart. Zahlreiche Veröffentlichungen. Zuletzt erschienen: »Brothers in Crime. Die Menschen im Zeitalter ihrer Überflüssigkeit. Über die Herkunft von Gruppen, Cliquen, Banden, Rackets, Gangs«, Berlin 1997. Die Interviews erschienen zuerst in *konkret* 9/98 und 12/98.

Sabine Reul ist freie Publizistin und Redakteurin des Magazins *Novo* (www.novo-magazin.de). Sie kommentiert und analysiert regelmäßig innenpolitische sowie globale Trends in den westlichen Gesellschaften. Sie ist Inhaberin des Textbüros Reul, Frankfurt am Main (www.textbureau.com).

Christian Y. Schmidt, freier Autor, lebt in Berlin. Veröffentlichte zuletzt: »Wir sind die Wahnsinnigen. Joschka Fischer und seine Frankfurter Gang«, München 1998.

Georg Seeßlen ist freier Journalist und Autor der zehnbändigen »Grundlagen des populären Films«. Buchveröffentlichungen u.a.: »Natural Born Nazis – Faschismus in der populären Kultur«, Berlin 1996. »Derrick und die Dorfmusikanten – Miniaturen zur deutschen Unterhaltungskultur«, Hamburg 1997.

Kay Sokolowsky lebt in Hamburg und arbeitet als freier Journalist für *konkret, Konrad* u.a. In diesem Herbst erscheint: »Who the fuck is Alice? Was man wissen muß, um Alice Schwarzer vergessen zu können«, Berlin 1999.

Aus der Reihe Critica Diabolis

21. Hannah Arendt, Nach Auschwitz, 26.-DM
33. Wolfgang Pohrt, Das Jahr danach, 36.-DM
36. Eike Geisel, Die Banalität der Guten, 26.-DM
37. Bittermann (Hg.), Der rasende Mob, 24.-DM
44. Das Wörterbuch des Gutmenschen Bd.1, 28.-DM
45. Bittermann (Hg.), Serbien muß sterben, 28.-DM
50. Harry Mulisch, Die Zukunft von gestern, 38.-DM
52. Rebecca West, Gewächshaus mit Alpenveilchen, 32.-DM
53. Das Wörterbuch des Gutmenschen Bd.2, 28.-DM
54. Wiglaf Droste, Brot und Gürtelrosen, Neuausgabe ca. 26.-DM
55. Wolfgang Pohrt, Theorie des Gebrauchswerts, 34.-DM
56. Mathias Wedel, Erich währt am längsten, 26.-DM
57. Georg Seeßlen, Natural Born Nazis, 28.-DM
59. Bittermann/Roth (Hg.), Wieder keine Anspielstation, 28.-DM
60. Guy Debord, Panegyrikus, 32.-DM
61. Albert Hefele, Grauenhafte Sportarten, 24.-DM
62. Susanne Fischer/Fanny Müller, Stadt Land Mord, 29.80 DM
63. Jane Kramer, Unter Deutschen, 44.-DM
65. Guy Debord, Die Gesellschaft des Spektakels, 40.-DM
66. Fritz Eckenga, Kucken, ob's tropft, 24.-DM
68. Wolfgang Pohrt, Brothers in Crime, 32.-DM
69. Mathias Wedel, Wie ich meine Kinder mißbrauchte, 22.-DM
70. Fanny Müller, Das fehlte noch! 28.-DM
73. Robert Kurz, Dabeisein ist alles, ca. 28.-DM
74. Kurt Scheel, Ich & John Wayne, 39.80 DM
75. Eike Geisel, Triumph des guten Willens, 30.-DM
76. Kahl/Schneider, Böse Mädchen kommen überall, 24.-DM
77. Fritz Eckenga, Ich muß es ja wissen, 24.-DM
78. Hefele/Roth (Hg.), Alle meine Endspiele, 30.-DM
79. Susanne Fischer, Versuch über die Sahnetorte, 26.-DM
80. Das Who's who peinlicher Personen, Jahrbuch 98, 26.-DM
81. Elke Schubert (Hg.), Wenn Frauen zu sehr schreiben..., 24.-DM
82. Bittermann/Roth (Hg.), Journalismus als Eiertanz, 34.-DM
83. Roger Willemsen, Bild dir meine Meinung, 32.-DM
84. Wolfgang Nitschke, Bestsellerfressen, 24.-DM
85. Robert Kurz, Die Welt als Wille und Design, 28.-DM
86. Wie Dr. Joseph Fischer lernte, die Bombe zu lieben, 30.-DM
87. Bittermann (Hg.), It's a Zoni, 10 Jahre Wiedervereinigung, ca. 26.-
88. Das Who's who peinlicher Personen, Jahrbuch 99, ca. 24.-DM
89. Eckhard Henscheid, Meine Jahre mit Sepp Herberger, ca. 40.-DM

Internet: http://www.txt.de/tiamat